Rich致富343

格局

成功等待的是格局大的人！
吳軍博士教你疊加式進步，獲得重複成功

吳軍◎著

高寶書版集團

目錄
contents

第三章 生活的節奏

生活中最重要的是掌握好節奏。人在忙碌的時候，很容易忘掉忙碌的目的，最後反而離目標越來越遠。從忙亂中退一步，思考一下目的，能省掉多餘的需求和行動，減少不必要的麻煩，讓我們更快的接近目標。

第四章

職場的心法

我們在職場上的一切行為，莫過於做事和做人。在職場上不能做事的人最終不會有長遠發展，不會做人的人也會影響個人的穩定和提升。

目錄
contents

第七章 悲觀與樂觀

悲觀主義的風格能減輕悲劇對我們的打擊。當悲劇或者厄運真的發生時，由於在預期之中，我們會覺得打擊不那麼痛苦。然而，悲觀主義雖然能夠減輕痛苦，卻不能解決問題。

目錄
contents

前言

從「態度」到「格局」

態度（attitude）和格局（altitude）這兩個詞在英語裡只差一個字母，但並不能互相替代。有了好的態度，再有大的格局，才能把自己程度提高一大截。因此，在《態度》一書出版之後，我在「得到」編輯團隊的幫助下，整理《矽谷來信》和《谷歌方法論》專欄中涉及格局的內容，重新組織內容創作，寫成了這本書。

之所以選擇這個主題，是因為很多讀者的提問都涉及人的格局。例如，很多人問我：你研究了那麼多的企業，也接觸了很多商業鉅子和學術界領袖，能否從他們身上找到一些相似的過人之處？他們是否有什麼成功的秘訣，可以讓我們學習之後也獲得類似的成就？

特別靈驗、一學就會的成功秘訣不可能有，因為如果真的有，大家都照著做，那這些秘訣就沒有作用了。這就如同在森林裡，即使有一條捷徑，如果大家都去走，也會變得擁擠不堪，捷徑反而成了阻塞不通的道路。

但我回想那些人，他們的確有一個共同特點，那就是格局都超乎尋常地大。台灣商業鉅子王永慶先生有一句話，「人有多大的氣度，就做多大的生意」，其實就是在詮釋這個道理。

據我觀察，他們都十分清楚自己所在的位置，有非常明確的方向，然後用正確的方法沿著這個方向堅定地走下去。他們並不貪圖步伐有多大，但是因為從來不去做（或者很少做）南轅北轍的事情，反而總是先人一步到達終點。反之，一事無成的人常常跑得很快，卻在鍥而不捨地兜圈子，或者受到環境的誘惑而不斷改變方向，甚至乾脆背道而馳，幾年、十幾年後回頭看，又回到了起點。

一個人明確了自己所在的位置和方向後，根據自己的能力掌握好節奏，已經在格局上領先於同輩人。當然，很多人會覺得，知道自己的位置還不簡單嗎？往四周看看，找一個參考值就可以了。其實，現實中真不是這樣。例如，不同人對今天時代的認知就天差地遠。

你如果到社交媒體上看看，就會發現依然有很多人夢想成為拿破崙，他們試圖透過顯示自己的力量而贏得社會的認可。但遺憾的是，今天不是拿破崙的時代，而是和平發展的時代，如果有人還想以武力（包括商業上的武力）成就事業，那就大錯特錯了。提升這個時代人類的福祉，才是正確、該做的事情。我常常講，如果一定要選一個當今的拿破崙，那一定不是某一位將軍，而是比爾．蓋茲這樣的人。今天，創造出比別人更好的東西，才能顯現自己的力量。

若說今天世界整體看是和平的，可能會有很多人不同意，他們會找出恐怖主義和貿易摩擦來反駁。他們擔心衰退，甚至有的人過份擔心戰爭將要到來。這些錯誤的判斷，就如同在森林中搞錯了自己所在的位置，不管接下來如何努力，都難以走出森林到達目的地。中國在過去的四十多年裡完成長期和平發展和高速增長，但是，從二十世紀九〇年代一開始，就有人不斷拋出「中國衰退論」。基於這種錯誤的判斷，很多人錯過了中國經濟成長的快車。同樣地，矽谷地區已經快速發展了半個多世紀，但是從二十世紀六〇年代開始，就有不同版本的「矽谷衰退論」三不五時的出現，以致很多人錯失了資訊革命的良機。如果再往前看，十九世紀末到二十世紀初，美國雖然問題重重，卻是人類歷史上最好的發展時期。投資那個時代，就容易成為贏家；誤判了那個時代，就可能退出歷史舞台。那個時代的美國集中催生了人類一大批富豪，而在那個時期退出美國市場的羅斯柴爾德家族，則逐漸由盛而衰。

對未來的判斷也是如此，如果一個人相信中國還能穩定發展二十年，他採取的做法必然和懷疑論者截然不同，結果也會不一樣。

當然，即使搭上了持續發展的快車，人的格局也會決定他們最終能站多高、走多遠。例如，在同一個時代做風險投資，J.P. 摩根和馬克．吐溫由於格局不同，投資的結果就有天壤之別。

金融鉅子 J.P. 摩根應該算美國最好的天使投資人，他在愛迪生還沒有發明電燈之前就投資了這位天才發明家。不過，如果他僅僅投資了愛迪生，只能算是運氣好。事實上，他還投資了愛迪生的競爭對手特斯拉，以及特斯拉的競爭對手、無線電通訊的發明人馬可尼。對 J.P. 摩根來講，他投資的其實不是某個具體的發明家或某一項技術，而是「電」這個未來的產業，這就是格局大。相比 J.P. 摩根，同樣做天使投資的大文豪馬克．吐溫的格局就差多了。馬克．吐溫是位了不起的作家，一生賺了無數版稅，卻不是一個好的投資人，他的投資全都有去無回。馬克．吐溫的問題在於，他只是從自己的需求出發，希望以投資控制一些出版公司。他只看到一家家企業，而非一個行業。事實上，出版業在當時並不是一個能夠快速發展的行業。有人向他解釋過貝爾的電話技術，但他覺得那是天方夜譚，於是錯過了最有希望的一次投資機會。

無獨有偶，巴菲特和他父親在格局上也有很大的差異。在巴菲特父親做投資的年代，美國的汽車產業剛剛興起，有很多家汽車公司。巴菲特的父親一家家看過去，根本搞不清楚哪家值得投資，於是錯失良機。巴菲特說過，父親至少應該做空馬車公司的股票，因為汽車發展起來，馬車就會消失。巴菲特看到的是一個大時代，一個新產業，格局就大；而他的父親總是糾結於細節，一直在尋找哪家汽車公司更值得投資，在格局上就有欠缺。

上面兩個例子，說明了人在方向選擇上的格局差異。而當明確了位置和方向後，格局的大小就要看採取行動的方式。在這一點上，格局大的人追求的是重複的成功和可累積的進步，格局小的人滿足於自己某件事做得快、做得漂亮。

對大多數人來講，獲得偶然的成功並不難，難的是逐漸讓成功從偶然變成必然。一個二流的網球選手，偶爾也能發出 ace 球（發球直接得分），但那種成功很難重複。而頂級的選手能夠在每一場比賽中不斷發出 ace 球，例如伊萬尼塞維奇（二十世紀末最優秀的網球運動員之一），他曾經在一年內的正式比賽中發了近一千五百個 ace 球。如果仔細分析二流選手和頂級選手的動作，就會發現二者有巨大不同。後者不僅動作標準，更重要的是，每次發球動作的一致性極高，簡直就像一個發球機。

人類歷史上不乏天才，但是在十七世紀之前，科技上重大的發明和發現都需要等待很長的時間才會出現，而且具有很大的偶然性。十七世紀之後，在哈維、笛卡兒等人總結出科學方法之後，科學家（最初叫自然哲學家）和工匠們主動應用這些方法，讓科技成就不斷湧現，這才讓人類社會開始飛速進步。採用不正確的方法，偶爾也能做好事情，但是只有採用正確的方法，才能讓成功機率大大出現。

回到 **J.P.** 摩根和馬克．吐溫投資的例子上，二人除了在方向的判斷上有差異，投資的方法也不同。作為職業投資人，**J.P.** 摩根在做投資時嚴格遵循投資規範，不受個人好惡的影響。看到電會改變世界後，他就義無反顧地去投資；看到給特斯拉的投資不會有結果時，就果斷止損；看到愛迪生和馬可尼能夠不斷發展，則加倍支持。今天的風險投資依然必須遵守這個原則，不斷追加成功的投資，及早退出失敗的項目。反之，馬克．吐溫的投資方式有很大的隨意性，他主要根據自己的喜好操作。因此，馬克．吐溫即便偶爾投資成功，也會因為後來不斷的失敗把之前賺的錢損失掉。

至於可疊加式的進步，更是會帶來指數升級的提升速率。我的弟弟吳子寧從史丹佛大學畢業後，進入矽谷後來數一數二的半導體公司——美滿電子（Marvell），從一個普通的研究人員做起，十三年後成為公司的左右手（首席技術長）。這不僅在矽谷的中國員工中很少見，在他的學長學弟中也是少有的。我問他成功的原因，他說除了要有一個比較高的起點外，主要是每往前走一步，都要聚集足夠多的能量，讓每一次進步都成為下一次進步的基點，而不是每一次都要重新開始。這就好比澳洲袋鼠雖然每次都跳得很高，但是總會落到起點，牠們一輩子能達到的最高點很有限。而那裡的無尾熊雖然爬得慢，但是每一步都為下一步打好了基礎，最後總能爬到樹梢，這便是可疊加式進步的紅利。

要做到高速率、可疊加式的進步，重點是減法，懂得放棄。放棄森林中各種小岔路上風景的誘惑，才能更快地到達目的地。

我弟弟就放棄了很多機會，在摩爾定律控制半導體的年代，半導體產業總是充滿各種誘惑。所幸，他能花七、八年時間專注在一個產品上，將它做到世界市場佔有率第一，而且每年能夠產生超過十億美元的營業額。過程中，他還獲得了兩百八十項美國和國際專利，這也確立了他在半導體產業技術和管理專家的地位。

今天谷歌公司內職位最高的華裔是我在約翰·霍普金斯大學的學弟，他從一名普通工程師做到了主管全球架構的副總裁，這在工業界是一個很受人尊敬的位置。他能做得這麼好，也是因為放棄了所有不能對長遠發展有用的短期機會。

谷歌曾經想讓他負責整個中國的研發業務，這個機會看似很好，不僅能在職級上迅速得到提升，還可以衣錦還鄉。但這限定了他發展的高度，而且會讓他遠離谷歌最核心的業務。因此，他選擇在美國堅守谷歌的核心業務。最終，由於他的業務對公司越來越重要，公司對他也越來越信任，並將最核心的業務交給了他。不過，做減法很難，人通常喜歡獲得而不願意捨棄。

兩年前，一家發展很好的媒體公司創始人向我諮詢某支基金，因為當時國內像樣的公司都喜歡發展基金。他認為自己的人脈很廣，一定能做好。我告訴他，如果他的邏輯沒錯，世界上最大的基金一定是央視基金或者默多克基金，事實顯然並非如此。後來，他開始專注在自己擅長的領域，每一步都成了他後來繼續前進的基礎，現在發展得非常好。

二〇一九年初，錢穎一教授和我一同分析整理中國發展比較好的企業，我們談到了華為和段永平的 vivo、OPPO。這兩家企業有一個共同的特點，就是非常專注，善於做減法。按照中國多數企業家的思路，這麼成功的企業該順便做房地產賺錢，但是它們沒有。做減法，專注自己的專長，讓過去的經驗成為未來發展的基石，使得這兩家企業可以長期穩定發展。

人也是如此。一個青年人，如果能堅持做到高速率成長、可疊加式的進步，即使起點低，即使三十歲還不富裕，十年後的成就也是不可限量的。

當然，人也好，企業也罷，高速發展一段時間就會累，因此，掌握好節奏是必要。不懂得把握節奏的人，會因為一次失誤失去之前的全部收益。這一點本書內容也會提到。

如果用一個詞來概括本書的內容，就是「格局」；如果用十個字來概括獲得大格局的方法，那就是位置、方向、方法、步伐和節奏。任何人，不論起點高低，只要能認清自己的位置，找對方向，用正確的方法做事，提高進步的速度，同時把握好節奏，幾年後就會看到一個格局比今天大很多的自己，一個讓自己感到不枉此生的自己。

第一章　人生的格局

曾文正公說過，「凡辦大事，以識為主，以才為輔；凡成大事，人謀居半，天意居半」。如果我們過份相信自己所謂的才華，其實就將最終的格局限制在自己當下的水準上了。

要提升自己的格局，第一步是先認知超出個人能力之外的力量。這種力量就是中國人常說的「天」，西方人常說的上帝。西方人常常將樸素而實用的智慧蘊藏在有關上帝的各種比喻中。當然，在大部分人的心裡，上帝未必特指基督教的耶和華，而是代表超自然的力量。即使無神論者心裡也有自己的上帝——它可以是頭頂的星空，也可以是心中的道德。總之，那是超出個人能力之外的力量。只有敬畏這樣的力量，我們才能把事情做好。

上帝只垂青主動的人

上帝在西方的文化中是一個萬能的角色。西方人即使不信上帝，通常也會把上帝和奇蹟牽連在一起。例如，當遇到絕境時，人們往往說「只能祈禱了」，言外之意就是只能等著奇蹟出現。然而，有一則關於上帝的故事告訴我們，奇蹟能否出現，其實和人的主動性有關。

這則故事是這樣的。

從前，有一位非常虔誠的教徒，相信上帝能幫他解決一切難題。有一天他的房子失火了，他被困在裡面，這個人就不斷地祈禱，祈求上帝來救他。上帝當然沒有來，但是來了一輛消防車。消防員搭了梯子，爬上屋頂，要救他出去。

這個人拒絕了消防員的幫助，他說：「我不走，我在等上帝來救我，祂一定會來的。」消防員怎麼都勸不動他，火勢越來越大，消防員不得不離開。然後讓消防局派了架直升機來救他。救援人員從直升機上放下雲梯，讓他趕快爬上來，這個人卻說：「我不走，我在等上帝來救我，祂一定會來的。」最終，上帝沒有出現，這個人被燒死了。

這位虔誠的教徒死了之後，在天堂見到了上帝。他非常委屈地問上帝：「上帝，我那麼虔誠地信奉祢，祢怎麼不來救我？」上帝回答：「我第一次派了消防員去救你，第二次派了直升機去，可是你堅持不走，我也沒有辦法。」

雖然大部分人不會像故事裡這個虔誠的教徒那樣遇到火災，但是在生活中，遇事不主動的人，上帝也沒有辦法幫他。

我們會在公司裡看到這樣的人，他們以為用自己的方式努力工作後，主管就會主動提拔自己。可是，一次、兩次甚至三次，主管都把提拔的機會給了別人。這類人就會出現類似那個教徒的想法：主管啊，我這麼努力工作，你為什麼不提拔我呢？這類人的問題在於，缺乏主動性。

在工作中，主動性不僅表現在像老黃牛一樣把本職工作做好，還要主動和主管溝通，承擔更多、更重要的任務。雖然主管有責任了解每一位下屬的工作情況，但對一個管理著二十個人的經理來說，即便每周和每個下屬聊半小時工作，都要花掉他四分之一的工作時間，這在現實生活中很難做到。更何況，即便找每個下屬聊了半小時，經理事後也未必記得每個人做了哪些具體的工作、做得如何。通常的情況是，經理最了解和自己走得比較近的、經常主動談工作的下屬情況。因此，一個主動工作的人，不僅要做好自己的本職工作，管理好自己和下屬，還要善於「管理」自己的上級。

很多人可能會對「管理上級」感到陌生，甚至覺得這個說法錯了，因為他們認為管理是上級對下級的。其實，管理上級不是給上級分配任務，也不是不服從上級的安排，而是讓上級了解我們的工作，並且在必要時及時尋求上級的幫助。對於這樣主動性強的員工，上級都喜歡。

很多時候，事情能不能做成，問題能不能解決，取決於做事情的人是否有主動性。特別是在不理想的環境中做事情時，個人需要主動創造一個好環境。

我一九九六年出國時，申請美國簽證沒辦法預約，人們要一大早到美國領事館門前排隊。由於領事館每天能接待的人數有限，所以先到者才有機會，去晚了就辦不到。通常早上六點就有人在那裡等候，而領事館要到八、九點才會開門。其間的兩三個小時大家只好在隊伍裡站著，連廁所都不敢去，因為一旦離開，後面的人就不認帳了。我去申請面簽時，早上六點多到了領事館那裡已經排了幾十個人。排隊的人聊起天來，介紹各自的情況，慢慢就彼此熟悉了。我們餓著肚子站了沒多久就累了，又不敢離開，於是我說：「我們來發序號吧，這樣大家可以去廁所，買早餐。」大家都贊同，於是我做了號碼牌，按照先來後到的順序發給大家，又找了兩三個人來幫我維持秩序。這樣一來，我們就不必都站在那裡，可以到旁邊休息一下，或者去吃早飯。

等到領事館開門後，我和幾個人一直維持著秩序，讓其他人按順序進去面簽。快輪到我時，我就把維持秩序的事情交給後面幾個人繼續做。每個人都不希望隊伍混亂，影響到自己面簽，因此每當前面的人進去之後，後面的人就會接上。等我辦完簽證從大使館出來時，發現隊伍依然井然有序。

幾年前，我和合夥人李強先生講起這件事，他聽了之後告訴我，他也有類似的經歷。他比我早幾年出國，那時托福考試報名要排很長的隊，常常一排就是四、五個小時。這麼長的時間，難免會發生混亂，報考者經常會爭吵起來。李強就和幾個同學用發序號的方式維持報名秩序。由於排隊時間很長，有的人拿了號碼牌就走了，因此，他們每過一個小時就會重新發一次號碼牌，把那些試圖佔便宜的人清理掉。靠著自己的主動性，大家保持著排隊的秩序，報名沒有再像以前那樣出現混亂。

或許是因為有主動性，我們才能把一些投資人組織起來，在矽谷一起投資。我們在給創業者投資時發現，創業者能否成功，絕大多數取決於他們做事是否有主動性。主動性對所有人都是必要的，對創業者而言更是重要。在創業者面前，幾乎一切都是未知，沒有一定之規矩可以遵循。更糟糕的情況是，事情做起來才發現條件其實並不成熟，需要自己創造條件。而且，和最後目標無關的雜事特別多，創業者需要親力親為。在這種情況下，主動性是第一位的，個人的本事反倒是第二位的，這一點和在大公司裡做事是完全不同。在大公司裡，主動性雖然很重要，但是公司已經有一定規模，業務發展平穩，平時該做什麼事、怎麼做事都有章可循。很多人按照慣例、按照主管的安排做事，通常不會有什麼失誤。

現在提起電商，很多人會想到阿里巴巴，覺得阿里巴巴的成功多數是靠先發優勢。其實，在十幾年前，阿里巴巴剛開始做電商時，前面已經倒下了一批電商公司，其中最著名的就是8848.com——以喜馬拉雅最高峰的高度為命名。這家公司的創始人在公司倒閉後說，中國不具有做電商的環境。因為當時沒有網上支付，沒有信用體系，沒有方便的物流，交易的各方缺乏誠信和相互的信任，供貨方不守規矩的手工操作導致管理成本很高。結果，幾乎每一筆交易不是有糾紛，就是因為效率低下而完成得非常艱難。

在所有人都不看好中國電商環境時，馬雲卻把阿里巴巴做成功了。他比前輩強的地方並不在於技術更好、產品更漂亮，實際上，阿里巴巴一開始在這兩個方面做得真不如倒掉的那批電商公司。馬雲的過人之處就在於做事情的主動性。當時，中國沒有支付方式，馬雲就自己做一個；沒有信用體系，馬雲就自己建立一個；沒有好的物流，馬雲就讓公司出面和物流企業談一個消費者能夠接受的條件。馬雲雖然遭遇了不少失敗，有些問題不能馬上解決——例如，阿里軟體就失敗了，以軟體幫助電商自動管理內部的目標沒有實現——但是，總體來說，馬雲和他的公司本著遇到問題就解決問題的主動性，花了幾年時間，基本解決了電商會遇到的主要問題，因此有了後來的成功。如果馬雲被動地把答應風險投資人的工作做完，然後告訴對方中國目前不具備條件，嘗試失敗了，那麼，我們現在可能就看不到阿里巴巴了。

我們現在所處的時代，比歷史上任何時代都更需要主動性，因為變化太快，只有主動適應環境，才能生存和發展。現在成功企業的主管業務和十年前相比，往往有很大的變化。阿里巴巴最早賴以生存的 **B2B**（企業對企業）生意，不到十年就蕩然無存；騰訊最成功的產品微信，十年前還沒有誕生。沒有主動性的企業，很快就會被淘汰；同樣，沒有主動性的個人，處境會越來越艱難，因為我們從事的行業消失的速度遠比我們想像的快。

主動做事的收益或許不會在一兩天內顯現出來，但是長期堅持下來，主動做事的人就能和其他人拉開距離。到了關鍵的時候，只有主動做事，奇蹟才會發生！

在沒有聽到反對意見之前不要貿然行事

剛到美國時，我和同學聊起一件事，就是美國議會裡總有一些提反對意見的人，有人甚至為了反對而反對。很多時候，一件事情該做還是不該做是很清楚的，直接投票表決就好，他們卻要爭辯那麼長時間。我問同學，在這種投票結果沒有懸念的情況下，為什麼還要浪費時間爭來爭去呢？他們告訴我，凡事總有「兩面」──好的一面和壞的一面，當大家一致覺得一件事只有好的一面時，並不代表它不存在壞的一面，很可能是大家認識不夠深刻，沒有看到一些盲點。而那些沒有被發現的問題，一旦發生，後果可能極為嚴重，甚至是災難性的。

他們看待事情的這種態度，對我非常有啟發。從此，對於那些人們都覺得好的事情，我會格外小心，因為我們可能忽視了它們的問題。為了避免認識盲點造成的災難，我總是要多聽一些意見，看看有沒有疏漏，以免掉進坑里。如果有人提出反對意見，我會分析那些令人擔心的情況是否很可怕；如果很可怕，就一定要找到防範措施後再開始實施原先的計畫。

有人可能會說，這和中國古人的一些智慧不謀而合，例如，「眾利勿為，眾爭勿往」。確實如此，這就是人性相近的一面。日中則移，水滿則溢，月盈則虧，這是自然界的鐵律。凡事到了頂，就要格外小心。世界上每一次股災，都是在人們歡呼經濟形勢大好，股市即將創造新高的時候發生的，而不是在有人質疑股市偏離了基本點的時候。眾人都認為有利可圖的時候，就會產生那種狂熱的狀態。

我後來在做投資時，對這個道理深有體會，並且一直遵守一個原則，就是在沒有聽到反對意見之前絕不貿然行事。例如，如果我們基金的所有合夥人都覺得某一個項目好的不得了，需要馬上投資，我就會特別小心，因為這說明兩件事：其一，我們的見識不夠，可能有些東西沒有看懂、看透，有點盲目樂觀，因此發現不了問題，而不意味著項目沒有問題；其二，投資的最好時機已經過去了，再去投資通常是做所謂的「跟風」。

二〇一七年，中國某家網路公司負責人問我，是否會出現一家基於區塊鏈的公司顛覆美國的谷歌、亞馬遜、臉書或者中國的阿里巴巴、騰訊？我告訴他，有這個危機意識，就已經避免了一大半的麻煩。但是這種可能性不大，因為區塊鏈已經屬於趨之若鶩的技術，即使再強大，上述幾家公司也早有防備了。真正能夠顛覆上述大公司的新公司，一定是使用沒有被廣泛關注到的技術，以致於大公司對此有認識盲點。

「眾利勿為，眾爭勿往。」這個道理說起來簡單，但是能夠做到的人或公司並不多。中國的創業圈在過去的十幾年裡有一個怪現象，就是美國一旦出現一家新奇的公司，中國就會出現一大堆類似的企業。谷歌收購了YouTube，中國就出現一大堆視訊網站，而且現有的網路公司也加入這場大戰，最後的結果就是沒有一家公司能賺到錢。同樣地，有很多模仿Groupon（團購網站）的團購公司，被模仿的對象在美國都不太成功，更別提成千上萬家複製的公司了。很多投資人以為搶一條所謂的「賽道」就能分一杯羹，豈不知眾人相爭，最後只有一個結果——相互碾軋致死。「眾爭勿往」這個道理古人都懂，現在很多人在利益的驅使下反而忘記了，可謂利令智昏。

在美國，如果一個十字路口附近開了一家加油站，那麼第二個人就會開一家便利店或者其他店，反正不會再開加油站了。第三個人可能會開一家快餐店，第四個人開一家咖啡店，於是十字路口有四家不同的店，大家都有生意做。我們做事喜歡一窩蜂，第一個人開一家快餐店，第二個人也來開一家同樣的店，於是十字路口開了四家快餐店。

我曾經拿中國一流大學和美國一流大學對照。在中國，好大學都長一個模樣——爭的都是科研經費多少、論文數量、院士人數等。如果把中國名牌大學簡介中關於地點和校名的縮寫用「某地某校」代替，那些介紹幾乎是一個模子刻出來的。我們常常認為研究型大學就是好大學，於是，二流、三流的大學都想把自己發展成研究型大學，這種事情顯然是不可能的，因為它違背了「眾爭勿往」的原則。

美國的好大學則不同，每一所學校都強調自己的特色，排名前二十五位的大學都不同。它們在設置學科時會考慮必要性，會考慮某個學科是否已經有太多學校設立了。

中國不僅大學缺乏特色，中國的學生和家長在申請名校時的做法也是千篇一律。先拚成績，成績接近就拚特長，例如數學競賽、音樂、體育等。實際上，當一種特長被很多人掌握之後，就不叫特長了。真正的特長要根據孩子的特點來發展。一個身高一尺六的男生，投籃再準也成不了專業籃球運動員；同樣，一個數學在班上排名後 50% 的學生非要學奧數，也是勉為其難。在美國申請好大學，特長要有創意，被錄取的人常常不是成績最好的，而是有鮮明特色的。

我以前也喜歡湊熱鬧，覺得別人都做的事情一定有道理，自己不做肯定會吃虧。但現在，我漸漸習慣先聽反對意見，把各種可能的壞消息都考慮到了，再決定是否要做。因此，如果一件事大家都覺得有好處，我通常就不做了。那些事情，要嘛有大家都沒看到的風險，要嘛眾人都覺得有利可圖，其實已經沒有利潤空間了。

分享利益，獨立決定

到美國之前，在清華大學教導我自然語言處理課程的黃昌寧教授說過，美國人之間做學術合作比國內容易得多。我到了約翰．霍普金斯大學之後，很快就體會到這一點，並且了解了其中的原因。

我在約翰．霍普金斯大學的第一個導師是布萊爾教授，他是一位非常友善的人，也讓我感受到「nice」這個詞的意涵，這恐怕是他後來能夠在大公司裡做到很高職位的原因。

我在布萊爾的指導下做研究時，有一個和我在同一間辦公室的學長約翰，他也是布萊爾的學生。當然，我們倆研究的方向並不相同。約翰是一個很願意助人的人，我們經常一起討論。後來布萊爾指導我們每個人寫了一篇論文，都被EMNLP（自然語言處理前沿技術研討會）錄用發表了。布萊爾對約翰說：「Jun和你的討論有很多建樹，你不僅需要在鳴謝中寫明，而且要在引用文獻中加入『personal talk with Jun Wu』（和吳軍的私下討論）這一點。」

引用文獻標註的通常都是發表了的文章或者是研究報告（例如，我引用了約翰之前的研究報告），私下的討論雖然可能對研究有幫助，但通常不會加在引用文獻裡。我在和約翰討論問題時，並沒指望他一定要感謝我，何況約翰經常幫助我修改論文的文字錯誤。

布萊爾要求約翰這麼做，倒不是因為他對學生很好，而是他覺得分享利益是我們將來作為專業人士必須具有的基本素質，因此刻意讓我們養成這樣的習慣。這件事之後，我寫論文時都會註記鳴謝所有幫助過我的人。

無獨有偶，布萊爾離開學校之後，賈里尼克教授做了我一段時間的論文導師，也講過兩條類似的原則。

第一，如果同事的工作直接或間接地幫助了我們的論文，我們一定要在作者中加入他的名字。

第二，如果我們和同事在吃飯或開會時談論過論文裡的工作，我們一定要在論文中對同事表示感謝。

我之前讀到賈里尼克在IBM發表的很多論文，一直奇怪論文的作者人數為什麼那麼多，聽了他的這兩條原則，我才明白其中的道理。世界上很多專業組織，例如學術界、藝術界和法律界的，都是利益共同體，都很講究相互幫助、相互提攜，而且有自己的規矩，大家都要遵守。

我到谷歌後，一直堅持每次申請專利都盡可能把合作者的名字加進去。雖然這會讓我少得幾百美元的獎金，但是對同事和下屬的晉升幫助很大。同樣地，每次上線產品發佈內部新聞時，我會盡可能地把幫忙者都作為參與者向公司公佈。我離開谷歌一年後，過去的一些同事告訴我，他們非常感謝我對很多同事的提攜，每次有了功勞都分給他們一份。這其實不是我天生的做事方法，而是我後天教育養成的習慣。

相較之下，很多國內同事在這些方面很不在意。在谷歌，有些時候國內的員工發佈了新產品，會忘記提及山景城（谷歌總部所在地）同事的貢獻，對此我常常會不留情面指出來。

為什麼我堅持每個人都要分享利益，感激他人的貢獻呢？因為一個大型組織只有這樣才能形成向心力。我們經常感嘆，為什麼中國人在矽谷晉升得沒有印度人快，原因有很多，其中一個小原因是，部分中國人在分享利益這件事上做得不好，不注重相互提攜。

中國古代留下的很多文獻都記載了共享成果的道理，《史記》中就記載了這樣一件事情。

漢朝開國皇帝劉邦問從項羽陣營投降過來的陳平：「我和項王有何區別？」陳平答道：「項王寬和，您粗野傲慢。」

劉邦又問：「那你為何棄項王而投奔我呢？」陳平說：「項王對於有功之人捨不得封賞，而大王您不吝恩賜。」

這個故事說明，再好的人，如果捨不得分享利益，周圍的人最終也會離他而去。

利益要分享，但是決策自己做就好了，很多時候未必需要講究民主，徵求所有人的意見。這也是我在美國體會到的組織管理的一個特點。

很多人講起美國，會先想到它是一個民主國家，凡事都民主，大家都參與決策，因此效率特別低。其實，民主只是對美國的各級公權力而言，對私營企業或獨立機構來說，從來就不曾民主過，因此很多美國公司的管理效率並不低。在美國的大公司裡，權力是下放的，並非部門一手決定所有的事情。從這個角度說，有一點點民主的味道。但是，一旦權力下放到某個人手裡，通常這個人就可以自行決定很多事情，並不需要所有人同意、認可。

在美國的公司裡，決策過程常常是這樣的：具體負責人會先徵求上下左右一些人（並非所有人）的意見，拿出一個方案，大家討論一下，主要看看有沒有遺漏，有沒有質疑的聲音。如果有遺漏，就把遺漏補上；如果有質疑，就評估一下質疑是否有道理。補上遺漏之後，通常就不需要再討論了，負責人自己就把這件事情決定了。否則討論來討論去，總會有人不滿意，永遠沒有止盡。在做決策這件事上，美國人的效率還是很高的。

我在《態度》一書中說過，沒有最好，只有更好，「最好是更好的敵人」。認可這種思維方式的人，做決策時通常並不想一次性解決所有問題，而是追求在原有基礎上取得進步，因此有瑕疵也沒有關係。

我在清華大學的另一位老師朱雪龍教授在英國進修了很長時間。他和我聊天時說過，英國的教授根本沒有中國的教授忙，但是效率並不低，因為很多事情從來不開會討論，幾個相關的人非正式地談一談就決定了，也就是說大部分事情是獨立決斷的。這種做事方法和美國的大學、公司很相似。

現在，雖然開會、通信都方便了，但是我們不僅沒有省去開會的時間，反而開了太多會，花了太多時間討論原本不需要討論的問題。據傑克・韋爾奇的助手、通用電氣和高盛的首席人事顧問科爾講，韋爾奇在接手通用電氣後，發現公司裡每天都會收到太多的郵件，很多都無關緊要。這就說明發郵件的人可能是怕漏掉誰，把郵件的副本範圍不必要地擴大了。於是韋爾奇強行規定，如果發郵件時收件人（包括收副本的）的數量超過一個數量（我記得是二十個人），這個郵件就需要經過特別確認才能發出去。這樣一來，每個人收到的郵件就少了很多。韋爾奇在擔任通用電氣首席執行長的十多年裡，一直注重提高公司的管理效率。在他手中，通用電氣的市值從一百三十億美元增長到四千億美元，並一度成為全球市值最大的公司。

獨立決斷的背後是每一個人本身的責任。我發現，很多組織或機構中無人願意獨自做決斷的原因，不是他們不喜歡擁有決定權，而是害怕承擔責任。我們常常講公民意識，要成為一名合格的公民，就意味著對自己的所有決定負責任。當每一個人願意承擔自己的責任時，決斷就不難了，效率也就提高了。

不要因為小惡而忘記大善

在二十世紀九〇年代，到美國讀書的中國人幾乎都是靠學校提供的獎學金生活。沒有那筆錢，以當時中國家庭的收入，可能一輩子都付不起美國的全部學費。我在約翰．霍普金斯大學的時候，一年的學費加上生活費是三萬多美元，等我畢業時漲到四萬多美元。當時人民幣對美元的匯率超過八兌一，我六年讀下來，就是兩百多萬元人民幣，這在三十年前是一筆巨款。美國的大學不僅替我付了這些費用，還讓我在畢業時能存到一輛新車的頭期款，對我可謂有「大善」。我周圍來自內地的同學幾乎無一例外獲得了這樣的「大善」。

當然，拿人家的手短，吃人家的嘴軟，我們這些留學生難免受到教授的一些剝削。有些教授除了讓學生做研究，還會分派一些和學業無關的雜事給他們，例如幫忙辦理學術會議。這種事情做多了，當然會晚幾個月畢業。這種事情對一些人來講是「小惡」。對於自己有些錢的美國學生來說，他們不需要獎學金，當然就能免除一些雜事。

但是，「小惡」相比「大善」，畢竟程度小。我們這些留學生都懂得「勿以小惡而忘大善」，大部分人堅持了下來，最後結果都很好。但是，也有少數人受不了這個「骯髒氣」，中途退學或轉學了。退學的，後來的結果一般都差多了；而轉學的會發現「天下烏鴉一般黑」。

大家畢業後到了一個好公司，這是一件大好事。當然，並非一直都會順利、開心，有時同事會排擠你，有時主管會不公正。但是，如果這家公司值得你為它工作，遇到的麻煩就屬於「小惡」，該怎麼處理就怎麼處理，不能因為一件壞事把所有的好事都否定了。

我有一位朋友，他是臉書前百名入職的員工。你可能覺得他肯定發財了，其實不然，他因為很小的一些事情沒做到半年就離職了，結果一股期權都沒有拿到。我估計他的損失至少有一億美元，而他後來再也沒有這樣的機會了。

美國人比較懂得這個道理，在公司裡，他們不太會因為一件事否定全部，而是能從大局出發，好好合作。我們有些人雖然看起來比較能忍，但是常常在工作上因小失大，逞一時之快而失去大機會。

據我多年來對國內職場的觀察，很多人離職並非因為第二家公司比前一家好，而僅僅是因為他們在前一家公司遇到小小的不爽，就把之前所有的好忘了精光，憤然辭職。有些人即使沒有離職，做事也開始敷衍應付。或許這些人在某件具體的事情上做得沒錯，但是因為一點「小惡」而忘記公司曾經給自己的「大善」，那就得不償失了。如果在美國公司裡抱著這種心態工作，提升的可能性就會小很多。

我們的祖先在《禮記．大學》中這樣告誡大家：「好而知其惡，惡而知其美者，天下鮮矣。」意思是說，喜歡一個人，還能看到他的缺點，討厭一個人，還能看到他的好處，這種人很少。

為什麼少呢？因為人有一個習慣性弱點，就是愛屋及烏，容易因為個人的好惡全盤接受或者否定一個人、一件事，容易把局部的得失放大成全局的結果。

很多美國人能夠奉行「勿以小惡而忘大善」的做人做事態度，一是因為職業素養普遍較高，二是人與人之間感情談得少，利益談得多，容易做到心平氣和地就事論事，而不會因為自己正確、對方錯誤就逞一時之快，最後斷送了自己的前程。

勿因人之短護己之短，勿以人之短炫己之長

我們在生活中經常看到這樣的情景。小明闖了紅燈，被警察攔下處罰，小明辯解道：「我看見前面一個人也闖了過去，你怎麼不罰他？」然後就和警察爭吵起來。如果遇到一個笨嘴拙舌的警察，可能真說不過他，最後不是不了了之，從此不再有人遵守規矩，要不爭執到底，甚至動起手來。

十幾年前，我到馬里蘭的交通法庭旁聽過一次庭辯，就是類似的糾紛。被告抱怨很多車都在高速上超速行駛，他只是跟在別人後面而已，警察沒有抓帶頭的卻抓了他。法官問：「你是否超速了？」他對此沒有否認，但依然辯解是別人超速讓他不知不覺開快了。法官說：「你自己有責任保持車速在限速以內，現在討論的是你的問題，不是別人超速了你就可以超速。」

我們經常看到有人理直氣壯地說：「為什麼只抓我！」這些人的理由在一個「只」字，因為別人逃脫了，所以他們理所應該也能逃脫。但如果和美國人打交道多了，你就會發現他們的邏輯完全不是這樣，而是「不管別人是否受到處罰，現在討論的是你的問題，你如果沒有錯就沒事，如果有錯，按照規定就該罰」。

我們在職場也會經常遇到類似的事情。例如，小明做錯了一件事，你如果指出他的問題，他

會說小華上次也做錯了。你如果跟他爭論，溝通可能就進行不下去了。

還有一種情況也很常見。小明打（罵）了小華，當你要批評並處罰小明時，他會說小華先打（罵）了他。言外之意，如果不是小華先動手（動口），就不會有最後的結果。冤有頭，債有主，如果用這種想法來解決問題，不斷往上找原因，永遠有理由。

面對這種情況時，我們應該基本上有一個共識——就事論事，先把當下的事情解決了，其他事以後再說。

有一次我在谷歌聽到一名總監在批評下屬，兩個人吵了起來。原來，那名叫喬納森的員工在一個開放的辦公區工作，他平時說話嗓門很大，不免干擾周圍的人。同事跟他建議無效，就把這事反映給了總監戴維。

根據我和喬納森的接觸，他是個智商極高、能力極強，但情商很一般的人。他常常一個人做了全組（十幾個人）一半的工作，但是我行我素，喜歡強詞奪理。而他的等級和戴維一樣高，組裡的同事也拿他沒辦法。

那天，戴維叫喬納森講話小聲一點，喬納森辯解道：「我前幾天聽你講話嗓門也很大。」喬納森其實是在強詞奪理，而戴維處理得很好，他只是說：「你提醒得很好，如果下次你發現我講話嗓門大了，請告訴我，我一定注意。但是，今天你的嗓門確實大了，這件事和別人嗓門大不大無關，請你注意。」喬納森無話可說，只好壓低嗓門說話。

對比較理性的人來講，他們通常不問做錯事是否有理由，而是確定當前是否做錯了事。如果錯了，該怎麼解決就怎麼解決，至於是否是其他人造成了這個人做錯事，那是另一回事，不要混在一起處理。這就是說，不能因為別人犯了錯誤，我們就有理由犯錯誤。

中國古人其實不缺乏這種智慧。追溯到較古時代，孔子說，「吾日三省吾身」，就是說要不斷反省自己的錯誤；在近代，魯迅說過，「我的確時時刻刻解剖別人，然而更多的是無情地解剖自己」。也就是說，勿因人之短護己之短。

網路上有不少人為「中國式過馬路」辯解，有的人從情理上分析其合理性，有的人從經濟學角度進行分析，還有人站在自己的利益上胡攪蠻纏。但是說來說去，這些解釋都沒有否認一個事實——「中國式過馬路」是違規的。既然違規，就不要做。

再來看看「勿以人之短炫己之長」。你可能看過這樣一則笑話：

某個人說自己贏了兩位世界冠軍，別人當然覺得他在吹牛，但他一解釋其他人只能承認他所說沒錯。原來，他在國際象棋上贏了網球的世界冠軍，在網球上贏了國際象棋的世界冠軍。於是，有人覺得這個人真聰明，以己之長克人之短。

這則笑話細想起來有點問題，沒有人會因為他在網球上贏了國際象棋的冠軍就給予他褒獎，甚至不會多看他一眼。因為，所有人喜歡看到的是更高的棋藝、更精湛的球技。

在工作中，類似這樣的人並不少。很多人標榜自己是「最會寫程式的產品經理」、「最懂產品的工程師」，但他們最後必須回答一個問題：他們是身為工程師存在的，還是身為產品經理而存在？如果是工程師，那麼他們的工程技能可能只是二流，甚至是三流水準，做事情的能力和一流水準相差甚遠，其他人不會因為他們懂得產品就自動給他們加分。如果你是管理者，是否願意用一些「半吊子」工程師？只有當他們能夠在工程水準上不輸給任何人，懂得產品為他們的工程水準進一步加分，才變得有意義。反過來，對產品經理的要求也是如此。如果一個產品經理會寫兩行代碼，但是沒有機會讓他們寫，這種技能就毫無意義。我們要做的是超過他人的長處，而不是滿足於超越別人的短處。

這一點美國人顯得比較傻，撿現成便宜的本事比較差，這讓他們的適應性很弱，一旦失業，必須透過培訓才能在其他行業找到工作。但是另一方面，因為美國社會不認可以人之短炫己之長的「半吊子」做法，才培養出很多長期浸淫在一個領域的專業人士。

第二章　命運的力量

無論多麼強勢的人都難逃命運的安排，認命其實是我們每一個人都應該有的生活態度。

可能有人會覺得，認命太消極、太迷信。正好相反，不認命才是迷信！所謂不認命，就是以為世界上所有事情自己都能控制，這是一種妄念，是對自己的迷信。事實上，不確定性是我們這個世界固有的特徵，世界上有很多我們自己甚至整個人類都無法控制的力量。承認這一點，才是唯物主義的態度。

人貴在自知，知道自己的長處，知道自己能力的極限，在這個極限內盡量取得收益，這是一種積極的人生態度。至於結果是好是壞，不妨泰然處之。盡人事，聽天命。

盡人事，仍需聽天命

美國人多少對上帝有些敬畏，即使不信教、不去教堂，也不會刻意褻瀆神明，宣揚人定勝天。因此，他們做事的心態比較平和，凡事盡人事、聽天命。

甘迺迪在一九六一年的總統就職典禮上的演講，堪稱一個多世紀以來總統就職演講中的佳篇。他向全人類展示了一個非常美好的願景——探索太空，治癒各種疾病，消除貧困等等。聽眾在激動之餘不免有疑問，這些美好的願景真能實現嗎？最後甘迺迪講：「問心無愧是我們唯一穩得的報酬。」也就是說，即便上天不保佑他，但做事盡全力之後，他也會問心無愧。最終，甘迺迪壯志未酬，沒有看到阿波羅計畫成功，但是他在自己的任期內盡了該盡的「人事」，也就問心無愧了。

「盡人事」的重要性不必多說，大家都明白，但是「聽天命」卻是我們這幾代中國人內心所不願意接受。我們不妨看看下面三個事實，就能體會這一點。

第一，對死亡的態度。在中國，只要有條件，一個人臨死前家屬通常都會不惜代價地搶救和延長其生命，哪怕是毫無知覺的生命。這不僅讓家庭背負了很大的經濟負擔，也讓本就不夠用的醫療資源更加緊張。但如果不搶救、不延長沒有知覺甚至極為痛苦的生命，家庭會背負上沉重的道德枷鎖。

相比之下，大多數美國人會選擇拔掉所有的管子，甚至從醫院回到療養中心或者家裡，使用一點鎮痛劑，平靜地走完最後一段旅程。

第二，對失敗的態度。在中國，如果一個人高考沒有考好，他會背負一輩子的負擔。很多人到了五十歲還和我碎念，當年差了兩分沒有考上知名大學。相比之下，美國人顯得有點「沒心沒肺」，只要自己努力了，什麼結果都接受。

美國人在進入一所二流大學後，要不在當研究生時努力進入一所好學校，要不乾脆為自己的二流學校感到自豪。對於比賽的失敗，他們也不會哭天喊地、要死要活，而是接受結果。對於法庭上輸掉的官司，如果能上訴就上訴，如果不能上訴就坦然接受，被罰就認罰，不會拒絕執行法庭的判決。

輝達公司的Tegra處理器曾經是平板電腦的首選處理器，市場佔有率和增長率在開始的兩年都非常高。但是隨著高通公司和三星公司進入這個市場，Tegra處理器的銷量在不到一年的時間裡減少了一半。輝達最初的反應是打官司彌補損失，但是在和專利大戶高通、三星的官司中完全沒有討到便宜。輝達的創始人黃仁勳對此沒有怨天尤人，也沒有抱怨法庭不公平，而是責怪自己太在意已經失去的市場，太在意官司的輸贏，以致於沒有及早進入人工智慧領域。正是這樣的反省和自責，才讓輝達的目光放到了未來，得以在人工智慧晶片領域執牛耳。

第三，對成功的態度。美國人在成功後大多會感謝上帝，或者感謝命運，認為是命運的垂青使自己成功。我們華人過去對上天還有所敬畏，現在連這點敬畏都所剩不多了，一旦成功就覺得是自己了不起。很多人可能會感謝主管，因為主管掌握著自己的生殺大權。但是，不論把成功歸功於自己還是歸功於主管，都是把成功單純看成出於人的因素。人的努力對成功當然重要，但大多數時候還有運氣的因素。

不能接受天命的存在，就難以正確審視自己，審視形勢。在股市上，很多散戶被戲稱為「韭菜」，因為總是被「割」。很多人將自己的厄運歸罪於市場，但是這說不通，因為所有的股票交易都是自己操作的。散戶在股市上虧損的根本原因在於，把偶然的成功歸功為自己努力的必然結果，把失敗歸咎於別人，對市場完全沒有敬畏之心。於是，一次或幾次小的成功必然伴隨著巨大的失敗，甚至是無法翻身的滅頂之災。

為什麼要聽天命呢？因為世界上稍微難點的事情都非常複雜，超出我們的有限認知，更超出我們的控制能力。我們付出努力，無非解決一些表面上的問題，但是還有很多表面的因素不是我們能控制的。當然，如果不盡人事，能把握的那些表面也會把握不住，自然一事無成。

承認天命的作用，我們在做人時就不會恃才傲物。但凡覺得自己了不起的人，通常都沒有見過真正聰明能幹的人。人只有到了人才薈萃的地方，才能體會到自己程度上的不足。

我自己的成績與我弟弟相差甚遠，他高考的成績是北京市第二名，在清華大學是規模最大的電子工程系第一名，到史丹佛大學則是電機工程學的第一名，算是成績不俗了。但是在美國這樣一個薈萃了全世界英才的地方，比他強的人多得是。據他說，和他同系的一名印度學生就比他聰穎多了。史丹佛大學的教授在對那名學生進行口試時，出完題問他會不會，只要他說「yes，I do」（我會做），教授二話不說，就認為他會做這道題，給他一個滿分。一個人聰明到這種程度，顯然不是我們普通人能比的。

我弟弟問他的導師查菲博士——世界著名的通訊專家，也是DSL（數位用戶線路）之父——這個印度學生是否堪稱天才。查菲博士說：「他比我教過的一個學生差遠了。」我弟弟接著問：「那個學生現在怎麼樣了？」查菲博士不屑地說：「現在他一事無成。」

我弟弟進一步了解才知道，那個天才因為缺乏見識，一輩子都在做那些憑空妄想的事情——這說明見識比才能更重要。

我在約翰．霍普金斯大學時，覺得我的導師庫旦普教授的才智、溝通能力和知識遠非我能相比，當然他和賈里尼克教授、美國電話電報公司（AT&T）過去主管科研的拉賓納博士相比又相差甚遠。雖然我對電腦學科的理解比絕大多數業者要深刻很多，但是與谷歌和凱茨（Randy Katz）教授[1]在同一間辦公室工作半年後，我發現他的理解力超強。可見世界上比我們有才能的

1 美國工程院院士，RAID的發明者。

人真的太多了，遇見他們，我們才知道自己的能力有限。

但是，比才能更重要的是見識，而在見識之上還有運氣。庫旦普教授跟我說，一些人在國際會議上介紹他時，說他是我的導師，他感到非常高興。我說：「一來是你輔導得好，二來只是我運氣好一些，趕上了谷歌、騰訊這樣的好公司而已。」如果不是因為二〇〇一年的網路泡沫，IBM暫時延遲我半年時間去報到工作，我根本不會想到去谷歌試一試。如果不是AT&T的工作通知比谷歌晚發了一週，我也不會接受谷歌的邀約，這就是運氣使然。但是，好運氣並不能增加我們的能力，不能代替我們的努力。進入谷歌的人很多，不成功的也大有人在，因此，永遠需要盡人事。

美國人做事有一個奇怪的邏輯，就是在市場上保留第二名。像英特爾、微軟或思科這樣具有壟斷實力的企業，擠垮或者收購那些規模不大的競爭對手是一件很容易的事，但是它們並不這麼做。一方面是免除反壟斷的麻煩，另一方面是讓不太構成威脅的對手不斷倒逼自己創新，這便是見識。我父親生前總和我講：「秦有六國，兢兢以強；六國既除，乃亡。」這個道理和英特爾等大公司保留競爭對手是一樣的。在這種見識的背後，是對很多不確定性或者說命運的敬畏。很多時候，我們從能力到主動性都是有限的，在一個舒適的環境下必然懶惰，在一個沒有對手的環境中必然自大，然後會一步步走向毀滅。明白自己能力的局限，對世界有一種誠惶誠恐的態度，才會有長遠的發展。

認識到自己能力有局限的不僅美國人，還有很多中國的智者。

曾國藩是很多人的偶像，因為他給人的印像是一個無所不能的全才，上馬能帶兵，下馬能治國，既能做學問，又會寫文章，道德水準還高。但是曾文正公深知自身的不足之處，例如不善於帶兵打仗，於是他後來乾脆不上前線，不干擾前線將軍的指揮，勝負都聽天命。曾國藩後來回顧自己取勝的原因時說道，如果太平天國沒有發生內亂，勝負很難說，這就是不迷信自己的能力。到了晚年，他精力不濟，自知跟不上時代步伐，便力推學生李鴻章繼承自己的衣缽為朝廷效力。知道自己不擅長什麼事情，也不會因為那些事情利益大、誘惑大而勉強承受，這是智慧的表現。當然，聽天命還必須盡人事，曾國藩的努力是出了名的，這點大家都知道，不用說。不僅對自己如此要求，他對孩子也是如此。作為讀「四書五經」出身的傳統知識分子，曾國藩並不精通天文曆法，不懂外語，他以此為恥，所以他讓兒子們學習數學和外語，這是盡人事的行為。最終，他的長子曾紀澤成為著名的外交家，在與俄國沙皇的談判中為中國爭取到很大的利益，這是盡人事的結果。

中國古代的功臣多受朝廷忌憚，結局並不好，早期的如周勃父子，近期的如張廷玉。但是曾國藩能夠做到全身而退，這在專制的古代社會中並不多見。其實，並不是因為曾國藩的權術高明，而是因為他的見識高，特別是懂得敬畏命運。

二〇一五年，中國一位非常成功的投資者向我諮詢如何規避潛在風險，我給他分析了形勢後，他下決斷花了十八個月時間，重新安排所有的投資組合。兩年後，當中國很多重量級的投資人陷入兩年無增長的困局時，他的投資收益漲了好幾倍。在投資上會操作的人比比皆是，但是有見識、真正懂得規避風險的人非常罕見，這也是我們很少能在投資領域看到常勝將軍的原因。

著名哲學家康德最贊同和敬畏兩種東西，一是頭頂上的星空，二是心中的道德感。星空是我們不能支配的客觀力量，而道德感則是我們能支配的。

這些智慧和心得並非來自某一個人，而是我在接觸到大量同學、同事、師長、朋友後學到的。反思之後，發現中國古代的智者不乏這樣的智慧，說明世界的大道是相通的。

問心無愧是穩得的報酬

《紅樓夢》中的林黛玉，擁有的是敏感的性格，充滿浪漫主義色彩，不食人間煙火。當然，這樣的人在做人方面難免有欠缺，某種程度上讓她在賈府裡不受歡迎。最終，林黛玉以悲劇的結局走完了短暫的人生。不過，林黛玉的悲劇結局是可以預見的。既然能預見，等到悲劇真發生時，人們就不會覺得奇怪了。

和林黛玉對照的薛寶釵擁有的是圓融的性格。林黛玉的不少優點，例如美貌和博學多才，薛寶釵都有。在《紅樓夢》中，曹雪芹描寫的薛寶釵容貌美麗，身材豐潤，而且她對文學、藝術、歷史、諸子百家、佛學經典等都有涉獵。林黛玉的很多缺點，薛寶釵並沒有。在小說中，薛寶釵通識得體，善於為人處世，還經常給下人小恩惠，以致賈府上下都念她的好。這樣一位家世顯赫、沒什麼缺點，又深得賈府上下，特別是王夫人喜愛的賢淑女子應該有一個好結局吧？其實不然，薛寶釵也是以悲劇收場。初讀《紅樓夢》時，我覺得薛寶釵工於心計，有點不喜歡她；但是多讀兩遍，加上有了些人生閱歷後，我覺得寶釵其實挺可憐。她雖然比其他女孩子略有心計，甚至偶爾還「黑」黛玉一下，但是大體上依然保持著青春少女的純真，沒有太壞的心眼，更沒有做過大惡之事，這一點和王熙鳳完全不同。這樣一個近乎完美的女性卻得到一個很不完美的悲劇結局，讓人覺得很可憐。

如果說黛玉是因為從小父母雙亡，沒有人疼愛而變得尖酸刻薄，最後命不是很好，薛寶釵則不應該有這個問題。她從小就是含著金鎖出生，全家把她當未來的皇妃培養。她因此賢淑優雅，多才多藝。到了賈府以後，身為賈府實際掌權人王夫人的親外甥女，薛寶釵處處受到王夫人的照顧。加上自己善於為人處世，她在賈府裡過得可以說是如魚得水。這一點，她也和無依無靠的林黛玉形成了鮮明的對比。

然而，這位具有非凡才情的絕代佳人卻也命運多舛。薛寶釵的第一次重大人生挫折是參加選妃失敗。《紅樓夢》裡雖然沒有明說這件事，但是從第二十八回元妃賜她與寶玉相同的禮物（「上等宮扇兩柄，紅麝香珠兩串，鳳尾羅兩端，芙蓉簟一領」[2]來看，大有促成寶玉和寶釵金玉良緣的意思，應該是從側面暗示寶釵落選。不論如何，寶釵從此一心一意要當賈府的少奶奶，事事討好賈寶玉和王夫人。她雖然不斷和黛玉鉤心鬥角，對寶玉卻是真心實意。她和寶玉成親時，王夫人等人要她假扮黛玉，這對她其實是一生的恥辱，但是她居然忍了下來。

怎奈落花有意，流水無情，寶玉雖然對她這樣一個有魅力的女性有過衝動，但始終產生不了感情。有人說這是因為寶釵和寶玉的價值觀不同，寶釵希望寶玉走正統的金榜題名、封妻蔭子的道路，而寶玉具有反叛精神，兩個人因此格格不入。這或許是一個原因，但我認為更合理的原因

2 文中涉及《紅樓夢》引用文字皆出自：曹雪芹，著。無名氏，續。紅樓夢[M].3版。北京：人民文學出版社，2008。

是寶玉對寶釵根本就沒感覺。

世界上有兩種男人，一種是見一個愛一個，例如歌德；另一種是一生認定一個不可替代的對象，例如但丁。賈寶玉看似是第一種人，但骨子裡是第二種人。寶玉對黛玉的感情可以用元稹《離思》一詩來形容：「曾經滄海難為水，除卻巫山不是雲。取次花叢懶回顧，半緣修道半緣君。」有了黛玉的存在，縱是天仙下凡，寶玉都會視而不見的。

傾心付出愛，卻得不到回報的人固然可憐，但比他們更可憐的是過著同床異夢日子的人，這就是寶釵的悲劇。在和黛玉的競爭中，她看似笑到了最後，實際上卻是一個非常可憐的失敗者。相比之下，黛玉雖然死了，卻還活在寶玉心中。

世界上有三種悲劇。第一種是由於自身錯誤導致的。我們身邊的一些朋友，在戀愛婚姻上一錯再錯，十幾年後想起來非常後悔。雖然他們懂得世界上沒有賣後悔藥的道理，都在往前看，但原本可以好得多的生活，因為自己的緣故給葬送了，因此算是悲劇。不過，這種悲劇怪不得別人，有時甚至得不到別人的同情。人們往往會說，可憐之人必有可恨之處。

第二種悲劇是由環境造成的，羅密歐和茱麗葉的愛情故事就是如此。他們出生在兩個敵對的家族中，雖然自己沒做錯什麼，卻無力掙脫周圍環境對他們的約束。從某種程度上講，寶玉和黛玉之間的悲劇也屬於這一類。

這兩種還不是最可悲的，最可悲的是第三種。在悲劇中沒有人做錯什麼事，甚至他們走的每一步在當時看都是最正確，周圍的人也沒有為難過他們，但是最終得到一個悲劇的結局，這恐怕要算命運使然了。古希臘著名的悲劇《伊底帕斯王》就是如此，寶釵的悲劇也屬於第三種。

我讀過很多遍《紅樓夢》，實在找不出寶釵哪一步走錯了，周圍環境哪一點對她不利。很多受到反封建意識影響的人將寶釵的悲劇歸結為專制時代的悲劇，我不認同這樣的看法，因為在任何國家、任何時候，都有寶釵這樣經歷和結局的人。這或許就是命運。

遇到這樣的命運該怎麼辦？年輕的羅曼．羅蘭覺得該抗爭。歷史上從來不缺乏和命運抗爭的英雄，貝多芬就是我心目中這樣一位英雄。但這些英雄贏了嗎？沒有。很多時候我們不得不向命運低頭。因此，到了老年的時候，羅曼．羅蘭開始認命了，特別是他看到高爾基的境遇之後。

人生不如意事，十之八九。就算遇到不如意之事，人還是要活下去的，這就是寶釵最後採取的人生態度。寶釵最終為了所愛的男人犧牲了自己的塵世幸福，付出了半世孤淒的代價，但她並無怨言。她最終幫助自己所愛的寶玉解脫了精神上的痛苦（出家），這似乎是命運為她安排的一生的使命。

脂硯齋在批語中寫道：「（寶釵）歷著炎涼，知著甘苦，雖離別亦能自安，故名曰冷香丸。又以謂香可冷得，天下一切，無不可冷者。」作為讀者，當為黛玉掉淚時，我們是否也該對寶釵表達一點兒敬意呢？

很多人問我：我都這麼努力了還是得不到機會，或者沒有成功，或者得不到芳心，為什麼上天對我這麼不公平，早知如此，我還努力什麼？

對此我只能說，很多時候，努力未必能有回報，但是不努力一定會後悔，最後問心無愧是我們唯一穩得的報酬。凡事要盡人事，但是也要聽天命，寶釵盡了人事，我想她是無憾的。

我們在抱怨命運不公的時候，不妨想想癡情的寶釵，心裡或許能平衡些。

好牌為什麼會打爛

雖然現在離《紅樓夢》成書已經過去了兩百多年，但是中國人的人性其實沒有改變，一個組織中的人際關係也沒有太多的變化。我想用《紅樓夢》中的一個具體人物——晴雯，來談談中國人沒有改變的人性特點。

晴雯是一個讓我非常傷感的人物，晴雯之死的情節會讓我流淚。在我讀過的諸多文學作品中，最讓我難過的就是三個女孩之死，即黛玉之死、晴雯之死和《簡愛》中的海倫之死。每次想到晴雯，那個美麗、聰明的女孩子，最後被攆出去，慘死在骯髒的親戚家，我就為她惋惜不已。從某種程度上講，晴雯這個風流靈巧的女子是縮小了的林黛玉，可能也是很多男人心中的「紅玫瑰」（關於紅玫瑰的特點，大家可以讀張愛玲的《紅玫瑰與白玫瑰》，相比之下，寶釵是「白玫瑰」）。

不過，晴雯的悲劇雖然王夫人要負主要責任，但是在很大程度上也是晴雯自己造成的，其中有許多值得我們警惕的地方。晴雯的悲劇始於她被趕出賈府，我們先回顧一下她被趕出賈府的過程。

這件事從第七十四回《惑姦讒抄檢大觀園，矢孤介杜絕寧國府》開始，一直寫到第七十七回

《俏丫鬟抱屈夭風流，美優伶斬情歸水月》，從鋪墊到交代結果，斷斷續續持續了四回之久。曹雪芹是一個惜墨如金的人，花了這麼多筆墨寫這件事情，可見其重要性。

在第七十四回中，曹雪芹寫了王善保家的（這是一個小人，關於小人，我在《態度》一書中講過）向王夫人告晴雯的狀，然後王夫人叫晴雯來問話。書中大致是這樣描寫的[3]：

王夫人一見他釵鬢松，衫垂帶褪，有春睡捧心之遺風，而且形容面貌恰是上月的那人，不覺勾起方才的火來……便冷笑道：「好個美人！真像個病西施了。你天天作這輕狂樣兒給誰看？你幹的事，打量我不知道呢！我且放著你，自然明兒揭你的皮！寶玉今日可好些？」

晴雯一聽如此說，心內大異，便知有人暗算了他……見問寶玉可好些，她便不肯以實話對，只說：「我不大到寶玉房裡去，又不常和寶玉在一處，好歹我不能知道，只問襲人、麝月兩個。」王夫人道：「這就該打嘴！你難道是死人，要你們作什麼！」

晴雯道：「我原是跟老太太的人。因老太太說園裡空大人少，寶玉害怕，所以撥了我去外間屋裡上夜，不過看屋子。我原回過我笨，不能服侍。老太太罵了我，說：『又不叫你管他的事，要伶俐的作什麼。』我聽了這話才去的。不過十天半個月之內，寶玉悶了大家玩一會子就散了。至於寶玉飲食起居，上一層有老奶奶老媽媽們，下一層又有襲人麝月、秋紋幾個人。我閒著還要作老太太屋裡的針線，所以寶玉的事竟不曾留心。太太既怪，從此後我留心就是了。」

3《紅樓夢》中的引用參照原書，有些字詞和現代中文用法不一致，特此說明。——編者註其實，晴雯至此還不知道王夫人是沒事找碴，如果晴雯反過來回答，說知道寶玉的情況，王夫人便會從反面找她的碴。王夫人做得固然很過分，但是晴雯也犯了一個小錯誤，就是無意間提到她是賈母的人。在《紅樓夢》中，賈母和王夫人看似是婆媳，王夫人表面上像是一個活菩薩，但是她們二人並不和。

賈母的原型應該是曹雪芹爺爺曹寅的夫人李氏，也就是蘇州織造李煦的妹妹。而繼承曹寅江寧織造官位的曹顒是過繼來的，因此李氏在感情上對成年後才過繼來的曹顒夫婦並不親。知道這層關係，就不難理解為什麼小說中的賈母對賈政很少有好臉色。因此，王夫人對賈母看重的人比較打壓，包括黛玉和晴雯等。如果說賈府中賈母是董事長，王熙鳳是執行長，那麼平時不動聲色的王夫人就是有實權的董事，賈母其實被王家兩代人架空了。晴雯提到賈母，有借勢壓人的嫌疑，王夫人不是一個寬容的人，當然不高興。

在第七十四回中，王夫人對晴雯已經動了殺機。到了第七十五回，賈府出現了些怪現象，讓人感到不祥。第七十六回裡，晴雯病了。最後，在第七十七回，作者用了很多篇幅描述，儘管賈寶玉捨不得，晴雯還是被趕出了賈府，後來悲慘地死去。

晴雯的悲劇實在讓人難過，一方面是因為曹雪芹將她寫得極為讓人憐愛，另一方面是因為她「小姐身子丫鬟命」。在歷史上，或者在文學作品中類似晴雯這樣的人總有不少。不過，我們換一個角度想想，晴雯自己是否也有問題呢？

第一，晴雯在賈府中的位置非常尷尬。她原本是賈母派給寶玉的人，但是在寶玉身邊，襲人負責寶玉的貼身事，麝月等人做具體的工作，還有一大堆小丫頭可使喚來做粗活，晴雯其實沒有什麼特定的事情做。雖然她心靈手巧，幫寶玉補了一件孔雀裘，這種細活別人做不了，一定要她來做，但是除此之外，大家看不到晴雯平時做了什麼事情。

在第五十一回中有這樣一段描寫：

寶玉看著晴雯、麝月二人打點妥當。送去之後，晴雯、麝月皆卸罷殘妝，脫換過裙襖。晴雯只在熏籠上圍坐。麝月笑道：「你今兒別裝小姐了，我勸你也動一動兒。」晴雯道：「等你們都去盡了，我再動不遲。有你們一日，我且受用一日。」

平心而論，如果職場裡有這樣一位大小姐，我們會怎麼想。任何人在其位就要謀其政，居其職就該盡其事，要盡心盡力做事，本本分分做人。既然領一份薪水，上上下下就指望我們做事對得起那份錢，而我們自己從良心出發，也該做些有益的事情。否則，就算是哪個有頭有臉招進來的人，將來單位一旦裁員，首當其衝的也是這些人。

第二，晴雯一直搞不清楚掌握自己命運的主導是王夫人。晴雯自以為老太太和寶玉喜歡她，就能夠在賈府裡呼風喚雨，對上不敬，對下刻薄，這就大錯特錯了。晴雯有句口頭禪，看誰不順眼就喊「攆了出去」，最後是她自己被攆了出去。

在賈府，賈母是她的老主管，和她自然沒有矛盾；寶玉喜歡她桀驁不馴的性子、漂亮的容貌和伶俐，但是她和「婆婆」關係不算好，到了更年期的王夫人最看不上的就是她這樣的人。晴雯不懂得稍微藏拙，一味地在眾人面前顯示自己聰明伶俐和刻薄的一面。王夫人早就看在眼裡不滿意了，只是城府很深沒發作而已，等遇上小人的挑撥和渲染，就欲除之而後快了。

第三，人要有憂患意識，沒事不要惹事。在這方面晴雯太天真，她仗著寶玉喜歡自己，又是老太太看重的丫頭，就不知道天高地厚。在「晴雯撕扇」那一回（第三十一回《撕扇子作千金一笑，因麒麟伏白首雙星》），寶玉因為不快活就說了一句，她反而扯上一大堆話，把襲人也給得罪。到了晚間，她和寶玉言歸於好，竟在院子裡撕扇子取樂，把麝月的扇子都拿來撕了，全然不顧他人的感受。這種行為既可以被看成是可愛，也可以被認為太「做作」。相比之下，襲人比晴雯有分寸得多，她很清楚自己的身份。

職場上，我們因為做出一些成績，可能會被主管誇獎、倚重，但是我們心裡要明白，即使別人再倚重我們，我們也不能沒有憂患意識。別人越是抬舉我們，我們越是要小心。一方面大家對我們的期望值提高了，另一方面會有人妒忌。如果自恃得寵，動不動就發脾氣，那就更不好了。

第四，一個人要對不如自己的人，特別是下屬友善，晴雯在這方面做得很糟糕。在《紅樓夢》裡，罵下人最多的是王熙鳳，排第二位的可能就是晴雯了。

《紅樓夢》第五十二回中寫道：

晴雯又罵小丫頭子們：「那裡鑽沙去了！看我病了，都大膽走了。明天我好了，一個一個的才扒你們的皮呢！」唬的小丫頭子篆兒忙進來問：「姑娘要什麼？」晴雯道：「別人都死光了，就剩了你不成？」

說著，只見墜兒也鑽了進來。晴雯道：「你瞧瞧這小蹄子，不問他還不來呢。這裡又放了月錢了，又散果子了，你該跑第一了。你往前點，我不是老虎吃了你！」墜兒只得前湊。晴雯便冷不防彎腰一把將他的手抓住，向枕邊取了一丈青，向他手上亂戳，口內罵道：「要這爪子作什麼？拈不得針，拿不動線，只會偷嘴吃。眼皮子又淺，爪子又輕，打嘴現世的，不如戳爛了！」墜兒疼的亂哭亂喊。麝月忙拉開墜兒，按晴雯睡下……

幾年前，馬化騰和劉熾平曾經當面請教柳傳志如何避免事業上遭遇「橫禍」，柳老只講了兩個要注意的地方：一個是不要和政府作對，另一個是要善待下面的人。

晴雯在得勢的時候諷刺小紅攀高枝，沒想到日後小紅偏偏就成了鳳姐面前的紅人。如果晴雯不被趕出大觀園，說不定小紅會忌恨她，日後在鳳姐面前也會告她的狀。

第五，雖然說太單純不是錯，但是會吃虧。晴雯是一個沒有心機、天真爛漫的女孩。她說話嗆人，但是絕沒有惡意，只是不知深淺喜歡亂說話而已。但是，任何人都要為自己的不懂事承擔後果。我在《大學之路》中寫過，上大學的目的不僅是獲得知識，更重要的是要在大學裡盡快成熟起來，成為一個健全的社會人。晴雯的悲劇在於她不是一個心智健全的人，更不是一個社會人，她依然是一個孩子，甚至有點兒像巨嬰。我們都不希望晴雯的悲劇發生在自己身上，因此仔細了解這樣一個角色，了解這樣一個各方面條件都不錯的人為什麼把一手好牌打壞了，對我們的成長是有好處的。

晴雯只是《紅樓夢》中的一個小丫頭，一個小丫頭都能讓我們產生這麼多的領悟，整部書對我們了解中國文化和人性的幫助可想而知。

在哪座山唱哪山的歌

在決定人命運的因素中，時代因素佔了很大比例。生在一個好的時代，生活幸福、事業有成的機率就大。著名作家葛拉威爾在《異數》一書中把這種觀點發揮到了極致，他認為好的時代會給予個人更多機遇。但是他的觀點還有兩個需要補充的地方。

第一，即便在財富增長機會大的美國第二次工業革命時期，也有很多失敗的投資人，包括大文豪馬克．吐溫，著名科學家和發明家尼古拉．特斯拉，以及曾經的世界首富范德比爾特及其後代，這樣的人還不少。

第二，不同時代有不同的傑出人物，只是他們的成就來自不同的領域。法國在拿破崙時期名將如雲，數量超過了法國歷史上其他時期的總和，以致歷史學家都認為，即使沒有拿破崙，也會出現「張破崙」、「李破崙」。

人的命運是由大環境和自身做事情的方法決定的。沒有人能夠選擇自己出生的年代和地點，但是可以藉由認清自己所處的時代和環境，選擇做事的方法和方向。這就如同中國老話所說，在哪座山就唱哪山的歌。

我曾分析了人類歷史上各種重大發明和發現所需要的先決技術和社會條件，從中我們可以看到，那些改變世界的科技成就其實是時代的必然產物。而改變歷史的科學巨匠無一不是了解了那個時代的條件，把已經準備好的先決條件湊在一起，才創造出先前沒有的發明或者新知。當然，他們的發明和發現會成為下一代人前進的基礎，文明就是這樣不斷的進步。為了更具體說明這一點，我們不妨看一個人類自古以來就有的夢想——飛行——是如何實現。

像鳥類一樣飛行是人類很早就有的夢想，我們能找到很多這方面的文字記載。從中國古代的風箏，到古希臘人製造的機械鴿，再到文藝復興時期達文西設計的飛行器等，都反映出人類對飛行的渴望。但是，任何不具備先決條件的嘗試都是難以成功的。雖然達文西很科學的研究鳥類飛行之後，寫了《論鳥的飛行》一書，但是他設計的模擬鳥的飛行器其實根本不可能飛上天。

到了十七世紀，義大利的科學家博雷利從生物力學的角度研究了動物肌肉、骨骼和飛行的關係。他指出，人類沒有鳥類那樣輕質的骨架、發達的胸肌和光滑的流線型身體，因此，人類的肌肉力量不足以像鳥類那樣振動翅膀飛行[4]。博雷利的結論宣告了人類各種模仿鳥類的飛行努力都不可能成功。同時，人類對力學、氣壓、浮力有了系統化的了解。於是，接下來的兩百年，人類在研製飛機上並沒有什麼進步，所有和飛行有關的成果都集中在研發各種氣球上。這就是在哪座山唱哪山的歌。如果生活在那個時代的人想成為飛行家，就得去造氣球，而不能造飛機。

不過，製作比空氣還重、能夠像鳥一樣持續飛行的飛行器，依然是人類的夢想。轉眼到了十

4 根據博雷利的計算，一個體重60公斤的人，至少得具備1.8公尺寬的胸腔才能支持搧動翅膀所需要的肌肉。博雷利將他的這個研究成果寫成了《鳥類的飛行》一書。見https://archive.org/details/cu31924022832574。

九世紀，力學和機械加工有了很大的進步，很多由機械驅動的交通工具被發明出來，例如水中運行的蒸汽船、地上跑的火車。在這樣的新條件下，英國的喬治．凱利爵士開始了對飛行器的新一輪探索。經歷一些失敗的嘗試，例如仿造中國的竹蜻蜓設計直昇機，模仿鳥類製造翅膀能振動的飛機，凱利爵士發現，有關飛行的理論條件都沒有成熟。於是他回到原點，研究飛行所需的爬升力問題。

經過研究鳥類的飛行和鳥類翅膀的形狀，凱利爵士認識到鳥類的翅膀不只提供動力，牠特殊的形狀在往前飛行時還提供了爬升力。於是，他提出由固定機翼（而非振翼）提供飛行爬升力的想法，並且由此發展出空氣動力學。後來，凱利爵士被譽為「空氣動力學之父」。

空氣動力學理論是實現飛行的先決條件，而第一個嘗試用這個理論實現飛行的，依然是凱利爵士。一八四九年，已經七十六歲的凱利爵士製造了一架三翼滑翔機。他讓一名十歲的小孩坐在上面，由人用繩子牽引著從山頂滑下，實現了人類歷史上第一次載人滑翔飛行。四年後，即一八五三年，凱利爵士又製造出了可以操控的滑翔機，並成功說服一位成年人（他的馬車夫）坐上滑翔機實現了滑翔飛行。這次飛行的具體時長和距離沒有明確記載，但是過程可能有點凶險，因為這位馬車夫後來就辭職不幹了。

不過，關於這架滑翔機的設計和當時的一些飛行記錄，凱利爵士寫成了論文《改良型一八五三年有舵滑翔機》，並且送到了當時世界上唯一的航空學會——法國航空學會。這讓一百多年後（一九七一年）的英國空軍飛行員、滑翔機愛好者皮戈特得以仿製出凱利當年的滑翔機，並成功試飛，從而證明了當年凱利爵士的理論計算和試驗的真實性。

凱利爵士在流體力學理論研究和飛行試驗兩方面都堪稱天才，他最大的不幸在於生錯了時代。當時能夠提供最強動力的是蒸汽機，可惜太過笨重而且效率太低，根本不可能作為飛機的動力來源。因此，凱利爵士自帶動力的飛行夢想注定無法實現。一八五七年，已經八十四歲高齡的凱利爵士知道自己所剩時日不多，仍在努力設計輕量的蒸汽機，但終無所成。但是，他又是幸運的，因為他生對了時代。他出生得足夠早，以致成了空氣動力學的開山祖師；他出生得足夠晚，以致經典物理學的大廈已經搭建起來了。而且，內燃機很快出現了，他寫在《論空中航行》一文中的空氣動力學理論很快被證實。

證實凱利爵士的理論並實現他的遺願者，是美國著名的發明家萊特兄弟，即奧維爾．萊特和威爾伯．萊特。一九〇三年十二月十七日，他們實現了具備動力的客用飛機飛行。奧維爾．萊特在一九一二年講過，他們的成功完全要感謝凱利這位英國紳士寫下的飛行器理論。奧維爾說：「喬治．凱利爵士提出的有關航空的原理可以說前無古人、後無來者，直到十九世紀末，他所出版的作品毫無錯誤，實在是科學史上最偉大的文獻。」而他的兄弟威爾伯．萊特也說：「我們設計飛機的時候，完全是採用凱利爵士提出的非常精確的計算方法進行計算。」

萊特兄弟可以算是研發飛機的先驅中最幸運的兩個人。他們出生得足夠早，以致飛機還沒有被發明；當然，他們出生得也足夠晚，不僅凱利爵士已經提出了算是完備的飛行理論，德國發明家尼古拉斯．奧古斯特．奧托還為他們準備好了內燃機。

對於一個人來講，生逢其時是最大的幸運。生活在今天的人，都可以算是生逢其時，不僅趕上了中國發展的最好時期，而且生活在全球沒有大戰亂的環境中。無論是在國內做事，還是到海外發展，都有好的機會。這個時代，比一八七〇年至一八九〇年第二次工業革命時一點都不差。生在這個時代，就要做和這個時代相契合的事情。

東漢的許劭評價（年輕時的）曹操是「治世之能臣，亂世之奸雄」（語出《三國志》），曹操聽了之後很高興。這個評價也印證了曹操未來的道路。曹操後來趕上亂世，於是選擇走奸雄的道路。可以想像，如果曹操早生一百多年，趕上漢光武帝的年代，他可能會選擇走治世能臣的道路，因為那時候當奸雄是尋死。反之，在東漢末年還想當治世能臣的人，下場都不好。

幾年前一位朋友找我，說他還在讀高中的兒子天天鑽研電腦、UI（使用者界面）設計，像著了魔一樣，讓我開導開導他兒子。我和這位一臉稚氣的年輕人見面之後，問他想做什麼，他說想讀麻省理工學院，然後創業。看了他做的東西之後，我對他的父母講：「在當今這個年代創業，比以前任何年代的成功率都要高，即使它依然是失敗率很高的事情。難得他小小年紀能夠在電腦上鑽研得這麼深，不如讓他隨自己的意願去發展。」兩年後，他因為課外活動做得出色，被麻省理工學院錄取了。雖然他以後還有很長的路要走，但畢竟有了不錯的起點。

那麼，什麼時候不適合創業呢？抗日戰爭那個時期就不適合。那時候試圖實業救國的人都失敗了，而投筆從戎才有前途。同理，如果現在還有人想成為拿破崙，就不合時宜了。

認清了時代，認清了環境，選擇對了該做的事情，接下來能否做成，就看怎麼做了。在同樣的大環境下，每個人的命運之所以會有所差別，除了很多人走錯了方向以外，還在於沒有找到正確的做事方法，以致功敗垂成。我們可以從萊特兄弟的故事，看出怎樣做事情才能獲得好運氣。

在萊特兄弟的年代，世界上想成為發明飛機第一人的不只他們兄弟二人。從時間上來講，更有希望實現第一個載客動力飛行的應該是德國發明家奧托．李林塔爾。他比萊特兄弟大二十歲左右，開始研發飛機的時間也早幾年。他研製飛機的時候，距離尼古拉斯．奧古斯特．奧托發明內燃機已經過去二十多年了，而戴姆勒和本茨也已經成功地使用內燃機造出了早期的汽車。從動力條件上來看，他和幾年後的萊特兄弟擁有相同的技術基礎。

李林塔爾在飛機的發明上有不少貢獻，他是世界上第一個多次成功完成滑翔飛行的人。但是，李林塔爾的工作方法有問題，導致他不僅沒有製造出飛機，更在一次滑翔試驗中喪生。李林塔爾在工作上的缺陷主要有三個。

第一，沒有進行準確的理論計算。萊特兄弟後來發現，李林塔爾在計算爬升力時多算了百分之六十的升力，這對滑翔飛行試驗而言是一場災難。

第二，在沒有太大把握的情況下，就用載人試飛做實驗是非常危險的方法。

第三，沒有解決飛機的控制問題，僅靠模仿鳥類的身體平衡控制飛行，是不切實際的做法。李林塔爾雖然沒有成功，但是他的事蹟極鼓舞了萊特兄弟。萊特兄弟超越李林塔爾和同時代人的地方，不僅在技術方面，更在於工作方法上。

首先，萊特兄弟非常注重飛機設計在理論上的正確性。

他們二人雖然是自學成才，但是有系統的學習空氣動力學，有著紮實的理論基礎，而且做事情非常嚴謹。例如，這對兄弟運用凱利爵士的空氣動力學理論，校對李林塔爾的升力計算，發現問題並做修正。這只是兄弟二人做的諸多理論研究中的一個小例子。萊特兄弟對飛行理論最大的貢獻在於，他們解決了飛行的控制問題。他們從中國的風箏上得到了啟發，發明了控制飛機平衡和方向的控制桿和尾舵。這樣，發明飛機最關鍵的三個技術條件——升力、動力和控制——才全部具備。

其次，他們兄弟二人沒完成實驗，便不會上天試飛。

如果我們處在當時萊特兄弟的位置，發現李林塔爾失敗的原因後，會怎麼做呢？很多人會增加百分之六十的升力後重新試飛。萊特兄弟不是這樣的，他們打造了一個風洞，模擬飛行的氣流，進行了大量的實驗。僅僅為了改進機翼，他們就嘗試了兩百多種翼形，進行了上千次的測試。此外，他們對於如何控制飛機平衡、俯仰和轉彎等航空操縱，做了很多實驗。如此一來，他們設計好第一架飛機試飛時，就已經好好解決飛機的操控性和穩定性問題。最後，飛行試驗怎麼謹慎都不為過。

很多人可能會想，既然已經在風洞中做足了試驗，就應該駕駛飛機上天試飛。但萊特兄弟不是這樣做的，即使試飛，他們也要先進行無人駕駛的試飛。他們不是只一次測試飛機的全部功能，而是每次只重點測試一項功能。例如為了試驗飛機的轉向控制，萊特兄弟在一九〇二年進行了七百至一千次的滑翔試驗。僅僅對飛機上用於控制的尾舵，他們就進行了上百次試驗。他們在一次又一次獲得成功後，才確認徹底實現了飛行轉向控制，這是飛行史上一個重要的里程碑。然後，他們才將精力放到自動化飛機的製造上。

正是因為有了這種謹慎的態度，萊特兄弟才獲得成功，並讓人類進入了飛機時代。相比萊特兄弟，和他們同時代的人在研發飛機上準備工作便顯得十分不足。在萊特兄弟發明飛機之後的十年裡，世界上依然有很多發明家在發明飛機，但是依然有很多犧牲。那些令人遺憾的失敗，大多不是技術本身造成，而是工作方法導致。很多人沒有做好準備就匆匆忙忙上天試飛，最後以失敗告終。這不是他們運氣不好，而是「命」不好，這個「命」是由做事的想法和方法而決定。

做事情有專業的做法和不太專業的做法，萊特兄弟從風洞試驗開始，一步步地系統驗證自己的構想，這就是專業的做法。同樣的條件，同樣的時機，有的人把事情做成了，有的人錯失良機，可見具有專業態度便有決定性的作用。

當然，有人覺得如果採取鼓勵的方法，或許有些人能成為萊特兄弟。但我認為，他們永遠成不了，因為他們不專業。有哪個造飛機的民間科學家進行了風洞試驗，又有哪個想發明飛機的人有系統的研究了相關理論？業餘的水準再高也是業餘。

很多人問我怎樣才能做好投資，我認為重點是在專業。業餘的人可能會投資成功幾次，但是不能有系統的保證穩定的回報。但凡做事都應該專業，否則，「命」就好不了。

古希臘哲學家德謨克利特說過，「一個人不能兩次跨入同一條河流」，意思是過去的時代永遠不可能重來一次。但是，世界上畢竟有一些永恆的東西，例如，我們對世界的信心，在不同環境下做不同事情的原則，以及專業的做事方法。

捨得停損，才能斬斷厄運

在加拿大不列顛哥倫比亞省西部的溫哥華島上有一座叫維多利亞的小城，瀕臨太平洋，東和溫哥華市隔海相望，南和美國的西雅圖市相呼應，是加拿大西海岸著名的度假勝地，景色宜人。島上有一家歷史悠久的五星級飯店，名叫費爾蒙特帝后飯店（Fairmont Empress Hotel），不僅是當地最好的飯店，而且周邊環境很好。飯店樓下有個上千株玫瑰的花園，從飯店內還能看到不遠處漂亮的海港。

二〇〇一年，一名加拿大男子被這家飯店列入了禁止入住的黑名單，直到十七年後才獲「解禁」。這位男子究竟做了什麼事情呢？簡單地看，就是他特別倒楣。

這個人叫尼克．伯奇爾，他出生在加拿大東部。二〇〇一年，他到加拿大西部出差，家鄉人說那裡有一種義大利辣味香腸（Pepperoni）——就是披薩上的薄片香腸——非常有名，託他帶一些回去，伯奇爾就買了一些。在出差的旅途中，伯奇爾只能把香腸放在行李箱中。到了維多利亞，伯奇爾入住了費爾蒙特帝后飯店。因為怕香腸在箱子裡悶的時間較長變質，到飯店後，他就把香腸從行李箱中拿出來，打開窗戶晾一晾。當時正值四月，維多利亞春寒料峭。伯奇爾晾好香腸後，就出門散步了四、五個小時。

等伯奇爾回到酒店房間時，他嚇呆了——一大群海鷗正在他的房間裡吃香腸。伯奇爾算算，房間裡大約有四十隻海鷗，到處都是海鷗的糞便、羽毛和一塊塊被搗爛的香腸。由於海鷗撲搧著翅膀滿屋子飛，檯燈倒了，窗簾掉了。伯奇爾氣得跑上去撲打海鷗，想把牠們往窗外趕。有些海鷗被他趕跑了，有些卻又飛回來。伯奇爾氣得脫下鞋子打海鷗，還拿起飯店的浴巾往海鷗身上拍。最後還有一隻海鷗撲在香腸上怎麼都不肯走，伯奇爾抓起浴巾撲到它身上，裹住海鷗把牠扔到窗外。當時，飯店下面的花園裡正在舉行下午茶活動。賓客們看到了這一幕：一下天上掉下來幾隻海鷗，一下又飛下來一隻鞋，最後掉下來一條大浴巾，浴巾裡飛出一隻海鷗。整個下午茶活動都被破壞了。

伯奇爾趕走海鷗後，想起自己馬上要去參加一項重要的商務活動。由於只帶了一雙鞋，他急忙下樓找鞋。最後，他找到了扔下去的那隻鞋，上面全是泥巴。伯奇爾拿著髒鞋子回到房間，沖洗乾淨。但是，濕的鞋子顏色深，沒有扔下去的那隻乾淨的鞋子顏色淺，他顯然無法穿著兩隻顏色不一樣的鞋子參加活動。

於是，伯奇爾把吹風機塞進鞋裡，試圖把鞋子烘乾。這時，電話鈴聲響了。他沒有關掉吹風機就去隔壁接電話，而吹風機從鞋子裡滑出來掉進洗手台，導致電線短路，飯店多間房間都停電。伯奇爾後來說，如果自己能冷靜點，應該想到把乾淨的鞋子弄濕，而不是把濕的鞋子吹乾。

伯奇爾因為趕時間，只好打電話給櫃台，讓清潔人員進房間打掃。伯奇爾說：「到現在我仍記得開門時那位（清潔）女士臉上的表情，而我根本不知道該跟她說什麼，只好說『對不起』，然後就去參加活動了。」伯奇爾晚上回到房間時，發現已經打掃乾淨了，但是自己的物品不見了。他跑去詢問飯店，才知道行李被轉移到了行李間。而飯店通知他，費爾蒙特帝后飯店不再歡迎他。

十七年後，伯奇爾給飯店寫了信道歉，還給飯店人員送去義大利辣香腸，請求和解，希望飯店把他移出不受歡迎賓客黑名單，把這十七年視作他已經服滿的刑期。飯店樂不可支讀完信後答應了他的要求。飯店說，老員工仍記得這名客人：「我們期待伯奇爾先生再次入住。」

這件事看起來像是愚人節玩笑，所以，伯奇爾在社交媒體上登出他的故事後，大家都不相信。後來，媒體從飯店方面證實了伯奇爾描述的都是事實。我第一次聽到這個故事時，也以為是玩笑，查了很多英文媒體才證實確有其事。

人這一輩子總會有好運氣和壞運氣。對絕大多數人來講，一次好運氣並不足以改變命運。但對很多人來講，一次壞運氣足以讓人倒楣很長時間，造成長期心理陰影。更嚴重的是，這些壞運氣會被放大，形成蝴蝶效應，產生雪崩式的災難。伯奇爾就是如此，像他這樣的人其實很多。

有的人可能聽過這樣一個笑話：馬掌上掉了一個釘子，損害了馬掌，壞馬掌拐傷了馬的腿，瘸腿的馬把將軍摔傷了，少了將軍的軍隊輸掉了一場戰役。雖然這只是一個笑話，但能說明處理不好壞運氣，就會遇到一連串倒楣事，最後造成災難。

在生活中，我們會看到很多人像伯奇爾那樣不斷地犯錯誤，而且為了彌補一個小的損失，造成了更大的損失。有的人早上起得晚，為了趕上早晨的會議，超速開車，被警察攔下，既被罰款還耽誤了更多的時間。一些人考試時為了死解一道做不出來的題，把整個考試搞砸了。就這樣，原本只是局部的小問題，引發了一個個接踵而至的厄運，形成了一個厄運鏈。

怎樣才能斬斷厄運鏈呢？方法很簡單，只要記住「停損」和「認命」這四個字。伯奇爾有四、五次斬斷壞運氣的機會，但是他不懂得止損，總想補救，結果坑洞越補越大。

如果他直接扔掉了香腸，最壞的情況不過是被朋友鄉親責罵兩句。如果發現海鷗吃掉了香腸，他能夠冷靜應對，承認自己的損失，他或許會叫飯店的人幫忙趕走海鷗，而不是發瘋似的把東西都扔到樓下，破壞了其他人的下午茶活動。如果他把鞋子洗乾淨後，接受一隻顏色深、一隻顏色淺的現狀，就不會做出用吹風機吹鞋子這種危險的事情。最後，如果他不匆匆忙忙地接電話，就不會把飯店弄到短路斷電。

同樣地，如果晚起的人懂得停損，就不會開快車趕時間，也就不至於被警察攔下；考試的時候懂得停損，最多丟一道題的分數，不至於毀掉整個考試。

遇到任何倒楣的事情，一定要認命，不要總想著挽回損失，這樣損失就會被限制在局部。很多人總是抱著「挖東牆補西牆」的心理，最後損失得越來越多。有的人不小心買了一支下跌的股票，這個損失原本是有限的。但是很多人想：我再多買點，把平均成本降下來，將來稍微一漲，不就把損失全撈回來了嗎？可是接下來，股價可能進一步下跌，這些人的錢就都被套進去了。但他們依然想著彌補損失，就加槓桿繼續購買，最後被清倉出場，一輩子的積蓄全部付之東流，甚至背上一屁股債。我們只要環顧周圍，這種人並不少見。

在歷史上，很多大人物也難免因為捨不得停損，不肯認命，最後遇到滅頂之災。

淮海戰役前，國共雙方都沒想到國民黨部隊的主力就這樣全部被「包餃子」了。國民黨敗退台灣後總結，當初為了救44軍一個軍，賠上了黃百韜一個兵團；為了救黃百韜一個兵團，把黃維一支完整而有戰鬥力的兵團賠進去了；為了救黃維，又把杜（聿明）、邱（清泉）、孫（元良）的三個兵團賠進去了；最後，為了救杜聿明等人，李（延年）、劉（汝明）的兩個兵團又被打垮了。幾個月的時間，國民黨就失去了整個長江以北的地區。當然，國民黨失敗有很多原因，但是出現這樣雪崩式的落敗和捨不得停損有很大關係。

很多人不肯認命，不肯停損，其實是因為骨子裡太高估自己——不僅高估自己的能力，而且高估自己的地位和作用。高估自己的能力，才會覺得有翻盤的可能；高估自己的地位和作用，才覺得什麼都該是自己的，什麼都不能少。

如果認知自己只是一個普通人，自己的丁點所得不過是上天的恩賜，得到了固然可喜，得不到也在情理之中，就願意割捨，也就不會造成更大的損失。

人不會總有好運氣，也不會永遠背著運氣，但是不好的心態會讓厄運不斷被放大。很多時候，心態決定命運。遇到厄運時不慌亂，堅決斬斷厄運鏈，把損失限制在局部，避免雪崩式災難，是智慧的表現。而願意止損、願意認命的背後，展現的是我們對自己的自知，對命運的敬畏。

第三章　生活的節奏

生活中最重要的是掌握好節奏。人在忙碌的時候，很容易忘掉忙碌的目的，最後反而離目標越來越遠。從忙亂中退一步，思考一下目的，省去多餘的需求和行動，減少不必要的麻煩，讓我們更快地接近目標。在諸多目標中，終極目標當屬生活本身。

要思考，就需要慢下來

現代人都覺得自己很忙，尤其是中國人，從成年人到小孩子無不如此。成年人自有忙的道理：單身的年輕人事業還沒有發展起來，還要在各方壓力下解決婚姻問題；為人父母者不僅要還房貸、努力晉升，還要讓孩子站在更好的起跑線上。孩子忙更有理由——少壯不努力，老大徒傷悲，他們從小就被告知現在忙是為了以後閒，但是等待他們的未來幾十年其實更忙。

忙碌之後是否有結果，沒有人知道。雖然整體看來，「忙碌族」似乎比「清閒族」混得好一些，但是大多數人的付出和所得絕不成正比。其實，方法和效率遠比忙碌重要，有時候慢下來、靜下心來，反而能獲得更大的收益。

幾年前，我的大女兒為了在美國申請大學，準備SAT考試。SAT是由第三方教育機構為申請美國大學學生設置的考試標準，考驗學生的閱讀、寫作和數學程度，因此有人將其比為中國的高考。雖然這個成績只是用來做參考，但由於美國好大學在招生時都採用平權法案，亞裔學生如果不考滿分，很難被頂級大學的招生官注意到。SAT的難度遠不如中國的高考，但是想考滿分卻不大容易，畢竟做到完美總是很難。以我女兒的程度，其實沒有她做不出來的題，但是準備了一個月，每次模擬考試她還是會做錯幾道題，尤其是看似非常簡單的數學也難免粗心犯錯。這種情況可能很多學生都經歷過：每次考試總有幾分丟在自己明明會做卻做錯的題目上，有些人最終因為差了幾分而懊惱多年。

眼見離考試只剩一個星期了，她不知道該怎麼改進，因為考試並不是想著小心謹慎就能做到萬無一失的。人們在這種情況下通常只能聽天由命，但在聽天命之前，還是要把人事盡到。

我問了她模擬考準備的情況，又看了她做錯的題目，似乎大部分錯誤都和做題太急有關。一些錯誤是沒有把題目理解透徹造成的，但模擬考試的時間足夠她理解題目。這種問題的解決辦法很簡單，我告訴她，讀完一道題後，等五秒鐘（從一數到五）再開始做。她按照我的方法又做了一次模擬考試題，居然全對了。正式考試時她就採用了這種策略，如願以償地得了滿分。這五秒鐘看似浪費時間，其實讓她有機會重新思考題目，避免許多不必要的錯誤。

很多時候，我們做不好事情，是因為我們太匆忙、太著急，以致犯了太多原本可以避免的錯誤。當我們慢下來，重新審視自己的想法時，可以更正很多明顯的錯誤。

在我接觸過幾十個國家的人中，中國人是相對急躁的，這可能和當下的社會環境有關。在過去的四十年裡，中國長期高速經濟增長，是人類歷史上的一個奇蹟。在這樣的環境中，忙碌自然成了主旋律。在很多人看來，忙碌才是自己社會價值的表現，而「不忙」等於不上進，見人都有點不好意思，幾乎人人都會眉飛色舞、多少志得意滿的介紹自己是如何的忙碌。但是，忙完一輪，人們除了物質生活得到滿足之外，其他方面是否比過去更好了呢？這很難說。當然，很多人太忙了，以致沒有時間考慮這個問題。

回顧人類的歷史不難發現，忙和生活好有時未必成正比。按照《人類簡史》一書的介紹，人類曾經逍遙自在生活了幾萬年。在進入農業社會前，人類並不忙，小時候無憂無慮，漫山遍野地玩耍，長大後雖然要打獵、放牧，但大部分時間是在曬太陽、玩遊戲、吃吃喝喝和打情罵俏。只要沒遇到瘟疫等事件，人類能快快樂樂地生活到六十歲。到了農業社會，人類為了糊口不得不埋首耕耘的忙碌一輩子，雖然很忙碌，但生產出來的物質財富常常不夠吃穿。

人類解決溫飽問題是在工業革命之後。勞動生產率的重大提升讓人類終於不必為溫飽發愁，個人擁有的物質財富得到極大的累積。那麼，生活應該悠閒了吧？不，自由自在的日子反而終結了，人們在月光下圍坐在火邊跳舞、享受美食和浪漫的時光漸漸變成了歷史。單純從GDP（國內生產毛額）上看，現在的中國比北宋時富裕多了，可現在的人們還在為住房發愁，而北宋時武大郎住的卻是有獨家小院兩層樓的「並排別墅」——雖然武大郎所在的清河縣只能算三線城市，但對一個挑扁擔賣炊餅的人來說已經很不錯了。按照《東京夢華錄》中的記載，北宋時汴梁生活水準之高，文化娛樂之豐富，不輸今天的一線城市。在春節、元宵節和中秋節，汴梁城裡有通宵達旦的燈會慶祝活動。因此，上千年的技術進步雖然讓我們使用過去沒有的東西，但是並沒有給我們帶來太多的閒暇。

在地球上，可能只有人類是唯一不停工作的動物。因此，有人認為，人類所謂的文明進步，其實是付出了勞碌不停的代價，才得到一個物質日漸豐富的社會；除此之外，很難說我們是不是富翁。為了活得輕鬆一點，人類發明了很多機器，幫助我們做事。但每一次重大科技進步的結果總是財富進一步向少數人集中，大部分人的生活壓力更大了。馬克思把這種現象稱為機器的異化（或者叫「勞動異化」的第一個層次），即原本應該成為機器主人的我們，最後成了機器的依附者。

當忙碌成為生活主旋律，卻不能讓我們找到出路時，我們是否應該從另一個角度思考當下的困境：為什麼有的人成了機器的主人，而有的人（可能包括我們自己）卻成了機器的奴隸？要思考，就需要慢下來，審視自己所做的事情。其實，很多事情，我們連目的都沒有想清楚，就在世俗力量的驅趕下隨著奔湧不停的人潮匆匆去做了。在這個過程中，物慾與權力讓我們進一步加速行走。雖然越走越快、越走越遠，每一步似乎都有目標，但是停下腳步一看，自己回到了原點。這就如同在 SAT 考試中，題目還沒有看清楚，還沒有理解，就匆匆開始做題，生怕做不完。實際上，我們絕大部分人在工作這個「考試」中缺的不是時間，而是思考和效率。那些每天在手機上花掉兩小時，五分鐘就低一次頭的人，以及經常能夠搶到幾元紅包的人，沒有資格說時間不夠。

怎樣能生活得更好，工作得更有成效？我的做法就是慢下來。黎巴嫩詩人紀伯倫曾經感嘆：「我們已經走得太遠，以致忘了為什麼出發。」想起出發目的最簡單的辦法，就是在做事之前抬頭看看純淨的天空，沉靜下來聽聽內心的聲音。

我經常提醒自己，凡事要慢三拍。有時候周圍的人讓我做決定，我會說：「我現在腦子不工作，讓我明天再回答你。」因為我不想太匆忙做決定。事實上，第二天我有足夠的時間仔細傾聽。慢慢做出的決定，和匆匆忙忙做出的決定常常是不同的，當然也是更好的。

人不在於開始了多少件事，而在於完美地結束了多少件事。很多人做的一大半事情是有頭無尾或匆匆結束的。喜歡多做事，多少和人貪心的本性有關。一個人想做到淡泊名利、清心寡欲是很難，必須有些不尋常的本事才行。我很佩服聖方濟各[5]，他有高尚博愛的胸懷，能夠視世俗功名如無物，可以心安理得地過儉樸健康的生活。

我自知做不到像聖方濟各那樣清心寡欲的生活，因此從不建議任何人那麼做，畢竟我們不是聖徒。但是，我們可以像他那樣，從大自然、從生活本身尋求無窮的樂趣，而不是匆匆過完一生。當我們做事慢一點，少走點彎路，多花點時間享受浪漫時，我們便能使自己時不時地沉浸在幻想的長河中，暢遊在人類知識和藝術的海洋裡。這一點，我們還是能做到的。

《舊約全書》中的《詩篇》第四十六章第十節上寫道：「你們要休息，要知道我是神！」既然我們不是神，何不休息休息，不要那麼匆忙，走出越窮越忙、越忙越窮的怪循環。

5 舊金山市名就是以他的名字命名。

不要成為積極的廢人

越窮越忙、越忙越窮，這是很多人當下的困惑。很多人說：「我這麼努力，為什麼還是不行？」實際上，上天不會虧待一個真正努力的人，但也不會同情假勤奮的人。走出這個怪循環的第一步是要慢下來，以免自己不知不覺地成為積極的廢人或者偽工作者[6]。在慢下來之後，審視一下自己，找出自己忙碌的原因，這是走出上述怪循環的第二步。

我在谷歌和騰訊分析過績效平平的員工，加上一些職業管理培訓專家的經驗，發現很忙但是績效差的人，除了是偽工作者之外，通常還有三個毛病。

做了太多不該做的事

我有一位女同事，她是十足的「工作狂」。有同事請她幫忙，總是一口答應，不惜耗費一整天時間。結果，下班時發現必須要做的事情還沒有做完，她只能加班趕工。日子久了，她成了職場上早來晚走的「模範生」，但是因為要完成的任務總是拖到最後一刻才交，她的績效並不好。

6 關於什麼是「偽工作者」，《見識》一書中有詳細的描述。

她曾經和我們訴苦，我們叫她推掉不該做的事情，但她早已習慣成自然，即使改正一兩天，老毛病也會很快再犯。她來公司的時間比很多人早，但是其他人用不了幾年時間就在位階上超過了她。

我講過的偽工作者至少會做本職工作，但像這位女同事一樣瞎忙的人，往往分不清什麼事該做、什麼事不該做，焦頭爛額在所難免。

這裡我還要專門把「親朋好友拜託的事」單獨拿出來說一說。因為很多人平時做事是有原則、有一定的判斷力，如果是陌生人提出不合理要求，他們未必會因此耽誤自己的時間，但如果是親朋好友找上門，就沒有原則。

我對親朋好友提出的請求，通常用兩個標準判斷幫還是不幫。第一，不幫違反原則的忙，以及自己幫不上的忙。後一種情況下要第一時間告訴對方，以免對方有不合理的期望，反而耽誤了事情。第二，分清哪些問題應該由他們自己解決，哪些需要我幫忙解決。對於前者，我通常會客氣、堅決地回絕。例如，我過去經常往返於中美之間，朋友又多，總有人託我帶東西。我會嚴格區分哪些東西可以帶，哪些東西直接拒絕帶。iPhone剛上市，中國買不到，有人託我帶一個，我會答應。一來iPhone體積小，攜帶方便；二來它的價格較高，帶一次值得；三來手機兩三年才換一部，不會需要我經常帶。但是有些人託我給國內的親朋好友帶美國杏仁果、尿布或者奶粉，我就拒絕了。一磅杏仁才省幾塊美元，奶粉和尿布是消耗品，帶起來沒完沒了，更何況兩邊交接東西都要花時間。因此，這類忙我一律拒絕幫。我希望我給對方帶去的是更大的價值，而不是成為搬運工。

有些讀者給我留言，說他們在職場上對同事有求必應，於是很多同事佔他們的便宜，凡事找他們幫忙，以致自己的工作沒做好，主管也不滿意。我如果是他們的主管也會不滿意，因為在公司，一個人首先要做的是自己的本份，而不是到處幫別人忙。分不清哪些事情該做好，哪些事情不能做，難免會陷入「越窮越忙，越忙越窮」的怪循環。我們要做一個有用的人，而不是一個「好好先生」。

喜歡同時做很多事情

很多人喜歡同時做很多事情，這種做事方法英文稱之 multitasking，即多任務同時處理，形容非常精闢。電腦由於計算功能強大，通訊的傳輸數據頻寬較寬，可以諸多任務並行處理。但是對於人來講，通俗點說，多任務並行就是一心多用。

當我從研究人員轉為投資人，還出版了一些書後，很多人問我是如何做到多任務並行，又是如何做到跨界。說實話，我在同一時間只能做一件事，也就是說，我的工作狀態是單任務，不是多任務。我在年輕的時候曾想以多任務的方式多做幾件事，結果是一件事都做不好，時間久了，我總是繞著低標準在轉圈。根據我的觀察，絕大部分人不具有多任務處理事情的能力。美國麻省理工學院曾做過一項研究，表明人腦同步思考的能力其實非常有限。二〇〇九年的《麻省理工科技評論》（MIT Technology Review）中有一篇文章寫道，人腦的頻寬只有區區每秒 60bit，是（那個年代）上網頻寬的十萬分之一。我看到對於人腦頻寬最高的預估，不過每秒上千 bit。照這個速度傳一張手機圖片，大約需要一小時。由於生理上的局限，人在某一刻只能接收、保留和處理少量的資訊。如果一心多用，不僅不能做多事情，反而會因為來回切換任務而降低工作效率，還容易導致錯誤不斷。

古希臘德爾菲的阿波羅神廟上刻著一句話：「認識你自己。」這是給所有前去求神諭的人看的。認識自己這件事說起來容易，做起來難，因為大腦會欺騙我們，讓我們以為自己可以做得更多。在了解自己真實的能力之前，人的潛意識總認為自己能行，不僅有潛力，還能擠壓時間同時處理很多任務，但這只是一廂情願。

當腦子裡的任務積壓過度，一開始可能只是出現一些小錯誤，不會造成太大的麻煩。但是，當有限的腦力跟不上一心多用的野心，任務積壓得越來越多時，就會集中成大問題爆發。

德國飛機渦輪機的發明者帕布斯．海恩提出了一個關於航空界安全飛行的法則——海恩法則。

海恩發現，每一次嚴重事故的背後，都有大約三十次輕微事故和三百次未遂事故，以及上千個隱藏事故。很多時候我們沒有出現大問題，並不表示那種做法就是安全。例如，一邊開車一邊發微信，每一次都是上千次隱藏事故中的一次；被別人按了喇叭，就已經上升到未遂事故了；如果還不注意，早晚會被警察扣下，或者發生交通事故。

如果一個人在上學和工作時總是小錯不斷，無論成績或是業績都不會好。

迷信所謂的速成

很多人喜歡用微觀經濟學的視角審視自己做事的價值，總想著付出最少而得到最多。其實，世界是非常公平的。極端不公平的交易即使沒有消失，現在也非常少了，而且存在的時間很短。因為一旦存在，很快就會被人找到，參與的人多了，回報就會馬上下降。

不少人問我學什麼專業未來收入高，工作還不會太辛苦。大家其實不妨反問一下自己，是否存在這樣的好專業。辛苦且回報低的專業能找到，但是輕鬆而回報高的專業幾乎不存在。抱著取巧心理的人，不是在和同儕競爭，而是在挑戰經濟學的基本原理，挑戰市場的有效性，或者說是在和上帝競爭。

對速成的崇拜也是「瞎忙族」的一大特點。他們相信自己能找到別人找不到的捷徑，而不是沉住氣慢慢提升自己。這樣做的結果常常是肉包子打狗。例如，有的人想學好英語會話，先去報會話速成班，然後採用所謂的輕鬆學習 App。事實上，功夫沒下夠，用什麼方法都是在浪費時間。

我有一個同學極具語言天賦，英語、德語、西班牙語樣樣精通。我問她學語言有什麼秘訣，她說其實就是有耐心。我的另一個朋友想練習英語會話，卻又不願意吃苦。剛開始採用的方法是看美劇，效果不好後，她就去聽美國之音和 BBC（英國廣播公司）節目。最後花了不少時間，說出來的英語別人卻聽不懂。我告訴她，美國之音和 BBC 的腔調有很大差異，而像《六人行》生活影片裡的發音，和新聞播音腔截然不同。將三者混在一起，效果可想而知。她挑的學習方式都是相對輕鬆的，在她看來是捷徑。其實，只要確定一個學習目標，長期堅持，就會有不一樣的結果。

要解決上述三個問題，說難也難，說容易也容易。說難，是因為人的本性難移。一些讀者讀完我的書，抱怨書中沒有讓他們一用就靈驗的秘訣，這其實還是抱著想走捷徑的想法。如果真有不需要努力的捷徑，所有人都能學會，這個捷徑帶來的優勢就不稀奇，也就不能稱其為優勢了。說容易，其實只要放慢做事的節奏，先動腦，再動手，把可做可不做的事情從任務清單上刪除；在做事的過程中按部就班地把事情做好，不要開了很多頭卻不結尾；做完事情，審視一下自己的得失，評估一下效果，以備將來參考。這樣，效率自然能提高，收益也能隨之而來。打高爾夫球的人會看到這樣一種現象，第一球沒有打好的話，第二球就想打出超水準的球，追上一些距離。在這種急切心理的作用下，動作常常變形，第二球也打不好，於是陷入一種可怕的「厄運鏈」，永遠走不出去。

其實，走出厄運的辦法很簡單，就是打壞了一個球之後，承認事實，慢下來，想想下一球該怎樣打就怎樣打。這樣就斬斷了厄運鏈，把壞事的影響限制在局部，不讓它擴散。

陷入「越窮越忙，越忙越窮」怪循環的人，要做的就是斬斷厄運鏈。越是落在別人後面，就越想透過同時處理多做事，結果錯誤百出，和別人的差距越來越大。這時候，不妨停下來，想一想，做減法，把各種不必要的事情從清單上刪除，而不是花更多時間在低回報的道路上狂奔，那樣只會讓人生失控。

承認自己過去的方法不對，過於貪婪，需要有一種開放的心態。很多人能夠走出「越窮越忙，越忙越窮」的怪循環，是因為他們願意反省自己的得失，接受新的思維方式。但是，對另一些人而言，這是很難做到的事情。我們通常覺得老年人保守，不願意接受新的東西，更不願意嘗試新的東西，但是很多年輕人也是如此，他們是「年輕的老人」。

這些人在遇到和自己過去長期接受的觀念不同時，第一反應不是思考，不是花時間弄清楚新概念，而是陷入慣性思考的泥淖無法自拔。例如，很多人一旦形成自己的觀點，就會對符合自己觀念的想法堅信不疑；遇到一些和已有認知不同的想法時，就會本能地反駁。從各種社交網路的留言中經常能找到這類人，他們的反駁並沒有邏輯，只是和對方的觀點不一樣而已。甚至有些人在陷入「越窮越忙，越忙越窮」的怪循環後，聽不下成功者的經驗，反而傾向於求助認知和自己水準一般的人，或許這樣能讓他們不自卑吧。

我們會習慣一種思維，是因為它不僅讓我們舒服，而且顯得我們很正確。在不得不接受別人的新思維時，至少要在心裡否認自己一次，這是很多人不願意去做的。很多人覺得，「我沒有變瘦，一定是吃得還不夠少」、「我每天加班卻還沒有升職加薪，一定是不夠努力，所以一定要熬夜加班」。如果告訴他們原因是努力的方向錯了，他們會想都不想就反駁：「我努力加班都賺不多，少做事情豈不賺得更少？」他們不會考慮，合理飲食加上適當運動比一味少吃更有利於減肥，早睡早起、提高工作方法和效率才是更好完成任務的途徑。很多人不願意接受新東西、改變舊習慣，僅僅是因為他們已經習慣了一種生活和工作方式，滿足於低成就的快感。套一句流行語形容，就是用戰術上的勤奮掩蓋戰略上的懶惰。而我們都知道，如果方向錯了，越努力離目標越遠。

當遇到困境時，我們首先應該慢下來，斬斷厄運鏈。然後重新審視目標，做減法，講究效果，這樣走出厄運的怪循環就不是難事了。

休息的意義

工作的意義我們都清楚，除了工作，我們還能做點什麼？應該先好好休息，有意義的休息，不懂得休息的人其實不懂得工作和學習。

人們往往覺得自己很忙，沒有閒暇時間好好休息，度一個長假更是奢望。很多人即使下了班，依然無法放下手中的工作，覺得如果有什麼事情自己沒有在第一時間做出反應，就會失去很多機會。這種敬業精神固然可貴，不過一個人神經如果一直繃得那麼緊，不僅自己早晚會吃不消，而且未必能得到想要的結果。

其實，世界上沒有任何一個人重要到事情缺他就不能運轉。絕大多數人每日做的那些看似必須做的事，都是可有可無的。每年年底，我們如果總結一下在過去一年花了大量時間和精力做的主要事項，就會發現其實很多事沒必要做，還有一些事雖然需要做，但是沒有產生想要的結果。想清楚這一點，就可以放下負擔去休假。

關於休息的好處，大家首先會想到勞逸結合、提高效率，或者保持好身體，健康長壽。生理學家做過一個實驗，讓一組身強力壯的青年搬運工搬生鐵到貨輪上，連續做四小時，結果工人只能勉強搬十二點五噸；一天後，讓同樣的人每做二十六分鐘就休息四分鐘，同樣是四小時，最後搬上四十七噸，勞動效率提高了超過二點七倍，正應驗了「磨刀不誤砍柴工」的道理。

但是，休息的意義遠不止這些。

好處一：重新審視自己的行為

很多公司開重要會議時要離開公司所在地，到一個度假勝地去，而且以非正式的方式開會。這倒不完全是為了公款消費，而是在休息的狀態下大家容易重新審視自己的行為。人在一個環境中待久了，難免產生固定思考。為什麼會這樣呢？因為在同一個環境中，人類的活動具有連續性，昨天發生的事情和今天發生的差不了太多，因此前天、昨天的經驗可以用於今天。久而久之，大腦中就形成了一些起基礎性作用的認知要素和方法論，包括知識、經驗、觀念、做事方法。由於這些作用時效比較長，作用範圍廣，因此即使每天遇到的事情不同，固定思考也不那麼容易擺脫。甚至對一些人而言，外界環境完全改變了，他們的固定思考依然存在。王陽明講的「破山中賊易，破心中賊難」，辜鴻銘說的「剪得掉頭上的辮子，剪不掉心中的辮子」，都是這個道理。

固定思考是思考的基礎，不應該一概否定。嬰兒沒有固定思考，是因為他們不能思考。但是，當一個人由於固定思考陷入窘境時，壞處就會超過好處，這通常發生在變化不連續，或者雖然連續，但方向和之前相反的情況下。為了便於大家理解，我用下頁的圖 3-1 來表示三種不同的情況。

圖 3-1 左邊的形態是常態，固定思考在這種環境下沒有問題。例如，福特T型車在誕生之初

供不應求，工廠只要提高生產效率、降低成本就夠了。因此，所有的改進都沿著這個思路進行，就形成了固定思考。

中間的形態是不連續變化的情況。大帆船被蒸汽船取代，馬車被汽車取代，就是不連續的變化。過去造馬車講究舒適性、豪華性，現在都變得不合時宜了。這時需要做的是停下來想一想，而不是沿續過去的想法把事情做好。和瓦特一同對改進蒸汽機做出巨大貢獻的馬修．博爾頓，就是利用工作之餘的交流和思考完成了跳躍性的轉變。

博爾頓原來是一家五金工廠的老闆，在機械革命的時代，這種生意會漸漸落伍。幸運的是，博爾頓加入了月光社，結識了瓦特、老達爾文（查爾斯．達爾文的爺爺）、後來的瓷器大王韋奇伍德、發現氧氣助燃原理的普利斯特里等當代科技精英。每到月明的夜晚他們就在伯明罕聚會，討論的事情當然和他的五金生意無關。就是在那些自由聊天的過程中，博爾頓了解到瓦特正在發明萬用蒸汽機，並看出機器對未來工業會發生巨大影響。於是，他毅然賣掉了所有的產業，幫助瓦特造出新一代蒸汽機。當然，他和瓦特都因此獲得了巨大的財富。如果

圖3-1　變化的三種型態

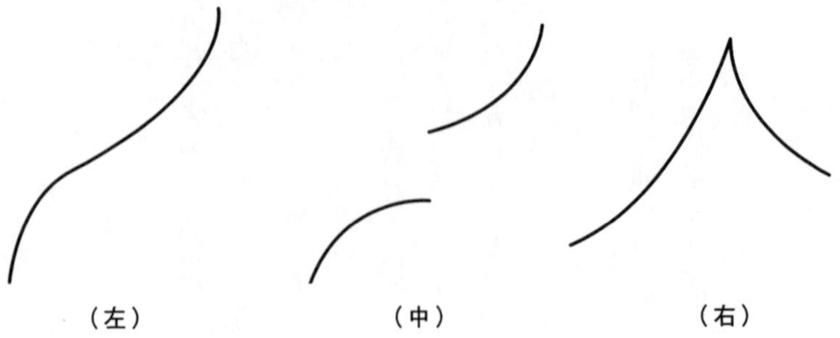

博爾頓每天十幾個小時都把注意力放在五金店生意上，最後的路一定會越走越窄。

圖 3-1 右邊的形態表示一種逆向變化過程，這個過程雖然連續，但是過去的固定思考沒有作用。很多人會疑惑，某個方法自己用了十幾年都沒問題，為什麼現在力不從心了？因為趨勢開始逆向變化了。圖 3-2 是十多年來全球數位相機的出貨量。從二十年開始，該產品銷量驟減，雖然在之前短短的幾年裡銷量翻了一輪。在當今快速變化的世界，這種快速的逆向變化並不少見。面對這種變化，最好的辦法不是加倍努力，那只會離目標越來越遠，而是應該停下腳步思考。很多企業在度假地開戰略會議，就是要強迫大家在一個放鬆的環境下徹底忘記手上的工作，跳出圈子，重新審視公司的業務。

當然，不是每個人都會遇到那麼多重要的抉擇時刻，但是陷入困境無法自拔的經歷很多人都

圖3-2　全球數位相機出貨量

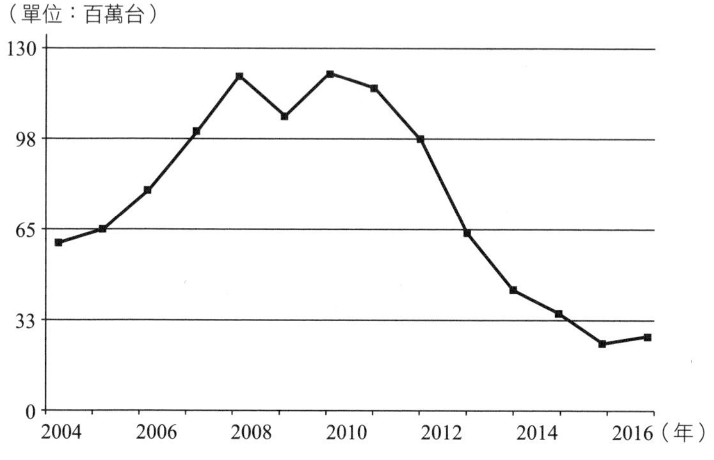

有。這時候，跳出固定思考模式的最好辦法就是放下手中的工作，休息休息。

好處二：開闊眼界

在美國的大學裡，教授都有學術假期。每過七到十年，大學就允許教授全薪休假半年，或者半薪休假一年，甚至在有特殊需求的情況下，允許教授第二年無薪休假。其間，教授可以去訪學、做顧問、周遊世界，也可以在家裡什麼事情都不做。為什麼要給教授放這麼長時間的假呢？因為這是教授出去開闊眼界的好機會，並且最終會回饋大學。通常，那些教授會選擇去遊學、到公司做顧問或者寫書，由於沒有工作壓力，這段時間常常是他們研究水準的轉捩點，因為半年甚至更長的閒暇讓他們眼界大開。谷歌以前也給研究人員這樣的學術休假機會，只是後來公司太大了，才把這個福利取消。但是，自己給自己放假，並且善用假期，對開闊眼界是有極大幫助的。

寫到這裡，其實引出了一個新的問題，那就是怎樣休息。休息分為兩種，一種是被動式，例如睡覺、嗑瓜子、看電視，或者到歌廳去娛樂。這樣的休息是必需的，短時間內可以讓人充電，但是，時間長了人就不容易提起精神。例如，覺得越睡越睏就是這個原因。很多人覺得，我太忙了，沒時間休息，其實這些人在一定程度上對休息有誤解，把休息想成各種被動休息了。

還有一種休息是主動式，例如做運動、旅行或者遊學。每個人的興趣愛好不同，身體狀態不同，適合的休息方式也不同。不管怎樣休息，只要能夠幫助自己恢復精力，重拾自信心，更重要的是能讓自己從原先封閉的系統走出來，就是好的休息。

休息的本質是從外界獲得資訊和能量。無論是在熱力學，還是在資訊理論中，任何不與外界溝通的封閉系統都是向著「熵」增加的方向發展，也就是說變得越來越無秩序。而破局的關鍵就是打破封閉系統，引入「負熵」。在熱力學中，我們可以將「負熵」想像為能量；在資訊論中，可以將它解讀為訊息。無論哪一種，都要先走出封閉的圈子。歷史上很多大藝術家的靈感來自換一個環境，去體驗自己以前想不到的事情。例如高更在大溪地的經歷讓他創作出不朽的名畫《我們從哪裡來？我們是誰？我們到哪裡去？》（Where Do We Come from? What Are We? Where Are We Going?）。

懂得休息，才能更好地享受生活。利用休息時間，與各種人交往，則是幸福的重要來源之一。這樣不僅可以消除日常工作產生的疲憊，增加自己的幸福感，還能促使工作更有成效。

一生要做的五件事

如果問我一生必須做的事情是什麼，到目前為止，根據我的經歷和認知程度，我覺得有下述五件事。

第一件事：戀愛，結婚，生子

戀愛、結婚、生養後代是人的本能，原本不是一件難事，但是當我們歡呼文明進步的時候，這些事反而成了很多人的難題。現在，很多年輕人到了三十歲還沒有認真戀愛過，更不要說那些忙於學業的大學生了，他們根本沒有心思認真考慮這個問題。日本已經進入一個讓人難以想像的無性慾社會。根據日本國立社會保障人口問題研究所的調查報告，有36%的男性和39%的女性到了三十四歲還沒有性經驗，這和很多人想像成人藝術文化發達的日本，完全是兩個樣子。

中國雖然還沒有到達日本社會的程度，但是一些一線城市已經有了這種趨勢。很多人沉溺於虛擬世界，為所謂的二次元文化辯護，並且用多種方式證明這是不可阻擋的未來趨勢，或者說現實生活越來越不重要。但是在我看來，真正的成功者，真正有幸福生活的人，應該在現實生活中獲得成功，獲得最真實和最豐富的生活。因此，我多次建議大學生在學校時要認認真真地談一次戀愛，享受愛情，因為這是人成長必要的經歷。

當然，有一些人會說自己工作忙，沒時間戀愛、結婚，更沒有精力和財力養孩子。以人活一輩子的時間長度和整個社會的活動範圍來看，絕大多數人的工作沒有他們想的那麼重要，更不能和生活相比。世界上絕大部分事情沒有張三去做，自然有李四做，李四甚至會做得更好。但是，每個人的實際生活卻是獨一無二，既不能由別人代替，也不可能等以後有時間再補上。很多人覺得以後有的是時間，其實等於永遠沒有時間。

二〇〇三年，我的第二個孩子出生了。根據加州勞動法的規定，我有大約一個月的產假。但是當時公司規模小，每個人的事情又很多，我在家忙了一週後，有一天，家裡沒有事我就回到公司，想做一點工作。我的美國同事都勸我回家休息，他們說，工作的時間有的是，生孩子的事情一輩子就幾次——這就是他們的家庭觀。很多人覺得美國人家庭觀念沒有中國人重，其實在美國生活久了就會發現，那裡中產階層以上家庭的家庭觀念不比中國人淡薄，只是他們有不同的表達方式罷了。後來我在國內工作，遇到下屬結婚生子或其他家庭大事，總是讓他們放下工作去休假。我告訴他們不用擔心工作，公司不會因為少一個人來上班就關門，此刻家庭比工作更重要。一些主管問我是否對下屬要求太鬆，我總是說，不解決生活的後顧之憂，他們是不可能做好長期工作的。

我並不信什麼宗教，但是對上帝充滿敬畏。既然上帝把人分為男人和女人，讓男人和女人相識相愛，這就是宇宙的大道，也是人間最美妙的事情。同樣，結婚生子也是上天賦予人的權利和幸福的根本。從戀愛到結婚，再到養育後代，是人自然屬性的結果。我們不是上帝，就不要違背這個自然規律了。

很多人只願意享受戀愛樂趣，卻不願意盡婚姻的義務，覺得那是一種負擔。其實，光戀愛不結婚是不夠的，結了婚才能有戀愛得不到的幸福。

我經常坐郵輪旅行，在郵輪上總能遇到很多金婚甚至鑽石婚的老夫婦。我在讚嘆他們健康長壽之餘，和他們閒聊後就會發現，婚姻是他們長壽的重要原因之一。

有了婚姻，通常會有孩子。很多年輕人在有孩子之前嫌煩。我自己多少也是如此，但有了孩子後，我發現自己得到想像不到的快樂。中國人喜歡把孩子當作自己的私有財產，西方人則會將他們視為上帝賜給自己的禮物。既然是私產，就會隨心所欲地處置；如果是上帝的禮物，則要呵護和尊重——這在心態上會略有差別。我是在美國撫養孩子的，或許受到西方文化的影響更多些，我享受更多的是在她們成長的過程，而不是要求她們成為什麼樣的人。當享受孩子的成長過程時，我們就能由衷地感到幸福。

第二件事：嘗試做一次自己喜歡的事情

現今人們為了生存，常常不得不根據薪水的多少和行業的熱門程度來決定自己該做什麼事。只有很少人做的工作是自己非常喜歡的。但是，人一輩子至少應該嘗試做一次自己喜歡的事情。

這倒不是說每個人都要辭職創業，我僅僅是建議大家嘗試一下，特別是在年輕、失敗的成本不是很高的時候。

上帝給每個人很多天賦，但是很多時候我們並不知道。

我的小女兒過去從來沒有找到自己感興趣的事情，我的天賦在她身上根本看不到，姐姐喜歡的事情她也不喜歡。她在學校裡嘗試了不少團體活動，但都中途退出了，在合唱隊裡唱歌時，她連嘴都懶得張。

後來一個偶然的機會，一位聲樂老師說她有聲樂天賦。

剛開始我和她媽媽都有點不相信，後來是老師教她一點歌劇的唱腔，發現她果然有天賦。之後，她自己喜歡上了這項活動，從此認認真真學習唱歌劇。不到三年的時間裡，她已經四次被卡內基音樂廳和林肯藝術中心邀請登台演出。

當然，我理解大部分人因為生活壓力，未必能從事自己喜歡的職業，但是至少要有一項興趣愛好。很多人問我為什麼要寫《具體生活》這本書，主題和我過去寫的完全沒有交集。我一直覺得我們要做有趣的人，而不只是一個工作和賺錢的機器。有趣從興趣開始，《具體生活》這本書其實講述了我的興趣養成過程。

此外，興趣不僅僅是讓自己高興，還能提升自我，因為在把自己的興趣愛好提升到極致的過程中，自己能得到昇華。沒有興趣的人，或多或少會有點狹隘。

第三件事：回饋

每個人來到世間都是奇蹟。生活如此善待我們，所以我們必須花一些時間、精力和辛苦賺來的錢去回饋生活，特別是感謝那些曾經幫助過我們的人。此外，我們還要幫助那些需要幫忙的人。回饋不僅可以讓我們內心得到滿足，而且能夠實實在在改善一些人的生活。我們周圍的人能夠過得更好，反過來也會給我們一個更好的環境。

回饋是多方面的，孝道就是一種回饋。但是，回饋不僅限於對我們的父母、恩人、親友或母校，還包括對整個社會以及那些和我們素不相識的人。

很多人說自己太忙或者太窮，沒有時間或者金錢回饋，其實回饋完全不在於多少，而在於從現在開始身體力行。

世界最著名的慈善家莫過於約翰．洛克菲勒了。據估計，他一生捐出了五點五億美元的巨款，以現在GDP水準換算，相當於一千億美元左右。他幫助約翰．霍普金斯大學建立了公共衛生學院，這是美國現在最好的公共衛生學院；洛克菲勒還在中國創立了協和醫院。此外，他出巨資（三千萬美元）幫助芝加哥大學從一所很小的教會學校變成現在的世界一流大學，還建立了在醫學界非常有名的洛克菲勒大學。在接受洛克菲勒捐贈的大學名單中，哈佛、耶魯、哥倫比亞、布朗、衛斯理等名校都在其列。此外，後來的洛克菲勒基金會資助了正在研製青黴素的英國科學家弗洛里等人訪美進行合作，直接催生出藥用青黴素。

洛克菲勒並非在有錢後才開始做善事的，他在十六歲有第一份工作時，就將自己收入百分之六捐出來，並且一生都在回饋社會。類似的例子還有二〇一八年因為給母校約翰．霍普金斯大學捐款十八億美元，而刷新全球教育機構最大單筆捐款紀錄的布隆博格，他的第一筆捐款就是剛畢業加入工作時捐出，僅僅只有五美元。

同樣，沒時間也不過是藉口。大部分人恐怕不會比我更忙，但我每週依然會在週一、週三兩天準時去看望我的母親。如果我能擠出時間做到，百分之九十九的人應該也有時間做到。每次到了看望母親的時間，不論我是在開會還是在做別的事，我都會告訴其他人，我現在必須離開了。時間一長，身邊人都知道在那些日子不要指望我加班，也不要在快下班時給我安排事情。坦白講，即便是國家元首所做的事情，也並非每一件事都重要，何況我們常人。二〇一九年初，美國政府關閉三十多天，大家日子該怎麼過還是怎麼過，沒有誰感覺到生活變得困難。也就是說，美國政府裡除了海關工作人員等極少數的人，絕大部分人平時做的事情其實可有可無。我們做的那些引以為豪的事情，其實遠沒有我們認為的那麼重要。所以，任何沒時間的說法都是藉口。

總之，回饋不能僅僅有心，還必須有行動；只有採取了行動，才能證明有心。

第四件事：有一個信仰

人應該有信仰，雖然未必是宗教信仰，但是必須有。因為當我們失去了方向和動力，感到不知所措的時候，信仰會讓我們知道該怎麼做事情。當我們不得不做出很多抉擇，例如在道德和利益上糾結時，信仰能幫助我們找到符合本心的選擇。

信仰的作用不只這些。有了信仰，我們在表明立場時就敢於站出來，理直氣壯地向不公正大膽抗議，或喊出我們相信的原則，這就是勇氣。一個有信仰的人，如果知道自己是對的，就不怕威嚇，敢於行動。

第五件事：留下遺產

每一個人最後都應該考慮留下一些遺產，當然，這裡說的遺產不只是錢財。根據幸福學的理論，幸福的一個重要來源是基因的傳承，即傳宗接代，因此，子嗣本身就是遺產的一部分。當然，動物也能留下這種遺產，因此人類的遺產應該比這個更多。

我最早思考遺產這件事其實是在讀博士時。當時我的導師賈里尼克教授對我說：「博士和碩士是不同的，碩士只要掌握專業技能即可，博士需要對人類的知識體系有所貢獻。雖然你做了很多工作，發表了不少論文，但是你還未能解決一個前人未解決過、對後人有意義的問題，因此，我還不能讓你畢業。」

我聽了這話當然很不高興，因為很多念書念得比我差的早就畢業了。但是現在我要感謝導師的這番話，最終為我在人類的知識體系更上一層，這或許就是一種遺產。

每個人都能問自己這個問題：如果這個世界沒有我，是否會完全一樣？如果答案是肯定的，說明你沒有留下什麼遺產；如果因為你做的一些事情，哪怕很小，哪怕微不足道，但世界因此不同，那這就是你給世界留下的遺產。明白這一點，你就知道自己不必浪費時間做哪些事情了。

當然，這種智慧並非我自己歸納出來，而是受到凱鵬華盈的董事會主席、風險投資之王約翰．杜爾的啟發而領悟到。杜爾在投資時，把金錢的回報放在第二位，把產生改變世界的影響力放在最前面。在這種想法的帶領下，他投資了谷歌、亞馬遜、推特等許多改變世界的公司。

幸福的藍色地帶

我曾經說過，幸福生活才是目的，個人的成功不過是實現這個目的的過程和手段而已。很多人為了賺錢和出名，偏離幸福生活這個目標，雖然賺了很多錢，但是不幸福。

很多人覺得有錢就能幸福，於是去買彩券。世界上總不缺運氣好的人，總有中大獎的。如果把每年世界各地中大獎的人加在一起，這個群體不算太小。但是，很可惜，幸福屬於另一個群體，而且和中彩券群體少有交集。中彩券的那群人通常在十年內又回到原有的生活。透過自己的勞動獲得財富的人，會比中彩券的人幸福，因為他們懂得善用錢財。但是，人只有財富，未必能幸福，最典型的例子當屬保羅．蓋蒂家族。

保羅．蓋蒂是二十世紀四〇至六〇年代美國及全球的首富，他以中東開採的石油取得巨富，而且他的財富和比爾．蓋茲、傑夫．貝佐斯等人不同，是貨真價實的真金白銀，而後者的財富很大程度上存在於紙面上。如果不是後來沙烏地阿拉伯和科威特賴帳，硬將油田收了回去，現在兩國王室的錢都是保羅．蓋蒂的。就算不算這些後來沒有賺到的錢，他賺的錢也多到難以形容。但是他和孩子生活得都不幸福。他的大兒子因為沒有能力管理那麼多財富，得了憂鬱症，最後自殺身亡。其他家族成員有的因為空虛染上了毒癮，有的因為性醜聞身敗名裂，有的被綁架，有的因得不到關愛而早逝。甚至有人認為，有魔咒籠罩了這個最富有的家族。其實，哪裡有什麼魔咒，只不過蓋蒂在擁有金錢的時候缺了一些東西。因為怕大量的金錢帶來的不是福祉而是災難，蓋茲和巴菲特等人才決定不留太多錢給孩子。

那麼，除了錢，獲得幸福還要有哪些要素呢？我們不妨看一下專門研究這個問題的丹．比特納的說法。為了要弄清楚這件事，比特納走訪了世界上很多國家，特別是幸福指數較高的國家，探究幸福的源泉。他把自己十五年的研究成果寫成了一本暢銷書《藍色地帶》（The Blue Zones），後來，他圍繞這個主題一共寫了四本書。「the blue zones」是一個人類學名詞，直譯成中文是「藍色地帶」，指的是世界上最長壽的地區。書名的含意很明確，意指獲得幸福的最高境界。我為了讓孩子從各個層面理解幸福，專門和她們一同讀了這本書。

我在《態度》一書中對這本書的內容有比較詳細的描述，在此只做一個簡單的介紹。比特納在書中介紹了具有代表性的三種幸福人生，分別是以哥斯大黎加人為代表的「愉快式」幸福，以丹麥人為代表的「目的式」幸福和以新加坡人為代表的「自豪式」幸福——這三個小國分別是美洲、歐洲和亞洲幸福指數最高的國家。

哥斯大黎加人的「愉快式」幸福源自於他們樂天的性格和對物質財富並不強烈的慾望。在哥斯大黎加，每個人很容易獲得生活所需的物質條件，加上教育和醫療有保障，人們可以過得無憂無慮，幾乎每個人都有自己的業餘愛好。

丹麥人幸福的原因來自他們能夠實踐生活的意義。亞里斯多德說過，真正的幸福來自生活的意義，而丹麥人就是這樣的實踐者。當然，主動實現自己生活的目標是需要有物質和時間保障的，這一點丹麥人做到了。

當然，我猜中國人很難接受哥斯大黎加人或者丹麥人的幸福觀，因為要求看淡對物質財富的追求。相對而言，新加坡人的「自豪式」幸福或許更適合中國人，也就是說藉著自己的努力出人頭地。在書中，作者用了 pride 一詞，意思等同於「出人頭地」。同樣是想出人頭地，為什麼新加坡人過得比中國人幸福呢？有人覺得是因為他們錢多。其實，如果單看中國一線城市人均 GDP 以及收入水準，和新加坡人的差距遠不及兩國人均 GDP 差異那麼大。新加坡最大的好處是「放心」，一個人只要從小當好學生，然後上好學校，將來努力工作，就能賺到錢，並且贏得他人的尊重。相比之下，我們的努力往往未必能得到回報。這種不確定性會讓人覺得看不到希望，幸福感自然不會高。

其實，無論哪一種幸福，都需要四個基本條件：

第一，有基本的物質保障。

第二，未來的不確定性較小，特別是付出努力能得到想要的結果。

第三，有機會追求自己的夢想，因為一個人如果能得到自己想要的東西自然幸福。

第四，自己的人生目標和生活環境的價值觀匹配。

只有這樣，一個人才能受到周圍人的尊重。如果把新加坡的一個每天工作十四小時、身家千萬新幣的壽司店老闆放到哥斯大黎加或丹麥，他一定不幸福，因為他不僅得不到尊重，還會被看作另類。

這四個條件，有些靠環境，有些靠我們自己，當然環境本身是可以透過我們的共同努力而改變。例如，前文提到的三個國家的國民生活很放心，這就是環境。而放心的基礎卻不一樣：新加坡靠法律維繫，哥斯大黎加靠大家的默契，丹麥則要靠較高的國民素養。但不管是哪一種，都依賴於每一個人的貢獻。

在環境之外，幸福更多的是自身能掌控的。除了有基本的物質保障（並不需要蓋蒂那麼多的錢），幸福首先依靠人本身腳踏實地的夢想，這個夢想是可以透過努力實現的，並且能付諸行動。用三個字來描述，都是英文字母P開頭的字，即目標（purpose）、愉悅（pleasure）和自豪（pride）。人一輩子最看重的東西是目標，既然是自己定的目標，而不是被迫而為，那麼在通往這個目標的道路上，即使有艱辛也是愉悅的。自己在實現了目標後，必然有自豪感。

蓋蒂家族的悲劇在於，大部分後代的目標都不是自己定的，不是老父親為了維繫這個大家族的繁榮而規劃好的，就是身在那個位置不得已而為之。老蓋蒂去世後，後人乾脆違背了他的遺囑將家產變賣分了。雖然剩下的錢連當初的十分之一都沒有，但是他們擺脫了蓋蒂光環的影響，開始過自己的生活。是好是壞自己體會，或許內心會更加幸福。

第四章　職場的心法

我們在職場上的一切行為，莫過於做事和做人。在職場上不能做事的人最終不會有長遠發展，光會做事、不會溝通的人，常常在一開始就得不到展示自己才能的機會，或者在做出成績之後，沒有得到應有的認可。做事情的方法因人而異，畢竟每個人做的工作內容差異很大，但是做人的原則和方法有很多相似之處，其中最重要的是與人溝通交流。

同時，要想在職場獲得穩定的發展和提升，還需要提防腐食者和小人。前者雖然能幫助我們清理工作環境，但我們要避免被他們盯上，成為犧牲品；後者則會把我們個人和組織從根上毀掉。識別和防範他們是我們每個人都該具備的技能。

職場溝通從面試開始

二〇一八年，加州大學伯克萊分校的一個學生組織請我從面試者的角度，給他們做面試輔導。事後，我把當時講述的內容整理為兩點心得：首先，在職場上，好的溝通從面試開始，而好的面試從聽懂對方的問題開始；其次，面試並非被動地參加考試，而是要主動展現自己的特色。當然，這些經驗是我在谷歌和騰訊面試了上千人之後的總結，而這兩家公司做事都比較規矩。至於這些經驗能否應用於那些地域觀念很強、管理頗為傳統的家族企業，我相信大家自有判斷。

如何做好面試的溝通呢？面試前一定要做好準備，這一點無須多強調，如果連這件事情都做不到，那就是在浪費自己的時間和精力。例如，該穿什麼服裝，提前多久到面試地點，見到面試官應該如何打招呼問候等等。這些問題的答案在網路上很容易找到。

我想強調的是，雖然所有單位都要求面試官客觀公正地面試完每一位面試者，但很多時候面試者的印象在面試的前五分鐘就已形成。第一印象不好是面試者丟分的主要原因之一。做好準備、給人一個好印像是成本最低、收益最大的事情。這其實也是一種交流，只是交流的不是語言，而是形象。

正是由於面試最初幾分鐘的交流很重要，大多數面試者都會緊張，這是普遍現象，所以沒必要抱怨自己容易緊張。不僅面試者如此，面試官也不輕鬆。雖然他們是面試的主導者，但承擔了更大的風險：無論是請來一個不合適的人，還是很長時間都請不到一個合適的人，他們所在單位的損失都很大。因此，他們也有壓力，也希望在短時間內獲得最有效的資訊，而不是難為面試者。理解了這兩點，面試者就沒有必要太緊張。面試不是考試，而是人與人之間的交流和資訊溝通。

要進行有效溝通，就需要易位思考。面試者應該想一想，如果自己是面試官，會如何利用四十五至六十分鐘的時間獲得有效資訊。要知道，面試官在工作之餘花時間面試他人，並非想過一回當老師的癮，而是希望招一個能夠和自己一起工作的同事、下屬，有時候甚至是上級。那麼，他們會覺得什麼樣的人合適呢？一定是彼此有很多共識，能夠在同一個知識層面長期交流的人，這一點非常重要。面試官為了找出合適的人，通常採用提問的方式，甚至出考題。如果面試者能夠回答得圓滿，說明他們將來能夠在同一個層面上合作。

但是，這種提問的方式往往讓面試者覺得，沒能答對問題是最糟糕的表現。誠然，這樣的結果讓人有些沮喪，但這還不是最糟糕的，最糟糕的情況是沒有聽懂面試官的問題而胡亂回答。因為在日後的工作中，如果你正確理解了主管和同事的意圖，即使不會做，別人還有機會教你；但如果沒有理解或理解錯了，直接胡搞瞎搞，浪費了時間，浪費了資源，給單位和同事帶來的損失會很大。

事實上，面試者或多或少會遇到些答不出來的問題，這並不奇怪。因為好的面試官會把問題設計得有相當豐富的層次和足夠的深度，透過問題了解面試者的能力落在哪一個區塊。如果出的問題太簡單或者太複雜，所有人都答得出來或都答不出來，就達不到辨別面試者能力的目的。絕大部分面試者都會碰到有點難的問題，但這不意味著面試失敗，面試官本來就沒指望面試者能夠百分之百的回答。但是，如果沒弄清楚問題本身的意思或面試官問這問題的意圖，還覺得自己回答得很圓滿，那就是真正的失敗了。因為這會讓面試官認定，彼此將來是無法在同一個知識層面進行溝通。我面試過的求職者中有大約四分之一的人，或者由於緊張，或者由於理解能力差，或者由於溝通技巧欠缺，總之是沒聽懂問題就急忙回答，這些人最終都沒有獲得職位。

鑑於此，我給面試者最重要的建議就是，先確定自己完全清楚對方問題的含意，以及對方為什麼要問這個問題。面試者在回答之前可以用自己的說法複述一下問題，以便確認自己的理解準確無誤。這樣，即便沒有答對問題，面試官也知道彼此可以在同一個層面上交流。

在美國，博士生導師在自己的學生去國際會議做報告或者申請大學教職之前，都會訓練學生成為一個好的演講者。其中有一項要求就是在回答聽眾提問時，要復述一遍問題再回答。遺憾的是，中國的大學很少會教這類技巧。

不過，聽懂問題只是第一步，這時如果急於回答，依然有可能落入面試官設計的陷阱之中。為了避免這一點，聰明的面試者會反問自己：為什麼他要問我這個問題？很多面試題的答案沒有絕對的對錯之分，但有好壞之分。同一個問題，不同的人問出來，他期待的答案可能會不同；同一個問題，在不同場合下，好答案的標準也不一樣。這絕不是在網路上查個面試題庫，背下答案就可以做到的。只有理解面試官的意圖，要有效交流和對方進一步拉近距離，才能知道好與壞的標準。

我在面試時，常常會從下面這個看似非常簡單的問題問起：「給你一堆非常非常多的雜亂無章的數字，你如何找到中位數？」

這個問題對於即使沒學過電腦的人都非常簡單，只要將這些數字從小到大排序就好了。因此，為了不讓對方覺得自己被輕視，我在問問題之前往往會說：「讓我們從一個非常簡單的問題開始，先暖身一下。」

但是，問題真這麼簡單嗎？我在谷歌和騰訊遇到的求職者中，最後能非常圓滿地回答這個問題的人並不多。要知道，每一個能來谷歌面試的人，都是從幾十份甚至上百份簡歷中篩選出來，又通過一兩輪電話面試的「倖存者」，總體水準不會差。大部分人失敗的原因是不理解我提問的意圖。有經驗的面試者會想一想：面試官為什麼問這個看似簡單的問題？從這個問題，想看出我哪方面的知識或能力？而沒有經驗的人會不假思索地給出一個直接的答案——按大小排序，然後把中間那個數挑出來。

事實上，我在提問時是話裡有話的，我特意說了「非常非常多」這樣的形容詞。在這種情況下，給數字排序要花費非常多的時間。如果面試者對我所在的公司——無論是騰訊還是谷歌——有所了解，就應該知道，我們要處理的數據量遠非一般公司可以比擬。

因此，那種看似很直接、在小公司或許可行的方案，拿來處理谷歌或騰訊的數據根本不可行。面試者如果能想到這一層，就會知道我所期望的好方法絕不是排序，而是更高效的解決方案。

無論在美國還是在中國，沒有事先看過答案的面試者中，有六、七成的人一開始是想不出有效解決方法的。這時，面試者的程度高下就看出來了。有經驗的面試者即使不能馬上想出答案，也知道面試官並不期待一個不費腦筋的笨辦法，這類人往往會說：「我知道將這麼多數字排序絕不是好辦法，不過萬不得已算是一個笨辦法。能否給我兩分鐘時間仔細想一下？」這樣的表述正好是面試官想聽到的，這說明面試者不僅聽懂了題目，還知道排序不是對方期待的答案，並且透過這樣一次有效的交流溝通，他還獲得了幾分鐘進一步思考的時間。

接下來，有的面試者會想出好的解決辦法，但更多的人其實無法在兩三分鐘內想出來。這時，有經驗的面試者會主動尋求幫助，例如詢問能否給一些提示，而沒經驗的人會自己拚命算。面試官更喜歡哪一種面試者呢？通常是前者，因為在工作中，遇到不會的情況向別人請教，然後把問題解決，並非一件丟臉的事情。但是，如果一個人悶著頭做半天卻什麼都做不出來，反而會耽誤工作。在獲得提示之後，一些面試者可以解決這個問題。他們雖然不如那些能夠獨自解決任何問題的「超級明星」好，但至少不會被某個面試官「判死刑」。

而那些事先看過答案的人，就算能夠很快回答出來，我和我的同事通常還會準備三四個後續問題等著他們。例如，讓他們分析一下自己算法的複雜度；再例如，假設數據量大到一台服務器都儲存不下，需要一千台服務器時，怎樣解決這個問題。這裡面涉及的知識非常多，不是看考古題能夠解決的。最後能夠靠自己完美回答所有延伸問題的人其實很少，但是有經驗的面試者可以透過和面試官不斷地溝通，圓滿解決上述問題。

面試其實是實際工作的一次預演。一個人能夠在第一時間理解主管和同事的意圖，獨自圓滿地解決問題固然好，但更多時候，我們需要透過不斷和別人討論、交流，越來越深入去理解問題，找出越來越好的答案，這才是最有效的工作方式。能夠以這種態度工作的人，也是容易合作、具有團隊精神的人。面試的一個重要目的就是找到可以一起工作的人。

當然，面試者除了讓對方知道自己有基本的工作能力，能夠和大家一起合作之外，還應該展示自己的長才。

藉由溝通展示你的價值

申請研究所的學生或剛剛畢業的求職者常常在「求」對方錄取或錄用自己，這在無形之中就將自己放在了一個極為被動的位置上。實際上，正在招生的大學也好，應徵員工的單位也罷，都急於將空缺的位置填補上。找到再適合不過的人選時，歡喜的心情完全不輸你被看中的大學錄取或者獲得一個好的工作職缺。但是，所有人都喜歡買東西，而不喜歡被「賣」東西，我們與其「求」人，不如讓對方看到我們的價值，產生主動邀約的願望。不僅在求學或求職時如此，與人交往的任何時候，我們都需要具備這種主動精神。

我還是以面試為例，提一下主動精神為什麼重要。很多求職者會想：我為什麼要參加麻煩的面試？萬一發揮不好，多年的努力和積累不就表現不出來了嗎？用人單位根據我的成績單、簡歷、推薦信直接評估，不是更客觀嗎？對招聘單位來講，面試的成本要比考試或者看申請資料、推薦信高得多，卻仍願意付出高成本進行面試，不僅是為了求證書面資料是否屬實，更是為了獲取無法透過考試和簡歷的資訊，從而找到最合適的人選。若能了解這一點，你在求職時，便應該給予面試官足夠的尊重，同時也應該盡可能利用短暫的交流時間，讓面試官從心裡覺得你是最合適的人選。

在前五分鐘讓面試官對你產生興趣

這裡我要再次強調，面試的前五分鐘很重要。這五分鐘雖然很難讓面試官全面了解你，卻能讓他對你產生興趣，讓他願意了解你接下來表現的才華和長才。如果最初的五分鐘沒能使對方對你產生興趣，面試就已經失敗了一半。

那麼，怎樣才能讓面試官產生興趣呢？

首先，要做好功課。凡事預則立，不預則廢，其實在見到面試官之前面試就已經開始了。很多時候，應徵單位的人事會通知面試者誰是自己的面試官。如果你能透過管道先了解面試官，那是再好不過。這樣不僅可以了解他們可能會問哪方面的問題，還可以在面試中不經意地誇他們兩句，畢竟，絕大部分人都喜歡被恭維。

其次，見到面試官時要好好表現。在任何時候，謙虛、自信而落落大方的舉止都很重要，過度自信或者過度討好對方反而不會有什麼好結果。尤其是最初交流的十句話，講什麼，怎麼講，都要認真準備。這種準備當然不是簡單地想好十句該說的話，而是要想好不同情況的腹案。一些面試官剛開始會說一些讓面試者放鬆的話，例如，「到目前為止，感覺怎麼樣？」「今天來的時候塞車嗎？」「昨天飛機是否順利？」這些看似是廢話，但是好的面試者會事先準備好應答的話，利用它拉近和面試官的距離，並且藉由對話顯示出自己的真誠和對公司的興趣。例如你可以這樣回答，「今天的交通有點塞，好在我有留時間，還比原定的時間早到了五分鐘」；或者說，「飛機有些誤點，昨天到這裡的時候已經是深夜了，不過能到貴公司面試很興奮」。而沒有準備的人只會隨便應付兩句。要知道，很多時候，溝通本身比答案更重要。

面試溝通中的禁忌

大部分面試官會讓面試者介紹一下自己。很多人可能因為既興奮又緊張，往往會囉哩囉唆說一堆不切實際的話。這些話就算沒給人留下壞印象，也會浪費留下好印象的機會。還有一種糟糕的介紹就是背誦簡歷。簡歷上的文字，面試官可以自己看，再背誦一遍完全是浪費時間。好的面試者會介紹一兩處自己身上最能吸引對方的特點，而且是簡歷中沒有傳遞的訊息。這樣，面試官至少能從兩個角度了解面試者。

在自我介紹時，除了要避免囉唆和背簡歷之外，還切忌兩件事。

第一是吹牛。每個面試官都反感吹牛的行為，尤其是那些故意顯得比面試官還厲害的做法。面試者如果想誇獎自己，一定要用名詞，而不要用形容詞。也就是說只列舉自己做的事情，而不要往自己身上貼帶有褒獎意味的標籤。例如，我們可以說「我在過去兩年裡將公司的銷售額提高了三倍」，但不要說「我在銷售方面有天賦」。

第二是說一些對方聽不懂的話。很多專業人士做的事情集中在很狹隘的領域，面試官未必懂這個領域。如果面試者不能用很通俗的語言描述自己的工作內容，而是講了一堆大部分人並不了解的技術細節，那麼面試官不僅無法判斷面試者的程度，還會覺得他在故意炫耀。就算面試官沒有偏見，這樣的交流也常常會冷場。如果面試一開始的溝通很順暢，面試官顯然對你有好感，你要注意，此時不能得意忘形，尤其不要輕易做那些反客為主的事情。畢竟在面試中，面試官佔據主場優勢。例如，谷歌在面試時通常會問：「你覺得谷歌還有什麼可以改進的地方？」除非面試的職位是一個要管理新項目的副總裁，否則面試官在問這個問題時，並非真的想徵求面試者的意見，而是想看對方對公司有多了解。這時，即使面試者覺得自己有一堆好想法，也應該明白，那些想法公司可能已經考慮過了，出於某些原因才沒有採用。

要想挖掘出上述問題中的真正含意，面試者可以先說「你們的產品和服務已經很好了」——先肯定對方永遠會獲得加分。接下來，可以說一些鋪陳的話，例如，「我要說的不知道是否有用，或許很多想法你們已經考慮過了，不過我還是講出來」，再說出自己的想法。無論這些想法是否有用，面試官都不會反感。因為，如果講得沒用，面試官會想，本來他在這方面的經驗就沒有我們多，能想到這些也算是有用腦；如果講得有用，面試官會更高興。

反之，面試者一上來就指出現有產品的不足，無論說得對或錯，常常都要失分。如果回答得不實際，面試官會認為這個人考慮得很膚淺；如果回答的想法不錯，面試官還是有可能這樣想：誰知道這辦法實不實用。

面試者除了要在面試過程中展現自己能夠勝任工作，還需要展現自己的長才。客觀來說，現在大部分求職者的條件都足以勝任他們應聘的職位。但一個求職者即使能答對所有問題，也未必能得到相應的工作，因為同樣合格的求職者還有很多。很多人面試了好幾個單位，覺得自己符合對方的要求，而且面試的表現也不錯，但對方就是沒有給自己回應。這當然有運氣的因素，但是被動懇求對方錄用的心態常常是失敗的原因。好的求職者會讓用人單位覺得他可以給單位帶來價值，有助於單位的發展，同時讓周圍的人感到愉悅。

展現你對公司的價值

那麼，什麼樣的人對一個單位有重大價值呢？這個問題回答起來很複雜，但有兩個關鍵詞是必須具備：互補性和未來價值。

你可以想像這樣一個場景：一支足球隊已經有很好的前鋒和中場，再請一兩個鋒線上的隊員作用並不大，反而更需要好的後衛和守門員。職場也是如此。很多人給多家公司投履歷時，根本不管對方是做什麼的、需要什麼樣的人，都用同一份簡歷；到了不同的公司又說一樣的話，這就很難讓對方感覺到你就是他們缺少的人。這就叫沒有互補性，我們要避免這種做法。

不過光有互補性還不夠，還要讓單位看到，你未來的價值顯然要高出過去的價值。這是因為，單位關心的是員工今後幾年能做什麼事情、有什麼發展，而不是他們過去完成了什麼事情。在谷歌和臉書出現過很多次這樣的怪現象，一些大學教授的很多學生被這兩家企業錄用了，但是當教授本人到這兩家企業找工作時卻被拒絕了。其中的重要原因是，谷歌和臉書更看重一個人未來可以帶來的價值。當然，面試的時候不能直接和面試官講「我對你們有價值，聘用我吧」，而是要委婉地表達出這種自信。首先，求職者要避免將自己打造成十全十美的人。我們都清楚，世界上很難有這樣的人。如果一個人過分掩蓋自己的短處，反而會讓自身的一技之長顯現不出來。而且，除了招聘高階主管，企業更看重求職者的一技之長，而不是眾多的平庸技能。其次，更重要的是，面試者要讓用人單位相信自己是一個能夠快速學習的人。畢竟在今天的世界裡，變化是常態，很少有人能固守一個技能吃一輩子。

我們每個人都應該有一種自信，就是「天生我材必有用」。當我們展現出自己的價值和長才之後，上天定不會負我們。

如果我們面試表現得好，獲得企業的接受，接下來的問題就是薪酬談判。

對於薪酬，每個人都覺得越多越好。這固然沒錯，但有三件事每個求職者都應該清楚。

第一，對於剛剛走出學校的人來講，大部分大公司給出的薪酬都差不多。有一些小公司為了搶人會多給一點，但是為了高不了多少的薪酬找一個自己並不滿意的單位並不值得。第一份工作的錢多一點、少一點沒什麼關係，公司好才是最重要的。

第二，對於有經驗的求職者來說，要把重點放在職級談判上，而不是薪酬談判上。大部分公司裡，同一個職級薪酬浮動的範圍很有限，就算是善於談判，能夠討價還價的餘地也不大。例如，某公司五級人員的年薪是九萬～十二萬元，六級人員是十一萬～十五萬元。如果被定為五級，十二萬元就是上限，之後除非被提升職級，否則薪水會與同職級的同事相對應，向所在職級的平均數靠近。但是，如果一開始能在職級上高一級，例如被定為六級，再差也有十一萬元。接下來，只要表現不差，就會被對應到那個職級的平均數——十三萬元上面。

第三，用市場的價格而不是應徵單位訂定的價格作為談判依據。很多公司的人事會這樣說：「在我們公司裡，你這樣工作經驗的人年薪在九萬～十二萬元。我們給你十一點五萬元，已經很高了。」對此，你應該說：「根據現在市場的行情，我這種經驗的人可以拿到十四萬～十五萬元，因此，我要十四萬元很合理。」通常，當一個公司已經決定錄用一個人時，被錄用的人就由被動方轉為主動方了。只要提出的條件合理，求才者一般不會拒絕。

最後，面試和求職的過程歸納為，面試的重點是有效溝通，並且藉由溝通展現自己的價值，而不是簡單回答問題而已。在這個過程中，一開始就要給面試官留下好印象，而這要提前做好準備。在面試過程中，要搞清楚面試官問題的含意以及提出問題的原因，同時展現自己的長才和能力，切忌喧賓奪主。當我們有幸得到工作後，薪酬談判的重點要放在提高職級，而非更高的基本薪資上。

三種好公司和三種職場聰明人

雖然托爾斯泰寫過「幸福的家庭都是相似的」，好的公司卻未必相似。總而言之，好公司可以分成三種：對員工好，對顧客好，以及對投資人好。

二〇一八年，美國聯合航空公司（以下簡稱「美聯航」）爆出一則大新聞。因為超售機票，還要安排三位內部員工乘機，導致機位不夠，美聯航便將一位越南裔乘客拖下飛機。這位乘客找律師訴諸法律手段，美聯航也在巨大的輿論壓力下以和解的方式解決了這件事。我的律師朋友猜測，和解金額應該在幾百萬到幾千萬美元之間。

當時，很多媒體對此進行了追蹤報導。媒體和社交網路上比較流行的觀點有以下三種。

第一種，「早知這樣，把我拖下飛機好了」。但事實上，就算真把有這種觀點的人拖下飛機，他們可能馬上就接受那八百美元折價券作補償了。大部分人只是嘴上硬，真遇到事情就不行了，這種評論不看也罷。

第二種，狂罵美聯航以及美國的航空公司，大聲指責它們超售機票。其實，超售機票是世界航空業的行內規則，否則絕大部分航空公司都會虧損。這一點我也不做評論。

第三種，指責美聯航為了照顧內部員工利益而損害顧客利益，因此認為美聯航不是一家好公司。

美聯航照顧員工利益沒錯，因為經過幾次破產重組，工會成了美聯航的大股東，員工的利益自然被放在前面。但問題是，把員工利益而不是乘客利益放在第一位的就不是好公司嗎？恐怕也不是這樣。

任何公司都需要兼顧三方面的利益——員工利益、消費者利益和投資人利益。但是，這三者常常無法兼得，就如同不可能既讓馬兒跑得快，又讓馬兒不吃草，還要馬兒不變瘦。如果一個行業發展得很快，蛋糕變得很大，又很容易分，那麼三者的利益看似都能兼顧到。但任何市場都有飽和的一天，那時候，這三者的利益近乎一種競合遊戲，無法再兼顧彼此。例如，IBM在小沃森時期（二十世紀五〇～七〇年代）對員工很好，對投資人和顧客也很好。但是進入二十世紀八〇年代，公司發展停滯，就顧不上員工的利益了，福利越來越差。甚至為了降低成本，IBM將大量在美國的工作轉移到印度。在郭士納接手IBM後的二十年裡，IBM的營業額沒有增長，利潤倒是漲了很多，這就是節省人員成本的結果。這樣一來，投資人很高興，但是員工和顧客不再滿意。航空業的情況比IBM還慘，要兼顧各方利益更是不可能。最終，所有公司必須在員工、消費者和投資人之間做一個選擇。不論選擇哪一方的利益優先，都有好公司和壞公司之分。

我們熟知的星巴克就是優先維護員工利益的好公司，而這樣的選擇和老闆舒爾茨小時候的經歷有關。舒爾茨的父親在一家企業工作時，曾經因為腳受傷無法上班。那家企業對員工很糟糕，舒爾茨的父親不僅沒有收入，還得不到救治。舒爾茨從此下定決心，如果自己將來開公司，一定要優先保證員工利益。他後來確實是這麼做的，星巴克的臨時工都有醫療保險。舒爾茨時常來中國，每次和員工開會都只是講講心靈雞湯的故事，鼓勵一下大家，從來不批評下屬。

但是對於顧客，星巴克可不算好。舒爾茨公開說不歡迎川普的支持者來喝咖啡，這和我們通常抱有的做生意要善待每一位顧客的觀念格格不入。當然，那些投川普票的人也不甘示弱，吵著要天天帶咖啡去星巴克拿免費的糖和奶精。這樣看來，星巴克和顧客的關係可比美聯航糟多了，但這點並不妨礙星巴克成為一家好公司。

像星巴克這樣以員工為優先的公司還有谷歌、騰訊、基因泰克等。谷歌已經很多年被評為美國最佳企業，而之前獲得這個榮譽的常常是基因泰克。不過，由於員工福利太好，谷歌的股票表現遠沒有同等級的 IT（資訊科技）大企業好。選擇顧客優先的好公司也有不少，例如亞馬遜、阿里巴巴、美國運通等。我在谷歌的一個同事來自亞馬遜，現在是谷歌搜索部門的副總裁，當初我是他的面試官。等他到谷歌上班後，我問他對亞馬遜的印象，他只說了一個字：frugal（節省）。我還有很多朋友在亞馬遜工作，都說公司的福利比較差，特別是醫療保險。但是看在股票瘋漲的份上，他們也就不介意福利了。

不過，亞馬遜對顧客——無論是商業夥伴還是個人——態度一直很好，做的很多事就是為了方便顧客。至於美國運通對顧客，特別是對那些高收入的顧客，簡直好的不得了。

還有一種公司，對投資人很好。這種公司很多，巴菲特投資的那些公司大多如此，例如 IT 產業的 IBM、英特爾和蘋果等，總是不斷分配股息、回購股票。對巴菲特來講，這些就是「現金乳牛」。

不過，對員工、顧客和投資人都不好的公司也不少。例如國內曾經有一家半導體公司，上市前玩把戲，把員工期權的行權價格（員工購買股票的成本）由人民幣換成美元（例如，由十元人民幣變成了十美元），結果大部分員工辛苦多年卻一點好處都沒得。同時，公司對投資人和顧客也不好。投資人經常抱怨找不到執行長，而顧客則對沒有品質保證的產品很頭疼。類似的還有不少網路公司，不僅拖欠員工薪資，讓所有投資人的錢泡湯，還不遵守顧客的服務合約。當然，這些企業難以持久，不在我們的討論範圍之內。

我想強調的是，全世界的公司雖然很多，但是能在一方面做得很好，另外兩方面做得不太差，就很不錯了。試圖同時討好三方就如同水中撈月、緣木求魚，最後反而成了哪方利益都照顧不好的壞榜樣。

不僅公司如此，做人也是如此。在職場上，我們很難對所有人都很好。不過，有三個群體值得我們特別注意：主管，下屬和周圍同事，以及公司。雖然很多人想同時讓三者都滿意，但實際上做不到。

因此，在職場上，比較簡單而有效的生存之道是根據我們的特長保住一頭。要不對主管負責，要不對周圍同事和下屬負責，要不對公司負責。當然，這並不意味著要去損害其他兩方的利益。

對公司負責的人，只要做得好，主管即使不喜歡這個人也會認了，因為公司缺不了他。如果主管夠聰明，會把這種人看成自己的資源。

對主管負責就不用說了，只要主管不下台，這種人就有人罩著；不過，主管下台了，這種人就不保了。這時候，他們最好識趣地主動換一個地方，因為他們過去難免得罪過不少人。

對周圍同事和下屬負責的人看上去最容易受欺負，但他們常常用同事和下屬鎖定自己在公司裡的安全地位。當這種人和主管有衝突時，公司甚至會保護他，趕走主管。因為這個人一走，可能會帶走一大票人，而那個主管則可能是一個已經被架空的人了。每個人都有自己的特長，看到自己的特長，發揮自己的特長，才是在職場上立於不敗之地的不二法則。如果想腳踩三條船，最後只能掉到水裡。

溝通的頻寬

溝通是人和人之間通訊，自然要遵循通訊的基本原理；同時，溝通的效果會受到這些原理的制約。在通訊理論中，薛農 (Shannon) 第二定理的地位就如同牛頓運動定律、熱力學第一定律和第二定律之於物理學，質量守恆定律之於化學。因此，利用薛農第二定理就能判斷一種溝通方式是否有效，進而從根本上找到有效的溝通途徑。

我想用一個具體的例子來說明薛農第二定理的中心思想。

張老師在某中學一直教A段班，他講課的速度很快，一學期下來，同學們學到了很多新知識，成績也有所進步，所以都對他很滿意。而李老師一直教B段班，他講課時為了讓同學們都能聽懂，常常換兩三種方式把一個專題講好幾遍。一學期過去，他雖然沒講多少內容，但學生們至少聽懂了他教授的內容，也在進步。其實，他們倆都是好老師。但B段班的家長很快就提出了抗議，嫌自己孩子學得慢，要求學校換張老師教自己的孩子。結果，張老師習慣了給A段班上課的方式，講課的速度太快，B段班的學生根本跟不上他的節奏，最後什麼都沒學到。

從這個例子我們可以發現一個現象：不同人之間，訊息傳遞的有效性是不同的。張老師發出訊息的節奏和A段班學生接收訊息的能力相匹配，雙方溝通起來就很容易。他能在一學期教授更多的內容，他的學生也接受了那些內容。但是，B段班學生在接收訊息時跟不上張老師發送訊息的速度，結果那些學生完全得不到訊息。相反，李老師的教學方法就比較適合B段班的學生，他將訊息的傳輸速度降得很低，低到學生們可以接受。這其實就是薛農第二定理在訊息溝通中的表現。

當然，薛農對上述規律的描述非常嚴謹，他先定義了一個被稱為「通道容量」的概念，然後把這個概念的適用範圍推廣到所有通訊中。這個概念簡單地說，就是任何通道都存在一個固有的通道容量，訊息傳輸的速度不可能超過信道自身的容量。

其實，用我們更熟悉的說法解釋通道容量，就是頻寬。例如，早期電話線上網的頻寬是56K，這個頻寬最多只夠查看郵件，瀏覽網頁都成問題；後來通過ADSL上網的頻寬是2M～3M，這個頻寬雖然能瀏覽網頁，但是看不了視訊；現在家庭使用寬頻網路的頻寬往往是10M～20M，基本能滿足上網的所有需求。對應到上面的例子就是，張老師給學生上課，就和學生之間形成了一個天然的通道容量。而這個通道容量對B段班來說是小頻寬，A段班則是大頻寬，張老師不能按A段班的頻寬速度給B段班傳授知識——因為超出了通道的容量。

如果我們在和別人溝通時，只想著提高訊息交流的速度，追求在盡可能短的時間內傳遞更多的訊息，會發生什麼結果呢?薛農指出，一旦訊息傳遞的速度太快，超過通道容量的頻寬，就會出錯。而且，出錯的機率可不是1%、2%，也不是10%、20%，而是100%。這就是張老師用A段班的節奏給B段班同學講課，B段班學生什麼都學不到的原因。在這個時候，唯一有效的做法就是像李老師那樣，放慢講課內容的速度。

我們經常看到有人試圖在很短的時間裡報告很多事情，最後一件事都說不清楚。我在學術會議上就經常見到這樣的報告者，他們準備了太多內容，試圖以加快話速的方式在十二至十五分鐘內全部講完。最後與會者聽得索然無味，學術交流的目的完全沒有達到。美國大學的研究生教育中有一項不可缺少的培訓，就是培養博士生進行學術交流的能力。其核心思想就是讓博士生做學術報告，而且一次只講清楚一件事。法學院、商學院在培養律師和MBA（工商管理碩士）學員時也有類似的訓練。

那麼，通道容量的頻寬由什麼決定呢?薛農指出，頻寬等同於訊息傳遞者和訊息接收者之間的「互訊息」。簡單說，雙方對所談論的事情在理解上的一致性越高，互訊息就越大，頻寬也就越寬。繼續以上面的故事為例，A段班的學生有較好的基礎，張老師提到一個概念，學生們就能想到那個概念的內容，這樣他們談論課程內容時就有了共同的基礎，頻寬就寬，課程就可以順順利利講下去。相反，B段學生對概念的理解和張老師有差距，張老師以為他們能夠理解的概念，他們其實完全不懂或者來不及接受，因此，雙方交流的頻寬就窄。如果張老師按照李老師的方法，盡可能降低訊息傳遞的速度，慢慢講，學生多少還是有些收穫的；但是如果按照給A段班學生講課的速度進行，學生們在理解時的出錯率就是100%。

理解了訊息傳遞的這些基本定律，我們很容易理解，生活和工作中的很多無效或者低效溝通是哪裡出了問題，進而可以了解人與人之間產生矛盾的原因。

我們常常說「代溝」這個詞，其實反映出兩代人或者幾代人之間溝通的困難。實際上，長輩和晚輩之間，老師和學生之間，上級和下級之間，或多或少都存在類似的隔閡。其根本原因是各自所處的環境不同，造成雙方缺乏對世界認知的互訊息，以致溝通的管道非常窄。長輩、老師或者上級常常習慣於把自己的所有想法一股腦地倒給晚輩、學生或下級，但後者往往接受不了，導致最後雙方溝通的效果為零。對待這一類溝通，耐心非常重要，也就是讓傳遞訊息的速度降到彼此通訊頻寬的範圍之內。

兩個認知和背景不同的人在交流時，由於互訊息很低，溝通的頻寬也很窄。我在《態度》一書中講過這樣一個觀點：做男女朋友，兩情相悅就好；但是真要走入婚姻，最好雙方「三觀」一致。從訊息論的角度看，所謂「三觀」一致，就是兩個人對世界的看法一致，互訊息很高，這樣兩個人溝通的頻寬就寬。丈夫說一件事，妻子馬上就理解了，反之亦然，兩個人溝通就順暢；否則，兩個人對同一件事的看法完全不同，互訊息接近零，討論起事情永遠不在一個頻道上，等到戀愛的那股興奮感過去後，兩個人相處起來總會因為溝通障礙而矛盾不斷。

透過訊息理論，我們能找到矛盾產生的原因，那麼，我們能透過理論找到提高溝通效率的方式嗎？當然能，方法主要兩個：一個是想辦法拓寬頻寬，另一個是有意識地降低訊息傳遞的速度。

在職場裡，同鄉、校友常常容易走得近，並非只是任人唯親，而是有一定科學道理的——他們互訊息多，溝通起來比較容易。但是我們都知道，一個大單位其實是一個陌生人社會，同事之間並不存在同鄉、校友那樣相似的認知基礎，要想拓寬頻寬，就要刻意創造出一些大家願意接受的共識。我在《見識》中提到錢鍾書先生在《圍城》中講的一個觀點——借書有利於男女之間的交往。書在其中就扮演了增加通訊頻寬的工具。

常常有一些父母向我抱怨，自己難以和孩子溝通，我給他們的建議就是和孩子一同讀書。當然，在一個組織內，比書更有效的拓寬溝通頻寬的媒介是文化——企業的文化、企業的使命，以及所有人對企業未來發展方向的認同。有了高層次上的認同，大家在具體問題上的溝通才會順暢。

就每次具體的溝通來說，最有效的拓寬頻寬的方式就是看著聽眾說話。我每次做報告之前，都要先和主辦方了解清楚聽眾是誰。面對不同人，就算同樣的內容我也會用不一樣的方法講，這樣傳遞訊息的效果才好。在一些特殊的場合，我還會在開場時做一些鋪陳，設法拉近和聽眾的距離，這也是為了拓寬我和他們之間通信的頻寬。很多人在與人溝通時比較懶，無論對方是誰，都採用同一種方式、同一種語言，還經常標榜自己率真，對他人一視同仁。但是這樣會讓別人感覺不受尊重，甚至讓人感到難堪。更重要的是，由於他們和聽眾之間互訊息很低、頻寬很窄，訊息其實根本傳遞不過去。善於交流的人都會看人說話，這並非耍滑頭，而是為了增加彼此的互訊息，拓寬交流通道的頻寬。

當然，通道不可能無限制拓寬，就如同一根電話線，採用ADSL技術擴頻上百倍就到極限。生活中能夠拓寬的頻寬其實遠比這個有限，而要保證有效溝通，最可靠的辦法是降低訊息傳遞的速度。

我在二〇一八年出版了《態度》一書，裡面的內容是我給孩子寫的家書。出版之後很多讀者問我，在電信如此發達的時代，為什麼還要給孩子寫信（其實是郵件），而不打電話呢？我告訴他們，無論電信多麼發達，人接收訊息的頻寬始終很窄。讀信件是一個慢過程，在這個過程中，孩子才能夠理解我要表達的意思和想法。否則，一下子把大量的訊息推送過去，她們通常會忽略大部分內容，甚至會理解不了。畢竟，交流的目的不在於傳遞多少訊息出去，而在於對方接收到多少訊息。

不僅傳遞訊息時要控制好速度，接收訊息時也是如此。現在很多人用兩倍話速，甚至三、四倍話速聽在線課程，並美其名曰「講求效率」。事實上，人用耳朵理解訊息的速度遠遠比不上用眼睛理解文字的速度，這種超出頻寬接收訊息的做法其實是欲速不達，甚至有害。

溝通是一門藝術，但也要符合基本的科學原理，就如同繪畫是一門藝術，但在描繪光影時也要符合光學原理一樣。

有效溝通的原則和戰術

前文講的溝通原則大多是在「道」的層面，接下來我想談一些戰術層面的原則。

現在，訊息傳播方法非常多，尤其網路，被眾人認為是最有效的影響他人的訊息傳播手段。這個看法是否符合真實情況呢？從訊息傳播的效果來看，這個觀點沒錯；但從訊息對人的影響來看，網路上數量佔壓倒性的大眾意見對我們的影響遠沒有想像中那麼大。如果我們對某件事的看法和大眾一致，我們會覺得自己了不起，人們都認同我們的看法；相反，如果我們的看法和大眾相左，我們會覺得自己有先見之明，大眾缺乏智慧。總之，人們的思想雖然會受到他人的影響，但是事實上，一個權威人士改變我們想法更勝過成千上萬的「鄉民」。

谷歌一直在研究，哪些客觀因素能夠決定網頁的影響力和重要性，並且發明了PageRank（網頁排名）算法。這個算法是根據網頁的超連結投票數來決定這個網頁的重要性。但是谷歌在更換了幾次算法後發現，真正有決定性意見的都來自權威網站，而非大眾網站。也就是說，少數權威人士的意見——無論正確與否——遠比一個默默無聞者所代表的正確意見更能廣泛傳播，也更能影響他人。因此，在一個組織中，讓別人感覺到意見的權威性，遠比這個意見本身更重要，也更能讓提出意見的人逐漸樹立起權威。

意見的權威性來自哪裡？主要來自客觀和主觀兩方面。客觀方面很容易理解，如果我們能夠提供可信度高，又與他人不同的意見，這樣最能夠打動人。但遺憾的是，除了科學性觀點，大部分意見都很難被客觀地衡量好壞。因此，對權威性的主觀感覺就佔了上風。

如果我們自己不是權威，怎麼才能讓別人感覺我們的意見具有權威性呢？很多人會引經據典，但那些經典所說的事情和我們想要表達的內容未必直接相關。例如，有人希望公司的決策能夠民主一些，就引用法國啟蒙思想家的說法。但那些賢者所說的是公權力，和公司管理沒有什麼關係，這種引用的說服力就很有限。事實上，大部分人能夠做的，就是用一種讓人覺得最可靠的傳播管道將訊息傳遞給對方。當然，如果你能找到一個支持你的權威，讓他配合你的行動，效果會更好。

最可靠的傳播管道是甚麼？答案可能出乎很多人的意料，不是任何出於新技術的溝通管道，而是最傳統的面對面的口頭交流。獲得諾貝爾經濟學獎，以研究行為心理學見長的羅伯特．J. 希勒（Robert J. Shiller）發現了如下一個事實：94% 的人購買股票的決定，根本不是根據報紙或電視上的新聞，而是親朋好友的推薦。在進行了更多的研究後，羅伯特得出這樣的結論：面對面的口頭訊息傳遞對決策的影響力最大。

要了解口頭傳播的威力，我們不妨看一個美國股市的案例。

一九九五年五月，IBM 公司在併購蓮花公司（Lotus）之前，發生了內部消息洩露事件，使得很多人非法獲利。

當然，美國證券交易委員會很快就發現此事，並開始調查。剛開始，證券交易委員會懷疑有知道內情的高層在廣泛傳播訊息。但調查最後發現，洩密者是一個跟這個決定幾乎毫無關係的秘書。當時，這位秘書被要求複印一份文件，她發現裡面提到了IBM要併購蓮花公司的事情。在當時，這件事可是機密，IBM在一個月後才正式公布此事。

但這位秘書回家後，把這件事親口告訴了自己的丈夫，而後者又親口告訴了兩個朋友。一個朋友一得到消息，就馬上去買股票了；另一個朋友則馬上告訴了其他人。就這樣，各行各業的人開始購買蓮花公司的股票，包括廚師、工程師、銀行經理、牛奶批發商、教師、醫生、律師，當然也有股票經紀人。他們得到消息的方式都是口耳相傳，而且在得到消息後，都選擇相信。

如果那位秘書在推特中公開自己的身份，並且向全世界宣傳自己看到的消息，人們是否會相信她呢？肯定有人相信，但更多人會懷疑，而不像口耳相傳那樣，幾乎所有得到消息的人都相信。可能有的人覺得，上面案例中涉及的人太少，不能說明問題。

那麼，一九八七年十月的「黑色星期一」——美國股市崩盤——則確實是因為大量交易員口耳相傳資訊的結果。那一天美國股市下跌了23%，相對跌幅是歷史上最高的。幾乎所有投資人都在報紙等媒體報導新聞之前就知道股市崩盤的消息，並且進行了操作。可能有人在想，口耳相傳為什麼能夠傳播得那麼快？因為平均一個投資人向七個人傳播了消息，而機構投資者則向二十個人講了這件事。可以想像，這裡實實在在上演了一場一傳十、十傳百，最後讓股市崩盤的大戲。

國內雖然沒有發生過這麼大規模的股市崩盤，但是我們能在新聞看到口頭傳遞訊息的威力。

事實上，傳銷之所以那麼猖獗，甚至在很多人被騙之後還能大行其道，就在於傳銷是面對面的口頭傳遞。當傳銷者面對面告訴他人某件商品有多好之後，人們會感覺聽到的消息具有權威性。相比之下，電視上那種鋪天蓋地的廣告效果要差得多。即便在廣告裡做宣傳的是一位公眾人物，人們也覺得他（她）是想要掏空人們的錢包。這就解釋了為什麼在二〇一六年的美國總統選舉中，天天在媒體上狂轟濫炸的希拉蕊敵不過在現場拉票的川普。或許是因為了解口頭傳播的威力，川普才對玩口語化的推特樂此不疲。

與高科技媒體傳播訊息相比，面對面口頭交流的方式已經演化了幾萬年，並植根於我們的基因中。直到今天，熟人之間的口頭傳播訊息，依然讓人感到訊息可信，具有說服力。因此，在職場裡最有效的訊息傳遞方式是面對面的對話，而不是發郵件、發微信，也不是寫邏輯嚴謹的報告，這是有效溝通的原則。基於這個原則，在那些非常重視溝通成效的跨國公司裡，員工通常會遵守下面六個細則。

第一，好消息要當面通知對方。如果做不到，至少要用電話通知對方。如果電話找不到人，那就給他留言或者發郵件，表示想約他當面聊個好消息，而不直接以郵件告訴對方好消息內容，更不能用微信這類讓人感覺無權威性的即時通訊工具。

我在谷歌有一位同事阿蘭・尤斯塔斯，過去是主管工程的高層。他到谷歌的時間沒有太久，在他之前已經有幾個同級別甚至級別更高的管理者。但尤斯塔斯只花了兩年就當上工程主管高層，這和他善於溝通有關。

尤斯塔斯到谷歌做的第一件事，就是給每一位工程師更新顯示器。那時谷歌還有一大半工程師使用CRT（一種使用陰極射線管的顯示器）的老式顯示器，這種顯示器既傷眼睛又佔地方。尤斯塔斯給公司算了一算，如果每位工程師都換上兩千美元的LCD顯示器（當時這種液晶顯示器很貴），雖然看上去花了不少錢，但是工程師做事的效率可以提升，還是划算的。最後，公司同意尤斯塔斯這麼做。把顯示器親自交給工程師時，尤斯塔斯以當面交談方式，讓工程師知道他是一個可以聽大家傾訴困難，並且願意幫助大家的人。

如果你是上級，要發給下屬獎金，一定要當面交到他們手裡——儘管錢是經過銀行轉帳的，千萬不要用郵件或者信件等方式傳遞這種訊息。如果下屬休假了，要等他們回來再親手交給他們。

如果你是下屬，想讓主管知道你做成很大的業績，寫郵件時只要告訴主管有好消息即可，然後約他當面匯報，不要在郵件中透露太多細節。在郵件中將細節告訴對方的壞處是，信件式的訊息傳遞效果沒有當面口述好，主管的印象也不深刻。更糟糕的是，你報喜的郵件可能被淹沒在他要處理的諸多公文中（包括微信），他甚至都沒有注意到。

對外通訊也是如此，無論是大學學務處錄取了一名博士生，還是公司錄用了一個人，都會以電話口述，而非簡單一封冰冷的郵件通知對方，更不能用微信這種不正規的通訊手段。同樣，接受對方的錄取通知時也要當面或者打電話方式，不要用郵件。即使用郵件在第一時間通知了對方，也要再打電話正式通知或者表示接受。

第二，對於壞消息，使用什麼通訊手段要視情況而定。如果我們對一件事情負有責任，需要解釋，就不能用郵件通知，例如解僱下屬。男女朋友分手，更不能在微信上扔一句話就完事，一定要當面做了斷。當然，如果不是很重要的事情，用郵件通知即可。

第三，主觀的事情要盡可能面對面溝通，客觀的事情則可以用郵件。凡是涉及很多主觀看法的事情，最好不要用郵件，更不要用微信溝通，因為主觀的事情需要透過交互對話才能說清楚，才能影響對方。更重要的是，由於看法是主觀的，最好不要給對方留底，以免將來被翻出來造成麻煩。很多人對主管有意見，洋洋灑灑寫了一大篇，即使他日後和這個主管關係處得不錯，但是萬一哪天主管無意中翻出這封郵件，也會有點不舒服。

比郵件更糟糕的是用微信提意見。討論主觀的事情時，寫郵件至少還會用腦，但發微信常常很隨意，沒有經過深思熟慮。這時候，原本不應該表露的情緒很容易就表露了出去，會引起不必要的誤會。而比在微信中輸入文字更糟糕的是發微信語音，因為這比打字還不用動腦。

凡是涉及說服別人的事情，都屬於主觀溝通，也適用於這個原則。

當然，並非所有溝通都需要當面進行。對於那些已經有了客觀定論的事情，即使已經面談過了，也需要用郵件。這樣做有兩個好處，一是省時間，二是客觀的事情不僅不怕存檔，反而需要存檔。例如主管承諾你，只要工作做得好，下半年就提拔你。你不妨將這次談話寫成一封郵件，當作備忘錄發送給主管。郵件中可以這麼寫：「感謝主管的肯定和栽培，尤其感謝您提到下半年如果我完成某項任務，就會提拔我。我會努力，請主管放心，我一定不會辜負您的希望……」這封郵件就算是「以此為證」。

我大部分在和客戶談完合作之後，都會以郵件讓對方確認我們談過的內容，以免對方賴帳。但是還沒有談定的事就不要發太多備忘錄，以免言語有不當之處，被對方抓住把柄。

第四，涉及法律問題的事情（例如專利），或者講競爭對手壞話的言論，一定不能有文字紀錄，以免將來到了法庭上成為不利的證據。當然，告同事狀、向主管訴說委屈這種事，就更不要留有文字紀錄了。

第五，公事和私事使用的郵箱不要混用。用公司郵箱談私事當然不好，因為單位掌握了你的隱私，特別是你的很多小私心。反之，用私人郵箱談公事一樣糟糕，這會給對方不專業的感覺。而且，企業信箱比個人信箱的安全性高很多。

第六，約人說話的時間也很有講究。如果下屬想約主管說話，不妨挑晚一點的時間，即使快下班也沒有關係，因為主管通常很晚走，他還會覺得你工作賣力。當然，也可以約一大早的時間。反過來，如果主管總是約下屬晚飯後談工作，則顯得刻薄寡恩。

在通訊方式非常發達的今天，面對面溝通依然是最有效的通訊方式，這是由人類的基因決定的。利用好這個特點，我們說服別人的可能性就比其他人要大一些。

腐食者的作用

看了這個標題，有的人可能會覺得奇怪：腐食者不是以死去或將死的動物為食的動物嗎？例如，禿鷹或者烏鴉。其實，我想說的腐食者是社會上或職場中的一類特殊人群，他們在社會上有自然界腐食者的作用。我們一方面需要他們，另一方面要防範他們。

我會用兩章篇幅來介紹社會上或者職場裡的這些腐食者，目的是為了提醒你不要成為被腐食者盯上的人。

為了更清楚地介紹這類人，我想先從自然界中的腐食者說起，牠們具有三大特徵。

首先，牠們的嗅覺特別靈敏。烏鴉能夠聞到將死之人發出的腐爛氣味，會飛過去「啞啞」地叫。所以，「烏鴉報喪」是有科學道理的，只是過去迷信的說法將因果關係搞反了。我問過學醫的朋友，他們告訴我，人衰老之後身上都不免有些難聞的氣味，這是生物特性。

其次，腐食者很少攻擊健康動物。禿鷹是非常厲害的猛禽，但是幾乎從不攻擊健康動物。

最後，腐食者的胃液酸性極大，不管吞下什麼動物的肉都能很快將其消化掉，這也是牠們不得病的原因。

自然界的腐食者如此，社會上的也差不多，二者之間是有一定相似性的。要了解社會上的腐食者，我們不妨先看一件幾年前發生在金融界的事。二〇一一年，以渾水研究公司（Muddy Waters Research）和香檬研究公司（Citron Research）為代表的一些美國對沖基金看準機會，大肆做空中國概念股。而這些中國公司毫無還手之力，做空者屢屢得手，成功率之高讓人瞠目結舌。這是為什麼呢？

在介紹這兩家公司的策略之前，我得先簡單介紹一下什麼是做空。這個概念中國投資者比較陌生，因為中國的資本市場不允許直接做空股票（購買看跌的期權不算直接做空）。中國股市的所有交易幾乎都是「做多」，就是投資者進場時有現金，如果他預計某支股票將來會上漲，就買入這股票，等到它真的上漲後再賣出去，其差價就是投資者賺到的利潤。

這其中有一個問題，若一支股票目前價格很高，投資者預測它將來會下跌，無法從中獲利，因為沒辦法賣這股票。因此，很多資本市場為了鼓勵投資者在股票下跌的過程中賺錢，允許沒有股票的人先向別人借股票（當然要抵押比股票價值更多的現金）。把借來的股票用一個較高的價格賣了以後，等股票跌到一定程度後再買進，還給借給他股票的人。這樣投資者就從股票下跌的過程中贏利，這就是做空。

做空股票本身是一件非常危險的事情，這一點我在《見識》一書裡談到巴菲特的智慧時講了其中的原因：做多一支股票的損失最多是全部本金，即100%；而做空一支股票，從理論上講，損失可以無窮大。

正是由於做空風險很大，做空者在做空一家公司時要非常謹慎。對於基礎好、投資者普遍看好的公司，即使股價再高，看上去再不合理，也不要做空。股市上的做空者，就如同自然界的腐食者一樣，專門攻擊那些有致命弱點的上市公司。

那些上市公司都存在這樣或那樣的嚴重問題，但仍有一個共同特點，就是長期缺乏財務透明度，甚至做假帳來虛構利潤。這樣做雖然能在短期內騙過投資者，但時間一長難免被人發現。

股市上的腐食者嗅覺特別靈敏，他們會在其他人還沒有發現某些上市公司的問題之前，率先發起攻擊，做空股票，從中獲得巨大利潤。例如幾年前渾水研究就成功做空一家在美國上市的中國公司——東方紙業（美股代號ONP），使得後者的股價暴跌90%。

渾水研究是如何發現這家公司有問題呢？他派人到東方紙業的門口盯哨，發現這家公司從早到晚根本沒有幾輛貨車進出。據渾水研究估算，東方紙業的收入誇大了二十七倍。另外，東方紙業還有許多財務問題，包括耗費上千萬美元收購一家價值只有幾十萬美元的小公司。於是渾水研究發出報告，同時做空東方紙業股票，使其股票價格在幾週內暴跌90%，之後再也沒有漲回來。

另一家靠做空中國概念股而出名的是香櫞研究公司，其正式員工只有一個人，就是創始人安德魯．萊福特。萊福特既沒有在華爾街上過班，也沒有學過金融學，但他像禿鷹一樣，似乎天生就有尋找股市上腐鼠的本領。

從二〇〇一年起，他專門尋找那些金玉其外、敗絮其中的公司（他將那些公司比作外表漂亮卻難以入口的香櫞）。二十年以前，他先是做空美國公司，少有敗績。但是美國上市公司做帳的虛假成分不大，因此做空的油水不大。二十年以後，他盯上了在美國上市的中國公司。幾年來，他唱衰或者放空了十幾家中國公司。這些公司或被摘牌，或股價暴跌。

渾水和香櫞的做法其實很簡單，總結下來就是「砍三刀」。第一刀，到處尋找那些有問題或者財務混亂在美國上市的中國公司，然後僱人收集證據。

第二刀，一方面撰寫唱衰這些公司的研究報告，另一方面做空這些公司的股票。當然，一旦賣空這些公司的股票，就需要在這些公司股票股價非常低的時候大量買進平倉。

這樣做原本有很大的風險，因為在大量買進股票平倉時，股價會上漲，最終會吃掉自己的利潤。因此，接下來必須做一件事，也就是砍第三刀，以保證沒有人願意進場買，讓股價一直低靡。

第三刀就是對這些上市公司發起集體訴訟。當上市公司的原有股東因為公司作假蒙受損失，或者上市公司沒有遵守美國證券交易委員會的章程辦事時，就會有律師主動找到這些虧錢的股東提起集體訴訟。在美國，這種集體訴訟的費用一般由律師事務所預支，如果訴訟成功，律師事務所能夠分得高額賠償。那些業務發展順暢、現金流強滾滾的公司，遇到這樣的訴訟並不會傷筋動骨，賠點錢就能和解。例如，高盛公司就長期被美國政府和各種企業罰款、提告，二〇〇〇年至今，光是應付美國各個政府部門的訴訟，高盛就支付了近一百億美元的和解罰款，但這絲毫沒有撼動它作為世界第一大投資銀行的地位。但是那些被渾水和香櫞盯上的公司，本來財務上就不穩健，投資者的信心又不強，被集體訴訟後就會雪上加霜，大多一蹶不振。

其實，第三刀不用渾水和香櫞揮下，市場上就有一批嗅覺靈敏的律師主動上門。他們專找這些因為財務不清不楚而導致股東利益受損的晦氣公司，他們也是腐食者一分子。

對於這些腐食者，我們一般不太喜歡，正如莊子所說，人（或許是所有的生物）都喜歡生而厭惡死。但是這個世界離不開腐食者，可以想像，如果沒有腐食者，自然界到處都是動物的屍體，那種景像也很可怕。

不僅在自然界，現實生活中如果沒有腐食者，也會充滿不健康的東西。還以股市為例，雖然渾水和香櫞這種空頭機構的最終目的是贏利，但做法在一定程度上對這類問題企業做到揭弊和威嚇的作用，對股市的健康發展利大於弊。因此，美國不僅允許直接做空股票，甚至允許「裸空」股票——做空股票的數量可以超過公司發行股票的總股數。被裸空的公司基本上只有一個結局——破產下市。

據《華爾街日報》的報導，美國股市在一九九六年有7322家上市公司，而到了二〇一七年底，只剩下3671家。這期間上市的依然很多，但下市的更多，而且下市的不僅有美國公司，還有中國、以色列等世界各國的公司。因此，公司下市並不代表美國經濟不好，正好代表了美國股市的健康。正因為如此，美國股市才能不斷創造新高。

相比之下，中國的股市儘管有監督機構嚴密監管，但缺乏足夠的透明度和誠信度仍然是目前中國上市企業存在的嚴重問題。各種公司龍蛇雜處，而且這個問題很難靠監管來解決，最後倒楣的是投資者。最好的解決方法就是允許那些做空機構存在，用自然法則解決問題。

雖然有人從主觀上認為，腐食者身上表現了人性之惡，但是從客觀上看，可以說是社會的需要維持了腐食者的存在。腐食者的存在讓機構和個體不得不變得更健康，這樣才能生存下去。當一個機構和個體行將就木的時候，將資源還給社會，有利於整個社會的發展，也會讓健康的機構和個體過得更好。因此，我們不必為腐食者的存在而擔心，因為他們的作用利大於弊。他們的存在是一種督促，能讓我們變得更好。

事實上，我們自己有時也在不知不覺中扮演著腐食者的角色。例如我們常說的「牆倒眾人推」，「眾人」通常不會自己去推那些堅固不倒的牆，而是會「落井下石」，這些「眾人」就是某種意義上的腐食者。

當然，站在另一個角度，我們要避免讓自己成為腐食者攻擊的對象，因為我們身邊可能遍佈各種腐食者。

如何避免被腐食者盯上

人數比較多的單位往往存在腐食者。一方面，腐食者對我們是一個威脅，被他們盯上可不是一件愉快的事情。每一次公司裁員，被腐食者盯上的人很容易成為犧牲品。另一方面，腐食者在幫助我們清理環境，給我們更大的發展空間。正如沒有腐食者就沒有自然界的進化一樣，如果一個單位裡沒有腐食現象，所有人無論能力高低、業績好壞、同事間相處得是否融洽，最後都不會被淘汰，那麼這個擠滿了不作為個體的單位自己就會死掉。

針對腐食者的這些特性，我們能做的就是避免成為腐食者攻擊的對象。

腐食者不會攻擊什麼樣的人呢？就如同禿鷹不會攻擊健康動物，做空者不會做空蒸蒸日上的股票一樣，腐食者不會主動攻擊那些根基穩固、風頭正盛的人。在單位裡，有的人即使暫時落魄，腐食者也知道他將來必定能東山再起。腐食者不僅依然對他比較客氣，甚至還會幫助他（如同在股市上抄底一樣）。反之，如果腐食者認定一個人永遠不會有大出息，在需要找一隻代罪羔羊的時候就會對此人出手，各種倒楣事就會落到這個人頭上。

那麼，什麼人最容易成為腐食者的犧牲品呢？我把他們歸納成五種人。不過，在介紹這五種人之前，我想先講一講公司裡各個階級管理者的心底話。這些話是他們平日內心所想卻又不好意思說的。只有了解了管理者的想法，才能好好理解為什麼這五種人的處境很危險。

首先，管理者的地位常常取決於團隊的規模。管理一百個人的管理者，在單位裡的重要性通常高於只管十個人的管理者。除非後者是一個極為特殊的精英團隊，例如傑夫・迪恩在谷歌的團隊，規模一直很小。

通常，管理者要往上爬，就要將自己做的事情表現得很重要，不斷擴張自己的團隊。我有一個在微軟做到副總裁層級的朋友，他在被提升之前跟我說，他要努力將自己的團隊從一百多人擴充到一千人，這樣他就可以當副總裁了。他是這麼說的，也是這麼做的。因此，除非萬不得已，在沒有上級命令的情況下，管理者一般也不會解僱自己的手下，即便那些人做得很差。也就是說，管理者通常不會扮演腐食者的角色。

這樣一看，公司中層幹部和公司在利益上是有衝突的，而公司和基層員工的矛盾反而較小。我在給一些公司把脈時，最常給出的建議就是辭掉一些中層幹部。

其次，現在在任何單位裡，業績幾乎只來自極少數人。也就是說，就算團隊裡的絕大部分人離開了，單位的業績也不會有絲毫影響。這意味著，絕大部分人都可能成為腐食者攻擊的目標。

看到這裡，不知道你有沒有這樣的疑問：為什麼大部分單位要養這麼多庸人呢？原因有很多，單位不同，原因也不盡相同。除了維護團隊規模之外，通常有以下三種原因。

第一，為了找到最有用、產出最高的少數能人（他們通常只佔團隊成員的 10%～20%），管理者不得不聘僱 100% 的人。因為「能」或「不能」很難從簡歷中看出來，甚至很難以簡短的面試就下定論，管理者要聘僱人進來，用一用才知道。

第二，高層的主管其實知道中層幹部的小心思，因此他們每年會要求中層幹部淘汰一些績效差的員工。而中層幹部不願意縮小團隊規模，便會在能擴張時盡量擴張，等到年終淘汰掉一些人後，團隊還是能保持足夠規模。

第三，對團隊貢獻最大的 10%～ 20%的能人是變動的。可能今年是這批人，明年就變成另外一批人。由於不知道明年哪朵雲會下雨，主管者只好都保留著。

講完了主管者心裡的這點小心機，我再細說最容易被腐食者盯上的五種員工。當然，這五種人並不包括那些情商太低、和所有同事關係都處不好的員工，因為那些人本身有缺陷，機構精簡人力時列入名單本來就在情理之中。下面列出的這五種人，他們本身沒有什麼過失，只是因為所處的位置、自身的能力和資歷讓他們位於被腐食盯住的危險位置。

第一種人是本來就在主管淘汰名單上的。不客氣地講，這些人存在的唯一價值就是被淘汰，以便管理者可以向上級交差。例如，一個單位要求末位淘汰 3%的員工，但這種事既不會有明文規定，也不會有文字紀錄，只會通過管理層之間的溝通傳遞，以免搞得人心惶惶。

因此，這些人就成為每次末位淘汰或者裁員的對象。處在這種位置上的人其實應該有自知之明，因為他們每次績效評估的排名都很後面。當然，排後面的原因未必是能力問題。總之，這些人一旦被列為淘汰的首選，最好趕快找下家，以免到時候措手不及。

第二種人是能力遠達不到單位要求，當初只是出於各種原因被照顧招聘進來。在美國，這類人通常是因為平權而被聘用；在中國，則常常是因為人情關係。這類人總以為自己很安全，但他們私下是被歧視的，因為其他人都知道他們是被照顧進來的。當然，主管為了不惹麻煩，不會親自碰這些人，但其他同事就不同了——他們為了自身安全，會將這些人趕走。於是，其他同事成了腐食者，而那些被照顧進來的人就是被腐食的對象。當大家都對這些人表示不滿時，主管就可以名正言順請他們走了。到那時，其他同事會覺得主管英明，甚至感激主管。

對於主管的這種做法，有些人可能會有疑問：主管把那些被照顧進來的人趕走了（或者勸走了），不得罪人嗎？事實上，任何一個主管都懂得他的團隊裡不能有太多被照顧進來的人，否則必定會影響單位的整體績效。因此，處在被照顧位置上的人，最忌諱的就是自以為是。除非後台特別硬，否則最好夾著尾巴做人。另外，這種人可以做一些力所能及的事情，但不要好高騖遠。如果做錯了一件，就會成為腐食者眼中的獵物。

特別要指出的是，如果一個人是某個資深人士（高管或者其他重要人物）帶進來的，而那個資深人士離開了這個單位或者部門，被帶進來的人最好識趣地跟著離開，否則一定會被各種腐食者盯上。

很多人覺得，資深人士人脈廣，過去的功勞大，應該是最安全的，其實不然。從腐食者的角度看，他們當中的人馬剛好是最脆弱的。

如果一個人能維持不斷晉升的勢力，那麼他的地位是安全的，因為晉升代表他對公司的功勞越來越大，當然沒有人敢惹他。但是當一個人的上升勢力已經停滯，且到一個職級上待了很長時間，他的價值就會越來越小。一方面，他的收入比新人高很多；另一方面，他的產出未必比別人高。這時候，新人要往上走、升職級，就要擠走在前面擋路的人。

因此，那些資深人士會成為腐食的對象。要想避免這一點，需要能力和職級同步提升。有些時候，職級提升得太快，能力跟不上，並非什麼好事。

另外，任何組織的業務都是往前發展的。很多時候，新的業務需要新的人來做，過去的資深人士在新形勢下可能會變成「雞肋」。因此，當組織的業務發生變化，而資深人士沒有新的專長時，最好為自己的前途考慮考慮。例如，早期網路企業都是入口網站，編輯出身的從業人員很多，而現在的網路公司對這些人的倚重程度遠沒有過去大，因此每次進行部門調整時，他們就難免成為犧牲品。

從一個單位的角度看，讓腐食者淘汰掉這類人是有好處。日本公司在過去的三十年裡死氣沉沉，就是因為不淘汰那些沒有太多價值的資深人士。同樣地，日本的股市也沒有做空者去淘汰那些殭屍公司。

第四種人是不能為主管帶來價值的人，或者說既不能幫主管，也不能幫同事的人。

我在前文提過，一個只需要十個人力的主管，可能會弄出一支百人的團隊。當然，任何主管都不會讓那九十個人閒著，他們會「創造」事情給下屬做。只不過，這些事情對單位來講可有可無。如果一個人被安排做這些可有可無的事情，在一個組織蒸蒸日上時，他的存在不會被挑戰；可一旦有點風吹草動，他就會成為腐食者的對象。

當然，主管安排下屬做的事情可以根據目的分為兩類：一類是今後能派上用場的事，很多研發工作就屬於這一種；另一類則是在組織內固樁腳的事，甚至僅僅是讓外面的人看到他在做事情。做前一類的人相對安全，因為他們是主管和團隊的未來希望所在。而從事後一類事情的人對主管、團隊和組織都是可有可無。員工一旦被安排做這種事情，自己心裡就要有數了。

第五種人是還沒有證明自己價值的新人，這既包括剛入職的員工，也包括剛剛從其他部門調過來的人。一個公司一旦大規模裁員，這兩種新人都是首當其衝被裁掉的，因為裁掉他們對單位業績的影響幾乎是零，對企業最安全。不過，當一個單位迅速發展時，這兩種人是安全的，因為新人常常好使喚。

因此，如果想換部門，最好在單位比較景氣的時候換，而不要選擇在風雨飄搖的時候。主管有必須裁員的壓力時，除非他已經考慮好了要淘汰的人，否則最不得罪人的做法就是讓新人離開。

了解了這五種容易被腐食者盯上的人，我們要做的就是讓自己健康，不要成為腐食者攻擊的對象。一個自身健康、各方面都被看好的員工，腐食者不會自討沒趣地招惹他。

如何識別和防範小人

職場上不僅有腐食者，還常常有小人。這兩類人看似都對我們有危害，但他們不是一類人。腐食者對一些個體的威脅是致命的，但對整個組織是有用的。小人則不同，他們不僅害人，還會把一個巨大的組織從根毀掉。因此，識別和防範小人是生活在陌生人社會中的每個人都必須具備的生活技能。

我想先講兩個關於小人的故事，帶你看看他們是什麼樣的人，有什麼特徵，為什麼危害那麼大。

春秋時期，伍子胥幫助弱小的吳國滅了楚國。後來，楚國雖然在秦國的幫助下復國了，但有一件事讓曾經和強大的晉國爭霸了上百年的楚國迅速衰落，而這件事最初的起因源於一個小人——費無忌。費無忌是楚國的一個大臣。當時的楚平王為了聯合秦國制約晉國，與秦國聯姻，讓楚國太子建娶秦國的公主孟嬴。費無忌則被楚平王派為使者，到秦國去迎接公主孟嬴，結果費無忌發現孟嬴美得驚為天人。如果他直接帶公主回去向楚平王和太子邀功，那麼這也是人之常情，畢竟辦成了一件大事；如果他帶著美人私奔，也算是一個情種。然而，這兩件事費無忌都沒有做。他竟然發揮小人獨有的創造力，告訴楚平王孟嬴絕世美麗、天下無雙，勸楚平王娶了她。楚平王好色是出了名的，聽到這種話當然會心動，但是身為國君，他不得不考慮國家利益和太子的感受。如果和儲君產生嫌隙，社稷就不穩了。對此，費無忌早有主意，他告訴楚平王可以把齊國公主嫁給太子。於是，楚平王就按照費無忌的主意娶了孟嬴。

費無忌為楚平王辦成了這樣的大事，自然成了楚平王最寵幸的人，好處也少不了。不過，如果只是為了自己的前程拍「主管」馬屁，費無忌還算不上太下賤，也不完全是個小人。我之所以認為他是小人，必然因為他做了常人不會做的事。費無忌深知自己的餿主意潛存一個大風險，那就是得罪太子，將來終有一天太子會成為新的國君，難道那時自己要逃亡不成？當然不是，他早想好了對策——遊說楚平王把太子廢掉。反正楚平王迎娶孟嬴做寵妃，將來寵妃會給他生孩子，只要立寵妃的兒子為儲君即可。

廢太子可不是件容易的事情，因為太子身邊有個權勢大和智慧高的老師——伍奢。然而，小人既然打算做壞事，就要做到底。費無忌決定連伍奢一起迫害，誣告太子建與伍奢密謀，以齊、晉為外援發動叛亂。楚平王信以為真，召見伍奢，伍奢勸楚平王不要親小人而疏骨肉。無奈楚平王執迷不悟，把伍奢關押起來，並派人殺死太子建。被派去殺太子的人知道太子無過，便將他放走，太子流亡到國外。

費無忌看起來剷除了後顧之憂，實際上惹了更大的麻煩。因為伍奢有兩個特別厲害的兒子在外帶兵，老大叫伍尚，老二叫伍員，後者就是大名鼎鼎的伍子胥。費無忌騙伍奢寫信把兩個兒子叫回來，說這樣就會放了伍奢，其真實目的當然是要把伍家一網打盡。伍奢對自己的孩子很了解，知道大兒子伍尚重孝道，會回來和自己共同赴死，但伍子胥不會。於是伍奢說，信可以寫，但肯定是「尚至，胥不至」，以後楚國要倒楣了。最終結果和伍奢預料的一樣，伍子胥帶兵攻破楚國國都，將楚平王鞭屍。

費無忌顯然不是腐食者，否則他根本不敢得罪太子，甚至伍家。而且，在楚平王看來，費無忌對自己非常好，但是楚平王看不到費無忌背後的目的——不惜損害整個楚國的利益來換取自己的小利。因此，費無忌是個徹頭徹尾的小人。

楚平王的愚蠢之處在於，身為國君卻判斷不清對方對自己好的目的，也看不到自己所作所為的後果，輕易就上了小人的當。當然費無忌沒落得什麼好下場，他因為導致吳楚之間不斷的戰爭，在楚平王死後一年被滅族。

很多人喜歡讀歷史，認為可以以史為鏡，讓自己不犯錯誤，事實上這件事很難做到。三百年後，類似的悲劇再次在楚國上演，這次直接促使楚國亡國。

這個故事的主人公是著名的戰國四公子中的春申君，他和齊國的孟嘗君、趙國的平原君、魏國的信陵君齊名。如今上海被稱為申城，就源自於他。春申君有膽有識，深得楚王的信任和恩寵，做了三十多年楚國的令尹（宰相），獲得賞賜無數。靠著楚王給的封地和錢財，他也學孟嘗君等人的做法養士三千。春申君死了一百多年後，司馬遷來到他的故居，依然覺得那裡奢華無比（司馬遷的原話是「宮室盛矣哉」），可以想像春申君家裡當時多麼繁華。春申君最後的結局如何呢？用四個字就可以概括——死於非命，而這都是由他身邊的一個小人引起的。

這個小人叫李園，是春申君的門客。他為了巴結主人，將自己非常漂亮的妹妹嫁給春申君為妾。李園的妹妹懷孕後，李園就勸春申君把她獻給楚王。因為當時的楚王（考烈王）無子嗣，如果將李園妹妹獻給楚王，等到孩子生下後，春申君將來就是太上皇（不知道李園怎麼知道妹妹懷的是男嬰，我們暫且相信《史記》上的說法）。

春申君在楚國早就是一人之下、萬人之上的人物，又深受王恩，本不該動這樣的非分之想。然而人總會利令智昏，春申君竟然答應了。就這樣，李園的妹妹進宮成了王后，並且很快生下一個男嬰，就是後來的楚幽王。

等到楚幽王真的成為新王，李園就成了國舅。他不僅不再需要春申君照顧，反而覬覦春申君的權力地位。春申君的門人朱英看出李園是個小人，建議春申君及早除掉他。但是春申君覺得李園對自己很好，就未加防範，結果很快被李園埋伏殺死，之後春申君全家被滅門。太史公司馬遷在評述春申君時說了一句千古名言：「當斷不斷，反受其亂。」

和費無忌一樣，李園一開始也讓「主公」覺得他對自己特別好，但是楚平王、春申君最終都因為這些看似友好的小人而倒了霉。因為小人做好事的目的是為了自己的私利，而且不惜以損害很多人的利益為代價。

小人不同於那些直接損害我們利益的「壞人」或「對手」，在於絕大部分的時候，以朋友的形式出現。在吃大虧之前，人們甚至會把小人當作摯友。諸葛亮說過「親賢臣，遠小人」，但很少有人能做到這一點，因為君子常常不太懂得服侍人，小人卻可以把人服侍得很舒服。也正是因為這一點，小人很難防範。

現在薪水階級家庭的子女，最怕家裡老人買一堆沒用（甚至可能有害）的保健品，而賣保健品給老人的人（常常是傳銷，或者所謂直銷人員）正好是老人覺得對自己特別好的人。近幾年，有些老人不僅因為上小人的當把錢賠了精光，甚至把自己的房子莫名其妙也賠了進去。可見，防範小人真不是一件容易的事情。

當然，並非對我們好的都是小人，心地善良、真心誠意的人還是佔大多數，我們可以把他們稱為善良的人。但是小人的危害實在太大，我們不得不防範。

怎樣分辨小人呢？我歸納三點體驗與大家分享。

第一，善良的人會從你的最大利益出發，對你好；小人因為懷著非常自私的目的，只會利用你的一個或幾個弱點，讓你得到局部的小利，但損害你長期的、根本的最大利益。

我還是以費無忌為例。楚平王的最大利益是什麼？是國家能夠長久維持下去。可費無忌幫他做的事情，無疑給楚國埋下了內亂的隱患。也就是說，費無忌讓楚平王納孟嬴為妃，看上去是替楚平王著想，實際是以損害楚平王的最大利益為代價。

同樣地，對春申君而言，他的地位、優渥的生活都來自楚王的信任和厚恩，因此，楚國的穩定是他未來最大的利益保障。如果搞出一個不明不白的儲君，楚國一旦動盪不安，他的利益就沒了保障。事實上，楚國後期由於政治腐敗動盪，在春申君死後不久就被秦國滅了。春申君即使沒有死於非命，可能也會見到亡國之狀。到那時，覆巢之下豈有完卵。因此，楚國強盛才是他的最大利益所在。

我們在生活中或多或少會遇到這樣一些人，他們送些小禮，給我們一點小恩小惠，然後讓我們做一些違反原則的事情。回過頭來，他們得到了應得的利益，而我們卻要為違反原則付出巨大的代價。很多被拉下水的官員，就是吃這種虧。這些小人在對我們好的時候，根本沒有考慮我們的最大利益，只想賺得他們自己的利益。

第二，看待一個人時，不要光看他對我們怎麼樣，還要看他對待周圍的人怎麼樣。回到費無忌這個例子上，他不僅在面對太子建和伍奢父子時暴露出小人的嘴臉，還在楚國做了另外一件令人不齒的事情。

當時楚國和吳國經常發生戰爭，有一次楚國左尹伯郤宛擊敗了吳國，費無忌因為妒忌他，找了個理由讓楚平王殺了伯郤宛全家。伯郤宛的兒子伯嚭僥倖逃脫，跑到了吳國。後來吳王闔閭伐楚，伯嚭也參與了對楚國的復仇。其實，楚平王看到費無忌做了一件傷天害理的事情，應該讓他接受一點教訓，可他竟然讓費無忌又做了一件類似的事情，可謂不智至極。

再講一則《史記》中的故事。

龐涓從鬼穀子那裡學到本事後，在魏國拜了將軍，寫信請同門的孫臏下山，和自己一同輔佐魏王。這時鬼穀子對孫臏說，龐涓來信，居然不問候老師，說明是個刻薄忘本的人，提醒孫臏小心。遺憾的是，孫臏只想到龐涓對自己的好處，沒有把老師的話記在心上，以致於後來差點命喪龐涓之手。

很多時候，人在有求於他人時，表現得往往比平時殷勤得多，而他們的真實意圖並不容易暴露。孟嘗君在擔任齊國相國時，有食客三千，一朝被罷相，除了馮，剩下的都鳥獸散。可見，忠心的人並不多。

一個人如果失勢，小人通常不會搭理；一個人如果得勢，那可要十分小心。這時候，不妨看看那些來巴結的人，平時是如何跟其他人相處。我經常聽到一些年輕人這樣對我介紹他（她）的某個朋友：「雖然他對別人不怎麼樣，對我可是忠心耿耿。」但是你要明白一點，這些人平時就對別人不好，等你沒有利用價值了，他們也不會對你好的。

第三，物以類聚，人以群分。看看一個人周圍都是些什麼人，就能從側面了解這個人。這一點我們都不陌生，在此不多敘述。

如果不能準確識別小人，有沒有方法防範他們呢？當然有。我這輩子遇到過不少小人，有時候還需要經過一段時間才能發現，但是極少吃小人的虧，原因可能有以下三點。

第一，戒貪。很多人吃小人的虧是因為自己貪婪，特別是因為貪小利而忘記自己的最大利益。馬化騰有一次告訴我，雖然中國電腦病毒特別多，但是如果一個人不貪，就不會染上，他的電腦就一次都沒有染上病毒。很多人因為貪盜版軟體、免費光碟、打折商品，才讓電腦中了病毒。如果不貪，什麼事情該怎麼做就怎麼做，病毒就拿電腦沒有辦法，小人也拿我們沒有辦法。

一位朋友給我講過這樣一件事。他曾經在中國一家非常大的網路公司擔任高階主管，當時下面的主管為了巴結他，但凡有出國旅行之類的好事都會很殷勤地邀請他一同去。但我的這位朋友非常有原則，沒有貪過一次這種便宜。後來因為公司內的政治鬥爭，一些人整理了他的不利資料，包括當年巴結他的一些下屬相關資訊。但是，由於他從不貪小便宜，不利資料都是有名無實，他最後不僅順利過關，還得到公司更進一步的信任。

第二，不要把過分親密的關係太當回事，尤其當別人有求於我們時。孟嘗君罷相之後，門客都跑光了；等他再出任相國後，那些人又跑回來了。孟嘗君怒道：這些人有何臉面再來見我。唯一一個一直守在孟嘗君身邊的馮驩說：「富貴多士，貧賤寡友，事之固然也。」意思是說，富貴時客人多，貧賤時朋友少，這是事物的必然道理。孟嘗君看透了人性的這個特點，於是待客如故。不過我覺得，孟嘗君雖然待客如故，但很可能只是表面如故，心裡還是有看法的。

而且，不僅中國人如此，全世界的人都是這樣。

莎士比亞在他的《雅典人泰門》中講了一個類似的故事。雅典貴族泰門富可敵國時，家裡每天高朋滿座，泰門對前來要錢的人一概來者不拒。可當他錢花光後，所有人避之唯恐不及。後來泰門在森林裡發現了黃金，出於對雅典人的憎恨，他把黃金分給了一位將軍，讓他把雅典人都殺死。莎士比亞評論道，如果泰門最初不是把人想得太好，後來也不會把人想得那麼壞。

如果我們知道人性的這個特點，和人交往時就多少會有點防範，即使吃虧也不至於吃大虧。

第三，很多事情要就事論事，對事不對人，建立應有的防火牆。人常常有這樣一種偏見，不喜歡某個人，就討厭所有和他相關的事情。但是，在絕大部分情況下，事和人是分開的。否則，我們看到別人的缺點，就無法和他共事，那我們可能什麼事情都做不成。

至於那些平時很親密的人際關係，在沒有遇到利益衝突之前，兩個人穿一條褲子都嫌肥，遇事毫無原則。等遇到利益衝突時，相互拆台，人性最醜惡的一面就會暴露出來。

我們在和別人合作時，目標非常明確，就是把事情做好。只要對方在這件事情上能夠信守承諾，把事情完成，我們也信守自己的承諾，合作就算是成功。至於對方是否有非常糟糕的缺點，只要不在合作的事情上對我們造成損失，就不必疾惡如仇。相反，也不要因為關係好，就凡事遷就對方。這樣我們就可以建立起一道防火牆，將來萬一出現意外，最多也只是一件壞事，不會遇到滅頂之災。

人性極為複雜。除了費無忌和李園這樣極端的小人，大部分人不能簡單地貼上君子或小人的標籤，這就如同我們找不到只有正面、沒有反面的紙一樣。不過，我們在工作和生活中防範小人，保護自己，還是很有必要的。根據我的體會，讓自己少受小人帶來損失的最好辦法還是「戒貪」這兩個字。

第五章　智者的見識

很多人問我：「你經常說，良師益友對人的成長進步非常重要。那麼，在你進步的過程中是否有一些人對你幫助很大，有一些事情對你特別有感觸呢？除此之外，歷史上有哪些人對你影響很大呢？」

我之所以成長進步得比較順利，確實是受益於身邊的智者。這些人既可以是現實生活中的人，包括我的老師、上級或者長輩，也包括我的同儕，甚至是我的下屬；也可以是我未曾謀面卻「神交」的古人。

對於智者，我總是對他們帶有敬意，對他們的行事方式、一言一語格外留心，力求將他們的智慧變成自己的智慧，並且在行動中一點點改掉我不良的思維方式和做事習慣。久而久之，我發現自己在見識和能力甚至運氣上，都提升了一個等級。

我們應該和什麼樣的人交朋友

一個人一輩子的幸福絕大程度取決於他（她）的婚姻。在步入婚姻殿堂之前，很多人糾結於是找喜歡自己的人還是自己喜歡的人。當然，這種矛盾只存在於喜歡自己的人和自己喜歡的人不是同一個人的情況下。把這種選擇推及各個層次的朋友上，問題就變成了我們應該和什麼樣的人交朋友。在這個問題上，巴菲特給了一種選擇的方法，下面我就先從他如何挑選股票說起。

巴菲特挑選股票的標準和絕大多數人不同。二〇一七年四月，他的投資旗艦巴郡公司在公布季報時，按照美國證券交易委員會的要求披露了所持的主要資產。在那個季度中，它增持了蘋果公司的股份，從六千一百萬股增加到一億三千三百萬股，翻了一倍還不只。

這個消息傳出去之後，蘋果公司的股票自然上漲；作為蘋果的股東，巴郡公司的股票也有小幅上漲，皆大歡喜。

當然，根據美國證券交易委員會的要求，巴郡公司需要提出增持蘋果公司股票的理由，以免有炒作的嫌疑。該公司給出的理由基本上是巴菲特的老生常談，大致就兩個：一是蘋果公司的業務有發展前景，二是蘋果公司是家好公司，因此值得長期持股。

很多人覺得巴菲特的話沒什麼內容，因為這兩個理由都是眾所皆知的，不然蘋果公司的股票市值不至於一度被炒到兆美元。然而，被巴菲特認定為好公司並不是一件容易的事，因為他對好公司的標準和別人不一樣。在更早的時候，巴菲特說過IBM和英特爾是好公司，但這兩家公司的投資回報並不好，在大多數投資人看來算不上好公司。那麼，到底是大多數投資人對還是巴菲特對，這其實要看我們認定好公司的標準是什麼。

華爾街從來不缺眼光好的投資人，例如另一位股神級的投資人比爾・米勒。他在雅虎、亞馬遜和谷歌這些公司剛上市時就重倉持有它們的股票，賺得口袋飽滿。但是巴菲特從來不投資這樣的成長型股票，他甚至在二〇〇八年金融危機之前碰都不碰科技股；雖然後來開始買科技股了，但他買的基本上都是那些看上去「過了氣」的公司，例如IBM和英特爾。當然，IBM和英特爾都是「現金乳牛」，每年有很高的分紅，這讓巴菲特能從這些公司的股票持有中賺取現金，然後投資其他「現金乳牛」。不過，稍有投資經驗的人就會算出，如果巴菲特在二〇〇七年蘋果公司剛推出iPhone時就投資，到二〇一七年底獲得的收益（十倍）要遠遠高於同期巴郡的其他投資回報（一點六倍）。因此，即使今天蘋果成了「現金乳牛」，未來從股息和回購股票給投資人帶來的收益，都不可能抵上過去十年蘋果股價上漲帶來的收益。於是很多人感嘆，巴菲特看不懂科技公司，放著十年前「年輕漂亮的小姑娘」不娶，偏等蘋果變成「半老徐娘」再娶。

為什麼巴菲特這麼聰明的人不在十年前買入蘋果的股票呢？

其實，不是巴菲特不想早點下手，而是在十年前按照他的標準來考量，蘋果公司根本不合格。有人覺得進入網際網路行動時代後，龍頭企業蘋果公司的股票一定會上漲，這種事連股市中的菜鳥都看得出來。其實，事情真不一定如此。iPhone上市後，控制手機晶片的另一個明星公司高通的市值一度超過英特爾，成為全球最大的半導體公司。但是十年來（二〇〇七—二〇一七年），這家公司的股票價值只增長了50%左右，遠遠低於股市的平均水準。而在行動終端晶片專利的官司上輸給高通的輝達公司，雖然被擠出行動終端市場，但股價卻增長了六倍。巴菲特不是賭徒，他不會把命運押在一個股票可能瘋漲也可能很差的公司上，他有自己的原則。那麼，他考量公司的原則是什麼呢？簡單地講，就是公司要對投資人好。

世界上有很多公司，業務發展得很快，對自己的員工很好，但是只把投資人當作提款機，或者放在最後考量。

雖然每個人、每家公司都有自己的價值觀，這種做法並沒有問題，但是投資人的任務是獲得回報，而不是理解某家公司的價值觀。因此，一家公司再好，如果不符合「對投資人好」這個原則，巴菲特就不會投資。事實上，很多在美國上市的中國公司，上市後業務增長得不錯，但是由於根本不關心投資人的利益，股價幾乎不上漲，甚至低於剛上市時的水準。這些公司就是對投資人不好的公司。它們發展得再好，都和投資人無關，巴菲特這樣的投資人根本不會去碰那樣的股票。很多中國公司從美國退市，理由是美國股市低估了自己的價值，這只是找藉口，真正的原因是它們對投資人不好，因此被拋棄了。像網易這種長期獲利、不亂花錢的公司，股價從網際網路泡沫後的低點至今漲了上千倍，是不會被拋棄的。

巴菲特所謂的好公司有這樣幾個共同的特點：

第一，能夠穩定發放股息。

第二，有多餘的現金時會回購股票（這樣可以推高股價）。

第三，不斷提高自己的利潤率，而不是將大量的利潤分給員工，或者管理層直接把利潤拿走。

一家公司要達到上述要求，需要時間讓業務穩定下來，讓管理成熟起來。無論是英特爾還是蘋果，在十多年前都不符合巴菲特的要求。賈伯斯是個隨性的人，他首先考慮的是公司自身的成長，而不是回報股東。但是，庫克是一個對股東不錯的掌門人，他執掌蘋果之後，蘋果公司在分紅和股票回購上一直做得不錯，這才讓蘋果入了巴菲特的法眼。

入了巴菲特的法眼並不等於能馬上得到他的投資，因為巴菲特不能從一次、兩次的分紅和股票回購中就得出一家公司真的對投資人好的結論。巴菲特要確認這家公司在經營管理上是否長期如此，並且形成了習慣。只有形成了對投資人好的文化和習慣，才能夠長期持續地保障投資人的利益。這樣做自然需要時間，科技公司也從「年輕漂亮的小姑娘」變成了「半老徐娘」。因此，巴菲特投資的那些科技公司往往走過了快速發展階段，這也讓巴菲特的投資方法和其他很多投資人的方法不一樣。

我經常用巴菲特的這種投資方法對人進行判斷。如前所述，想結婚的人常常糾結一件事：找一個喜歡自己的還是自己喜歡的人。如果二者不能兼得，大部分人從情感上出發會傾向於選後一種人，雖然理性上會覺得前一種人的行為更實際。對此，每個人有自己的判斷、自己的選擇。不過，我知道很多人在追求一個自己喜歡的人（但對方並不喜歡自己）時，總以為自己對對方好一點，就能夠換得對方善意的回報，這種想法是非常天真的。

在人和人的關係上，班傑明．富蘭克林講過一句非常精闢而富有哲理的話：「一個幫助過你的人，比一個你幫助過的人，更願意幫助你。」我們看過、聽過太多落花有意流水無情的故事。如果一個人對你不夠好，無論你多麼喜歡他（她），對他（她）和他（她）的家人多麼好，也換不得他（她）的真心或者友誼。因此，在任何關係中，我們要找的都是富蘭克林說的那種「幫助過你的人」。

當然，要真正了解一個人的秉性以及他（她）對你的態度，並不是短時間能夠做到的事情，即便你們在短時間內接觸得很頻繁。正是由於找到這種人的時間成本很高，一旦找到便要格外珍惜，無論對終身伴侶還是長期夥伴都該如此。那些對我們好的人將使我們終身受益，正如巴菲特挑選的那些好公司總是給巴郡帶來利潤一樣。

同樣地，一個人在選擇工作時，應該把對自己好、能幫助自己成長的公司放在首位，而不是覺得某家公司很酷、很熱門或者多給了一點薪水就選擇。我見過不少年輕人在接受第一份工作時，會挑選那些多給了20%薪水的公司，而不是那些能夠幫助他們長期發展的公司。這就如同購買股票時只看股票的價格而不考慮內在價值一樣。幾年後，我又遇到那些年輕人，他們終於決定離開那些不能長期對員工好的公司，重新找工作了。我問他們當初為什麼挑選那些公司，他們說當時剛離開學校，想多賺點錢。這種想法就如同巴菲特所講的，以為自己在股市上撿到了一個便宜貨，其實不過是被人扔掉的菸蒂，吸上兩口就沒有了。

還有很多人有幸進入一個好公司，卻並不珍惜，為了多賺一點薪水就跳槽，卻不問新公司是否有能力、有意願幫助自己長期發展。一個人一旦幾次看走眼，就會失去判斷力。這並非因為他的智力水準不夠高，而是因為他判斷價值的方法徹底錯了。有的人在我們看來命不太好，因為他對周圍的人都好，而周圍的人對他都不好；而另一些人命好，因為他們總有貴人相助。其實在所謂「命」的背後，是由我們判斷價值的方法在主導著。

股市上的股票很多，再精明的人也很難掃一眼就看出好壞，因此巴菲特才會花很長時間，靜下心去觀察一家公司。在這個過程中，當然會錯過一些公司的青春期，這是他所付出的代價，不過他的回報來自那些公司今後幾十年帶來的收益。

我們一生中遇到的人要比股市上的股票多得多，而人的行為表現往往比上市公司更複雜。判斷一個人是否值得長期結交，不妨用巴菲特的方法仔細了解一下。這樣交到的朋友，大多能使我們終身受益。至於生活的伴侶，對自己好是比金錢、門第和外貌更持久的依靠。

我的五位恩師

雖然我在關於教育理念的《大學之路》一書中非常強調素養教育的重要性，和大部分家長以及學子交流時我講過，素養教育的前提是要先能掌握一項技能。我後來敢在專業之外的研究上花很多時間，可能與我掌握了足夠的技能，不需要為將來找工作發愁有關。傳授我第一個謀生技能的人，是我在清華大學讀研究所時的導師王作英教授。

我在做王老師的學生之前，已經在清華讀完電腦專業的本科，掌握了一些電腦科技的基本技能，用來謀生綽綽有餘。事實上，我在本科畢業後的兩年裡在社會上「混」得非常好，如果繼續這樣「混」到今天，一定是個收入不斐的生意人。因此，當兩年後我回到清華讀研究所時，我的生意夥伴都為我感到惋惜。不過我不覺得當時的改變有什麼不好，因為那時我並沒有在哪個領域做得非常精深。我的工作由別人來做，結果也是一樣，而我追求的是一種最好只有我能做，別人難以勝任的工作，也就是要表現出我的不可替代性。這樣一來，我的價值才能真正得到展現。於是我回到清華，做了王老師的研究生。

王作英教授是中國最早做語音辨識的專家之一。和中國大部分工科出身的學者不同，王老師的數學特別好。他曾去蘇俄留學，畢業於莫斯科國立鮑曼技術大學——這所大學在蘇俄相當於清華，而莫斯科大學相當於北大。在莫斯科期間，王老師除了在鮑曼技術大學做研究，還在莫斯科大學上了很多數學課。因此，他和許多從蘇俄學成歸來的學者一樣，理科基礎非常紮實，所以在解決各種未知問題時就佔很大優勢。而當時國內大部分的工科學者，研究的專業領域很窄，雖然擅長技術，但缺乏理論基礎。例如，在語音辨識領域，大部分學者只會應用那些複雜的數學模型，不會改進。王老師則不同，很強的數學基礎讓他不僅能摸清楚複雜數學模型的本質，還能夠根據漢語的特點做出修改，這一點非常難得。現在很多人抱怨中國做技術的做事喜歡從「山寨」做起，這其實是沒有辦法的事，因為很多人一開始就用錯了數學模型，只能「山寨」，難以創新。我當時比較幸運，遇到一位有真才實學的導師。後來我在清華得過一個蠻大的數學獎項，再後來我在谷歌的機器學習和自然語言理解項目上做出不少成就，這都要感謝王老師將我領進門，並且讓我真正體會到數學的重要性。如果用一句話概括我那幾年的收穫，就是我學會了用數學的方法解決工程問題。

我在清華電子系做研究生時還佔到一個「便宜」，就是我的本科並非就讀於電子系，我是從計算機系畢業的。通常這是一個劣勢，但我把它變成了一個優勢，因為周圍的學長、學弟寫程式都寫不過我。雖然換一個系，剛開始時要度過一段非常艱難的補課時光，但好在我靠努力補上了過去的不足。很多人覺得今天的我善於跨界，其實我從那時就開始做跨學科的研究了。現在回過頭看，如果我一直待在計算機系，可能會對電腦這個工具用得很熟，但是並不清楚要用它解決什麼課題。相反，如果我一開始就學習電子工程，可能使用電腦這個工具就不如現在嫻熟，有好的想法自己也實現不了。我到約翰．霍普金斯大學後，先後指導我的導師有四位，除了我在《數學之美》和《智能時代》中介紹的賈里尼克外，還有埃里克．布萊爾、大衛．雅讓斯基和桑傑夫．庫旦普三位教授。

布萊爾是我在約翰．霍普金斯大學的第一位導師，他本科專攻數學，後來學習電腦。他的特點是能夠讓複雜問題以簡單經驗作解答，當然這個解答在理論上未必漂亮。我一到約翰．霍普金斯大學就和他合寫了一篇論文，這篇論文很容易讀懂，但是頗具開創性，因此直到二十年後的現在還有人引用。

布萊爾教給我的是對理論的活學活用，以便快速取得成就。布萊爾是一位非常和善的教授，我們的關係非常好，可惜我只跟著他學了一年，他就到微軟研究院工作了。在微軟，他第一年做出的成果就超過十幾人的小組兩三年的工作成果，他的同事決定把他排擠走。不過，布萊爾既然有這麼大的本事，微軟當然不會讓他走，於是給他新成立了一個工作組。他後來成了微軟最早做搜尋的技術負責人，之後成了eBay（電商平台）主管研究的副總裁，相當於首席技術長。

布萊爾離開後，我不得不找一位新的導師，最後找到了賈里尼克。賈里尼克在指導了我一年論文後，發現自己實在沒有太多時間，就由庫旦普博士負責指導我實務工作。庫旦普博士是數學家和統計學專家，並非資訊工程科學家，因此他非常注重理論上的完美。我和布萊爾那種實用性的做事方式他根本看不上，我花了一年時間才和庫旦普教授磨合好。不過，經過一段「陣痛」之後，我的理論水準，尤其是數學水準出現飛躍的進步。

後來，我的畢業論文被認為是整個中心幾年來理論上最漂亮的論文，從引理到定理，再到推論的證明都極其嚴格。要是沒有庫旦普，我是寫不出這樣的論文。

除了指導我的學業，庫旦普對我最大的幫助就是將我訓練成一個會做報告的人。賈里尼克要求我每個月給專題組的所有人做一次報告，怎麼做則由庫旦普指導。為了讓我能夠做好那只有半小時的報告，庫旦普要花大約八個小時幫助我，從修改PPT（當時的簡報文稿是用投影片，修改很麻煩）到聽我一遍遍練習。

他會糾正我的每一個細節，例如，每一張投影片講解的速度，每一個停頓的時間，每一個關鍵用詞，甚至每一個小笑話。這讓我後來在自己的職業生涯中能夠成為把故事講得很清楚的人。沒有庫旦普，我肯定做不到這一點。因此，好的教育不僅是教會學生專業技能，還包括教給學生能用一輩子各式各樣的技能。

庫旦普另外還幫助我，樹立起「我能做到世界第一」的信心。庫旦普一直希望我做一些別人沒有條件做到的難事，因此當他的學生比當布萊爾的累多了。但是畢業後，我發現付出的那些辛苦都是值得的。

幾年後當我回到霍普金斯時，庫旦普告訴我，他從中國招了一個很不錯的學生，那個學生讀過我的書，因此他希望我花時間和那個學生聊一聊。那個學生就是語音搜尋應用「出門問問」的創始人李志飛博士。我想，李志飛博士應該和我一樣認為，自己的成功離不開庫旦普的幫助。

由於賈里尼克和庫旦普都是約翰・霍普金斯大學電機與資訊工程系（Electrical and Computer Engineering）的教授，而我需要資訊工程學位，因此，我必須在電腦資訊工程學系（Computer Science）選課和找個學業指導教授，而賈里尼克和庫旦普只能算我的論文指導教授。於是，我在電腦資訊工程系找到了雅讓斯基教授指導我。雅讓斯基現在是美國國際電腦語言學協會（ACL）

的成員。他給我的最深印象是語言能力超強，可以說，他是我見過的最有語言天賦的人。

雅讓斯基能閱讀十三、四種語言，說六、七種語言。他從事自然語言處理的研究，純粹是對語言感興趣。見到雅讓斯基，我才相信世界上一些人的天賦是其他人難以企及的。

和布萊爾一樣，雅讓斯基是一個能夠為複雜問題找到簡單答案的人。當然，他對我最大的幫助就是一直在電腦資訊工程系裡照顧我。我當時雖然在電機與資訊工程系做研究，但是要從資訊工程學系拿學位，難免有些麻煩，例如要面對資訊工程學系的一些教授對我的質疑。雅讓斯基是一個每當我遇到困難都能向他敲門求助的人。實際上，不僅對我，他對所有自己能幫到的學生，都毫不吝嗇地伸出援助之手。受雅讓斯基的影響，我後來也非常願意幫助身邊的年輕人。

人的一生需要各式各樣的貴人幫助，對我來講，除了需要庫旦普這樣指導我學業的人，還需要雅讓斯基這樣在其他方面幫我排憂解難的人。從雅讓斯基身上，我懂得需要照顧好自己的下屬，並且，在職業生涯中做到了這一點。

至於賈里尼克，他除了指導過我的論文，告訴我什麼事情不能做之外，還不斷找世界上最優秀的學者來做報告，和我們一起工作，幫助我們每一個學生在行業裡樹立學術聲譽。我在《智能時代》中提過著名的機器翻譯專家奧科博士，我和他的交情在他到谷歌之前就開始了，而我們認識的機緣則是他本人和他的導師（德國自然語言處理和機器學習領域最權威的專家赫爾曼．內伊教授）多次來約翰．霍普金斯大學進行交流。我在谷歌的很多上級和同事，當年都被賈里尼克教授請來做交流，甚至還有人來工作過幾個月。

歸納自己的經歷，發現我職業生涯比較順利的一大原因是，當初有幸在很好的學習和工作環境中成長，從清華到約翰．霍普金斯都是如此。在那些地方幫助我的不是一位名師，而是一群優秀的人，他們從不同角度塑造了我。我剛到庫旦普教授手下做專題研究時，對他天天逼著我研究細節的做法很不適應，總想著如果遇到一位要求低的教授，就能趕快畢業參加工作。但事實證明，早一年或者晚兩年畢業沒有太大區別，要不是他們逼著我養成很多好習慣，我就不可能達到現在的水準，也就注定我一輩子會辛苦。因此，每次想到自己的幸運，我總是從心裡由衷地感謝這五位導師，五位智者。

我的幸運不僅在遇到了他們，而且發自內心願意接受他們的指導。每個人都有導師，一個人能從導師身上得到的收穫和自己的態度成正比。如果將導師看成管我們的主管，我們可能會把很多心思用於應付他們交代的工作，甚至和他們勾心鬥角；如果將導師看成自己的引路人，我們就會主動從他們身上學到美德和智慧，讓自己變得更好，甚至超越他們。

一張紙決定我們的高度

每個人身邊都不缺智者，只是有的人願意向他們學習，有的人不願意罷了。例如一位商人，你可以把他看成普通的生意夥伴，或者一個富豪，抑或一個奸商，當然也可以將他看作一位老師——一切取決於我們看待他的角度。我在剛剛走出大學進入社會時，遇到了一位商人，他對我而言亦師亦友，讓我的格局得到了提升。

他是一位香港商人，名叫張國賢，在正式場合我叫他張先生，私底下就直呼他的英文名字Thomas（托馬斯）。張先生教給我的全部智慧加起來就兩個字：大氣。沒有他帶我見世面，我做事情的時候可能免不了有點小家子氣，甚至在遇到困境的時候，有些人窮志短。經過和張先生的相處後，我變成了一個大氣的人，這讓我對他感激至今。

我認識張先生是一個偶然加必然的結果。在大學畢業之後，我到當時電子部（現在工業和資訊處理的一部分）直屬的一家企業做軟體轉換。這種工作說得好聽叫軟體國產化，沒什麼技術要求，我也不喜歡做。當時中國IT產業剛剛興起，生意很賺錢，於是我做了半年技術就主動要求去做行銷。當時中國一部分的電腦行銷在中關村，主要賺錢方法是當外商的代理。我代理過幾家公司的產品，合作最多的是一家義大利公司——Olivetti，它有一個很好聽的中文名字——好利獲得，是世界幾家最早發明個人電腦的公司，也是當時義大利第二大工業集團（第一大集團是飛雅特），該公司生產個人電腦、服務器和銀行用的ATM（自動櫃員機）。在中國賣得最好的是ATM，一度擁有中國20%的市佔率。好利獲得公司現在已經破產了，所以知道的人並不多。在二十世紀九〇年代，世界上大部分跨國企業在中國內地只有代表處，沒有分公司。代表處只能簽銷售協議，真正的銷售就由我們這樣的代理來完成。好利獲得公司也是如此，其亞洲公司在香港，該公司派到內地的三位代表都是有歐美工作經歷的香港人，張先生便是其中一位。從我的經歷和他的經歷來看，我們的相識純屬偶然。

但是，我們能成為朋友也有必然的因素。張先生慷慨大方，生意上守信用，這讓我願意與他合作，不用擔心被騙，因為大家私下稱呼當時的中關村「電子一條街」為「騙子一條街」。當然，我願意追隨張先生做生意，或多或少是因為從心裡佩服他。他是我當時見過的最好的行銷人員，和我一樣有工程背景，雖然做行銷，但是對產品特點了解得很清楚，得利於他熟悉技術。不僅如此，張先生很會介紹產品，他能把自己公司產品的一些弱點，例如價格高、缺少某些功能，轉成優點來講，我開玩笑地說他有把喪事辦成喜事的本事。我當時覺得，他沒有簽不下來的單子。因此，我是以對師長的態度對他的。當然，張先生在我面前也沒有架子。雖然我剛入行，人脈不多，但是張先生對我很器重，經常把一些生意介紹給我。他對我講：「你技術水準好，潛能很大，也善於溝通，好好歷練，將來前途無量。」於是我們就成了好朋友。

當時，中國人的月薪只有幾百元，相比之下，我們做生意的金額多很多。一般賺的利潤歸國家，賣得好不過多拿幾元的獎金而已。好利獲得則不同，因為是私營企業，賺的利潤很多分給業務代表，因此張先生的收入大約是我的一百倍。那時，他晚上經常請我在北京最貴的飯店吃飯。北京新開一家餐廳，他就請我去，我們當時吃飯的速度趕得上北京高級飯館開業的速度。那些餐廳的飯雖然好吃，但絕不是薪水階級能吃得起的，每次都能吃掉我一個月的薪水。我雖然飽了口福，但畢竟手上的錢不多，花起錢來並不能隨心所欲。有一次，我半開玩笑和張先生說：「**Thomas**，你花這麼多錢請我吃飯，我真的很感激，可是吃完飯我還是沒錢花，你不如把錢給我。」張先生很嚴肅跟我說：「我請你吃飯，帶你享受生活，是為了讓你開眼界，讓你體會高水準的生活品質。以你的能力，將來會比我生意做得大、生活得好。如果我把錢給了你，你就會滿足於那幾百元，格局就太小了，那樣你只能成為個賺一點薪水、獎金就滿足的人。」後來他還跟我說：「你和中關村那群商人常打交道，他們賣一台電腦，賺一千元（當時電腦利潤很高）就很滿足，因為那是他們同齡人兩三個月的工資。他們非常滿足於這樣一台一台地賣下去，可是這樣下去他們的水準是不會提高的。而我們簽一個契約，常常是上百萬元金額的單子，一次生意抵得上他們的幾十次。然而，這種生意非常繁雜，難度很高，從投標到處理進出口手續，交付設備後還要培訓，並不是滿足於賺一千元的『跑單幫』能做的，絕大部分人永遠沒有能力做每單上百萬元的生意。」後來我的生意越做越大。中關村的「跑單幫們」還是一台一台的賣電腦、列印機，而我是幾百台、上千台的賣。雖然我在國企沒有銷售抽成，但是因為業績斐然，所以收入很高，這要感謝張先生將我做行銷的境界提升了一個等級。

再後來，雖然我所處的公司和他的公司合作不多，但是他和我個人合作非常多。有一天他說：「你幫我做一個數據庫軟體，管理我的訂單吧，我除了付你酬勞，還可以給你一台不錯的電腦。」當時一台原裝進口的個人電腦大約要兩萬人民幣，是一個大學教授一年多的薪資，因此中國幾乎沒有個人買電腦的——買得起的暴發戶不會用（那時還沒有Windows操作系統），而會用的人買不起。因此，有一台自己的電腦算是我當時的一個夢想，我就答應了。他叫我提接案所需的酬勞，考慮到工作量不過是一個寒假的工作，我就開了一個自認為不低的價錢，大約是當時一個大學教授四、五個月的薪資。張先生二話不說就答應了，而且當場以外匯方式結算給我。當時外匯兌換人民幣還有50%左右的賺頭，足見張先生非常慷慨。我很快就做完了他要的軟體，但驗收時發生的一件小事，卻讓我記憶猶新。

當時的銷售合約中每一項條款都有一些細節描述，每項細節描述平均佔A4紙的三分之一，但是這張紙後半部分都是空白的，因此一份銷售合約非常的厚。我為了替他省紙，在數據庫軟體中非常巧妙的計算出細節描述的長度，把幾項很短的銷售描述合併到一張紙上。張先生驗收後講了一句話，讓我記了一輩子。他說：「Jun，在辦公室裡，永遠不要省紙。」張先生的意思顯然不是讓我浪費紙張，而是不要為了省那些不太值錢的東西，把事情做得不漂亮；更重要的是，這樣做可以避免為次要的小事費心。我想了想確實如此，一份合約金額達幾十萬、上百萬元，還在乎多用幾張紙嗎？大部分人戒不掉「貪」，既想把事情做好，又想省成本，總是覺得自己的聰明才智能夠兼顧兩邊，最後的結果往往是把小的一邊照顧了，卻把大的一邊丟掉了。我以前做生意時一直在想，為什麼張先生的收入是我的百倍，能夠集中精力把該做的事情做得漂亮，是一個重要原因。

無論在當學生還是做老師時，我都遇到過一些同學，他們在做數學、物理作業或者考試時，沒有像樣的草稿，而是用已經寫了字的半張紙打草稿，甚至在報紙空白處打草稿。這樣的學生再聰明，成績也很難提高。因為做數學題，特別是比較難的數學題，需要非常清晰的思路，單憑苦思冥想未必能將思路全部整理清楚。在紙上寫寫畫畫是非常重要的，這可以讓解題的水準成倍提高。如果寫得很亂，就會找不到頭緒，就算能找到，也要浪費很多時間。找一張皺皺巴巴，甚至還有一些塗鴉的草稿紙，看似節省資源，其實是在浪費自己考出好成績的機會。在一定程度上，這些學生的命運在省那半張草稿紙的時候就已經註定了。

我在《谷歌方法論》專欄中談到了我對草稿紙的看法。一位在德國讀書的讀者朋友給我留言，說德國人的草稿紙用的都是品質很好、有細細格子的紙張。他說剛到德國時，覺得德國人太浪費，後來發現這樣做大有好處，能避免很多明顯的錯誤。

到美國之後，我就和張先生失去了聯繫，但是有時想想自己成長的經歷，總是從心裡感激他，感謝他讓我能夠有較高的志向，而不至於天天算小帳。

人最重要的是生活著，快樂著

如果能回到過去，我最想做的事情可能是和歷史上的賢良有識之士進行對話。古希臘的犬儒派哲學家第歐根尼就是其中一位。大家可能對第歐根尼這個名字感到陌生，也許有些人只是聽過或看過這個名字，但想不起他的思想和行為。不過，你可能知道古希臘有位哲學家住在木桶裡，這個行為古怪的哲學家就是第歐根尼。

人們現在給第歐根尼貼的標籤是犬儒派哲學家。顧名思義，犬儒派就是提倡像狗一樣活著——這裡的狗並沒有貶義。該學派在早期提倡根據自身的道德原則蔑視世俗的觀念，返璞歸真，不受各種習俗和規定的限制，也不追求奢華的物質享受，這和古代道教的思想有相似之處。整體說來我並不贊同犬儒主義，因為發展到後期過於憤世嫉俗，而且喪失了賴以信仰的道德原則，變得無所謂高尚，也無所謂下賤了。不過在第歐根尼身上這些特點並不明顯，他的一些智慧一直影響著我。

第歐根尼來自古希臘的錫諾帕，因此在正式的場合他被稱為「錫諾帕的第歐根尼」。他是一位古希臘貴族，在當時，古希臘貴族有很多奴隸幫助他們做事，而貴族自己只需談天道地，有點兒像中國六朝時期的士族文士。

有一天，第歐根尼將他的奴隸都釋放了。人們問：「沒有奴隸你怎么生活？」第歐根尼說：「奴隸沒了主人可以生存，主人沒了奴隸反而不能生存，這倒奇怪了。」還有一次，第歐根尼見一個貴族正讓僕人幫自己穿鞋擦臉，第歐根尼對他說：「他為你擦鼻涕的時候，你才會真正感到幸福——不過這要等到你的雙手殘廢以後。」

我在大學時讀到第歐根尼的這些故事，受其影響才漸漸成為自立的人。在此之前，我對家庭和工作職場多少有一些依賴，很怕自己孤單的時候活不下去。我不知道現在的大學生是否有過這種擔憂，如果沒有，那說明他們比我有出息。

我在大學裡有一些閒暇時間，可以思考哲學問題。當我用心體會過第歐根尼的那些話之後，對未來不確定的擔憂就沒有了。人立於天地之間，必然有出路。有了這個自信，我才敢一下離開這個單位去念書，一下離開另一個單位去做自己的事情。我在社交網路上有一句簽名：千山我獨行（不需相送）。我並不是要獨來獨往，而是不介意孤獨，能夠堅持自己的主張，不隨波逐流。這是第歐根尼給我上的第一課。

第歐根尼去旅遊時，被強盜抓了起來，在奴隸市場上被賣掉了。將他買回去的主人問他會做什麼，第歐根尼說：「你要奴隸沒有，要主人倒是有一個。」對方聽到這句話，對他肅然起敬，認為自己得到了一位智者，然後趕快讓自己的兒子來拜師。讀到這裡我不禁感嘆，原來第歐根尼最大的財富是他的頭腦。我走遍了中國各地，接觸到各種人，發現浙江人普遍有一個優點，就是無論貧富或多或少都強調要靠手藝吃飯。我和當地很多成功的企業家有過接觸，他們很多人出身貧困，上一輩傳給他們的只有一個價值觀，就是人必須要有真本事——火燒不了，賊偷不了，這是安身立命的根本。因此，浙江有很多低調但是很會賺錢的企業家。第歐根尼遇到了強盜，他的全部財富都在身上，賊搶不走。如果是一個頭腦簡單的富豪遇到了強盜，錢財被搶光了，身家也就清空了。這算是第歐根尼給我上的第二課。

人有了立於天地的本事，才能成為真正自由的人，否則無論地位多麼高都是奴僕。後來第歐根尼到了雅典，那時他的名氣已經很大。亞歷山大大帝聽聞他的大名，派人去請他，希望能和他聊一聊。第歐根尼說：「從雅典到馬其頓（亞歷山大大帝所在的地方）的距離，和從馬其頓到雅典的距離是一樣遠的。」意思是說，如果亞歷山大大帝想聊，可以到雅典找他。這是真正自由的人的想法，只有在金錢和地位面前拋棄掉奴性，保持自由人的心態，才能贏得對方的尊重。

我後來在換工作時，總是和新單位說：「如果你們要找一個僱員，不一定非要找我，能做事的人多得是；如果要找一個合作者，那我們可以接著商量。」這樣的表白可以過濾掉絕大部分用人單位，過濾出真心欣賞我的企業。即便短暫合作，雙方也應該是平等的。一些單位希望我給他們上課或者當顧問，我跟他們說：「你們是否可以來我這裡談呢？」倒不是我擺架子，而是如果對方不願意花時間、花精力上門，我的建議他們也不會看重、不會聽。因此，很多時候，即使對方開的條件再好，如果沒有誠心，他們都和我沒有關係。真正的合作，是建立在尊重彼此自由的基礎之上。

有朋友問我，是否該為利益犧牲掉部分自由。從短期看，這麼做或許容易得到一些物質利益，但是，如果只是為了名利做事，將難以獲得可疊加式的進步。人一輩子要做的事有很多，但是絕大多數是可做可不做，因為這些除了幫我們獲得一些金錢（有的甚至連錢也得不到），產生不了什麼影響力。有朋友問我如何判斷一件事是否有必要做，我的標準是，那些花了精力做的事情要盡可能對自己將來的進步有益。有人愛湊熱鬧，見到某個知名人士或者知名企業就湊上去，除了滿足自己的虛榮心，其實沒有什麼益處。這是第歐根尼給我上的第三課。

第歐根尼覺得很多物質的享受都是可有可無的，所以就住在一個木桶裡，自由自在。我一直不反對藉著錢財和物質讓自己生活得更好，但是我反對過份追求物質，那會成為生活的負擔。生活中有很多物質需求其實可有可無。大部分時候，對物質看重的程度只要稍微輕一點點，幸福感就會增強很多。這是第歐根尼給我上的第四課。

第歐根尼曾經生活在科林斯城，剛好遇上當地和其他城邦開戰。城裡的人忙於戰爭，第歐根尼無事可做，就把他的那個「窩」（木桶）從城東滾到城西，再滾回來。別人問他為什麼，他說：「你們都在忙，我也得做點事情。」其實他是在諷刺那些忙於戰爭的人。

第歐根尼的這個舉動曾經讓我反省戰爭的必要性。小時候，作為一個男孩，我免不了有想當將軍、統帥、拿破崙的情結，但是長大後，我逐漸變成一個徹底的和平主義者，因為絕大部分戰爭不僅不必要，而且可笑。就拿科林斯城和希臘其他城邦的戰爭來說，事後看起來不就像莊子說的那樣，是生活在一隻蝸牛的兩隻觸角上的人們之間的戰爭。

在世界歷史上，文明進步才是人類的主旋律。雖然歷史書上記載了那些所謂影響國運的大戰，但百年後冷靜回顧一下，輸了或贏了對那個地區的影響其實並不大。太遠的不提，就看甲午戰爭，日本完勝，中國慘敗，但是一百二十多年過去了，今天的日本得到什麼好處了嗎？中國不還是崛起了嗎？現在中國的 GDP 大約是日本的兩倍，靠的是這四十多年的和平發展、文明進步。再往遠處看，德國在二戰前的很多訴求現在都在歐洲一體化實現了，而七十多年前德國卻訴諸戰爭，給全世界帶來了災難。這是第歐根尼給我上的第五課。

第歐根尼最後還是和亞歷山大大帝相見了。這位千古一帝帶著大軍進入雅典，見到了他心儀的哲學家，而當時第歐根尼正坐在大街上曬太陽。亞歷山大大帝問：「我可以為你做點什麼嗎？」第歐根尼說：「你擋到我曬太陽了。」意思是亞歷山大大帝移動地方就好。亞歷山大大帝感慨地說：「如果我不是亞歷山大，也會做第歐根尼的。」第歐根尼自由和平等的意識，讓亞歷山大大帝對他另眼相看。

我小有名氣後，總有人邀請我吃飯以表達善意，大部分時候我會告訴對方，心意領了，吃飯就免了，有事情不妨直說。要對我表達善意，最好的辦法就是別佔用我的休息和工作時間。這也是我從第歐根尼身上學到的，算是他給我上的第六課吧。

人其實都有兩面：想成為亞歷山大大帝的一面和想成為第歐根尼的一面。生活應該是這兩方面的平衡，只不過我們通常更在乎亞歷山大大帝的一面，而忽視了另一面。馬斯洛把人類需求分為五個層次，底下的三層是和生存有關的基本需求，在此之上，人們希望獲得尊重並實現自我價值，而大部分人能夠想到的就是效法亞歷山大。但是，如果我們把視野放大，將個人的幸福、榮辱和成就放到一個大時空去考量，就會發現，縱使成了亞歷山大，那一點成就也顯得微乎其微。歷史上，亞歷山大的帝國在他死後就迅速解體，而讓他能夠出現在今天歷史書上的主要原因，反而是他在無意中將希臘文明帶到了周邊地區，從此歷史上有了一個被稱為「希臘化」的時代。第歐根尼古怪的一生讓我從另一個視角看待人生——人最重要的是生活著，快樂著。

擁有智慧，更要擁有勇氣

我們常說中國人勤勞勇敢，勤勞這一點毫無爭議，勇敢卻談不上。實際上，中國人比較怕惹事，甚至有點怯弱。不信大家可以看看，歐巴桑們跳廣場舞擾得四鄰不安時，有幾個人有勇氣站出來管一管這個「閒事」？不僅社區居民不敢管，警察也只會對此搖搖頭。不過，古代的中國人不是這樣的。

中國古代的名將非常多，能寫兵法的孫武、吳起自不用說，唐太宗推崇的「韓白衛霍」（韓信、白起、衛青、霍去病）直到今天依然讓那些動不動要揮拳頭的憤青熱血沸騰。當然，照唐太宗的說法，他的愛將李衛公（李靖）要超過那四位前輩。在唐朝，像李賀這樣的文弱書生都能寫出「男兒何不帶吳鉤，收取關山五十州。請君暫上凌煙閣，若個書生萬戶侯」這等豪邁的詩句。

唐朝之後的國力雖然比較弱，但是中國的文人並不弱。宋代有虞允文，明代有于謙、王陽明、盧象昇和孫傳庭，清代有曾國藩和左宗棠。而中國古代最讓我心儀的男子漢是東漢的定遠侯班超。雖然按照戰績，班超在中國歷史上恐怕連前百名都排不進去，但是，如果從軍事、外交的效果和效率，以及個人表現的智慧和勇氣來看，整個中國歷史上恐怕沒有哪個武將可以和班超相提並論。

班超出身於一個學問大家，他的父親班彪、兄長班固（《漢書》作者）、小妹班昭（也稱為「曹大家」，續寫《漢書》，也是宮廷中后妃的老師）都可稱得上是著名的歷史學家。班超雖然博覽群書，但是對做學問沒有興趣，便投筆從戎了。

班超的軍旅生涯並不長，他先是作為名將竇固的下屬進攻北匈奴。因為指揮作戰有功，得到竇固賞識並被委以重任，帶了幾十個人到西域，聯繫當地各國共同攻打匈奴。

班超去的第一個國家是鄯善國，當地的國王見到大漢使臣到來，開始的時候頗為熱情，隨後卻冷淡起來。班超查出是因為匈奴的使者來了，鄯善王害怕匈奴，因此見風轉舵。班超這時顯示出超人的勇氣和智慧，說了句很有名的話：「不入虎穴，焉得虎子。」他帶領三十六名下屬在夜裡擊殺了整個匈奴使團，第二天就讓鄯善國歸順了漢朝。

在接下來的十多年裡，班超帶著幾百名軍士在西域縱橫捭闔，靠著傑出的外交和軍事手段，利用盟友的軍事力量打擊敵對政權，不斷取得勝利，將西域大小幾十個國家（有的史書上記載是五十餘國，有的記載是三十六國）都收為漢朝的屬國。

整個過程中，班超幾乎沒有耗費漢朝多少糧餉和軍隊。關於他的故事，很多歷史書中都有記載，我就不再多贅述。在中國對外軍事史上，沒有哪個將軍能做到以如此低的成本取得如此大的戰績。

中國歷史上的很多戰爭即便能打贏，也要傾天下之力，最後搞得生靈塗炭。即便清初前三朝以武功見長，平定新疆之亂，也動輒動用數十萬大軍，傾天下之力，才能達成目標。相比班超的舉重若輕，高下立判。

清初著名學者王夫之在《讀通鑑論》中這樣評價班超：「班超之於西域，戲焉耳矣；以三十六人橫行諸國，取其君，欲殺則殺，欲禽則禽，古今未有奇智神勇而能此者。」意思是說，班超在西域做事就好像做遊戲一般容易。他帶著三十六個人橫行各個國家，對那邊的國君想殺就殺，想抓就抓，從古至今從來沒有如此聰明神勇之人。

中國歷史上從不缺乏聰明之人，也不乏勇敢之人，但是隨著文明程度的提升，聰明似乎在增加，勇氣卻在衰退，以致於到了今天不少人甚至開始崇尚「娘娘腔」了。

很多人談起美國時，總是談科技、金融和民主制度。其實在這些方面中國並不遜於美國，中國的體制和文化有自己的特點和長處，很難講哪種體制和文化更有效——幾十年來中美差距的縮小就是證明。但是，美國人表現出的勇氣常常是現在中國人所需要的。美國是一個尚武的國家，他們不會覺得軍人是「丘八」[7]，而是一種榮譽。這個傳統一直保留至今。

珍珠港事件後，林登．強納森當時貴為聯邦眾議員，主動要求到前線服役，並且參加了太平洋戰爭。在一次戰鬥中，他所在的轟炸機被擊毀，八名軍人只有他一人生還。

約翰．甘迺迪和他的大哥小約瑟夫．甘迺迪也參加了太平洋戰爭，後者犧牲了，而約翰．甘迺迪的軍艦曾經被日軍擊沉。他咬著一名傷兵的救生袋，帶著後者在水中奮戰了十四個小時後才逃到了荒島上。

類似的例子如老布希當時貴為參議員的公子，參加了海軍，並執行了五十八次對日作戰任

7「丘八」這兩個字（上下）合在一起就是一個「兵」字，是指當兵的人，這是以前對兵痞的貶稱。

務，最後撿回一條命回到美國。在二戰後美國的十三位總統中，只有柯林頓和歐巴馬完全沒有服過役或者接受過軍事訓練（包括民兵）。現在大家已經遠離了戰爭，但是很多美國人在平時表現出的勇氣還是很讓人敬佩的。

一些人談到勇敢，單純理解為愛冒險，甚至使用暴力，這和真正的勇敢是兩回事。蘇軾在《留侯論》中說：「匹夫見辱，拔劍而起，挺身而鬥，此不足為勇也。天下有大勇者，卒然臨之而不驚，無故加之而不怒。」所謂勇敢，應該是不怕危險和困難，果敢行動，做出別人不能做也不敢做的事。

我剛到美國不久，一位女同學給我上了一堂課，告訴我什麼是勇敢。

系裡研究生休息室的冰箱壞了一段時間，雖然有學生向系上反映，但是這種小事系裡並不在乎，後來壞了的冰箱成了同學們的書櫃。

和我同期入校的一位叫瑞秋的女生主動找到系辦公室，要求系裡重新買一台冰箱，解決一些帶便當的研究生儲存食物的問題，可系裡還是敷衍。於是，她一邊將系主任直接堵在辦公室門口提出要求，一邊在同學中募款（每個人五美元），準備購買一台新冰箱。最後，系主任看到有需要的學生自己籌款買新冰箱，覺得很丟臉，乾脆從系主任基金出錢給大家買了一台。接下來幾年，凡是有不公平的事情發生，瑞秋都幫大家發聲。那些別人都不願意反映的意見，她都會反映。這個和我在同一個專題組的小女生在困難面前表現出的勇擔責任、果敢行動，在無形中讓我變成了一個還算勇敢的人。

勇敢表現在生活中很多小地方，並不需要真像班超那樣去涉險。

幾年前我在故宮參觀，看到每個殿裡都放著不能用閃光燈拍照的說明，但是沒有人遵守。我向周圍用閃光燈拍照的人一一說明，要他們關上閃光燈。其實遊客都很懂規矩，講了之後，他們就遵守了，問題顯然出在站一旁的管理員身上。我把她叫過來，指出她的失職，剛開始她不以為然，覺得管那些事情沒必要。

我請她把主管叫來。我直接和她主管說，在世界重要博物館中，不讓拍照就不能拍，不能用閃光燈就是不能用，所有員工都能盡職盡責的維護規則。像他這樣疏於管理，下屬疏於盡責，是瀆職的行為。他聽我說得有道理，只好道歉，表示改進。我知道他可能轉過身就把這件事忘了，但是，如果社會上多一些勇敢的人，社會可以變得更好。

具有勇氣不僅對社會有利，對我們自己也有好處。很多人都在想怎樣成為精英，或者讓自己的下一代成為精英，具有勇氣對於自我提升非常有幫助。很多人想成為歐洲過去的那種貴族，其實，這個群體已經不存在了，但是他們精神中的勇氣是重要的一環。

世界上有兩種聰明人，一種是像劉邦、曹操那樣能當領袖的，另一種是像張良、郭嘉那樣能當謀臣的，二者的主要差別就在於擔當的勇氣。成為張良、郭嘉這樣的謀臣當然不錯，但要想更進一步成為劉邦、曹操那樣的領袖，勇氣是必不可少的。

班超以書吏出身，投筆從戎，以超凡的勇氣隻身闖蕩西域數十載，建立萬世之功業，讓後世的人不禁神往。唐代詩人戴叔倫寫了一首《塞上曲》：「漢家旌幟滿陰山，不遣胡兒匹馬還。願得此身長報國，何須生入玉門關[8]。」戴叔倫在詩中以班超為表率，表示自己要超越班超，說明班超已經成為當時人們心目中勇氣的化身。

很多人覺得勇氣和男性有關，和女性無關，還有很多女性把勇氣想成是潑辣。但是，世界上真正有勇氣的女子並不少，在中國古代也有。她們平時可能很文靜，知書達理，舉止得體，但在關鍵時刻身上的勇氣就表現出來了。

我們形容一位女子才高八斗，常常用「詠絮之才」來描述，例如曹雪芹在《紅樓夢》裡就寫林黛玉有詠絮之才。詠絮這個典故出自我接下來要講的主人公——謝道韞。

和小時候孤苦伶仃的林黛玉不同，謝道韞一直過著錦衣玉食的生活，有點像薛寶釵。

謝道韞出生在東晉四大家族中的陳郡謝家。和謝家齊名的是瑯琊王家，就是出了東晉開國名相王導，以及著名書法家王羲之、王獻之和王詢的王家，這也是謝道韞後來的婆家。當時謝家最有名的人物當屬隱居在東山，後來在淝水之戰中帶領東晉打敗了強大前秦的一代名相謝安。謝家有兄弟五人，除了謝安在東山隱居，其他人都外出做官，因此，教育這個大家族後代的任務就落在了謝安身上。謝安天天教育孩子，樂此不疲。

一年冬天，天降大雪，謝安和子侄們一邊賞雪，一邊論詩文。謝安問孩子們可用何物比喻飛雪。他的侄子謝朗說：「撒鹽空中差可擬。」謝安覺得不好。侄女謝道韞則說：「未若柳絮因

8 班超六十八歲時上書漢和帝，希望能「生入玉門關」，得到了皇帝的批准。回到洛陽後一個月，班超病故。

風起。」她因比喻精妙而受到眾人的稱許。從此，「詠絮之才」便成了讚許女性有文才的專有名詞。因為這個典故，謝道韞、漢代的班昭和蔡文姬（蔡琰）被並稱為古代的三大才女。《三字經》有「蔡文姬，能辨琴。謝道韞，能詠吟」的說法，可見後人對她讚譽之高。

歷史上有很多關於謝道韞聰穎博學的記載。《晉書．王凝之妻謝氏》中記載了這樣一件事。

有一天，王獻之（謝道韞丈夫王凝之的弟弟）在廳堂與客人談議——就是清談辯論。王獻之辯不過對方，此時身在內室的謝道韞聽得直為小叔著急，想幫他一下，就派婢女告訴王獻之自己要為他解圍。王獻之就對客人說：「我說不過你，但是我嫂子可以。」客人一下興致上來，就和謝道韞隔著青布幔談議[9]。謝道韞和客人就王獻之剛才的議題繼續交談，她旁徵博引，論辯有力，最終客人甘拜下風。因此，關於林黛玉才情的描述是虛構的，謝道韞的才學卻是真實的。

謝道韞創作了很多首詩，留下來的只有兩首，這首《泰山吟》就是其中之一：

峨峨東岳高，秀極衝青天。
岩中間虛宇，寂寞幽以玄。
非工復非匠，雲構發自然。

9 當時男女授受不親，女子不能隨便拋頭露面。

器象爾何物？遂令我屢遷。
逝將宅斯宇，可以盡天年。

這首詩大有唐代山水派大詩人王維和孟浩然的氣概，不似出自女子筆下。

作為當時東晉士族大家的子女，謝道韞嫁給了門當戶對的王家子弟，王羲之的次子王凝之。謝道韞對這樁婚姻並不滿意，主要是覺得王凝之有些木訥呆氣。後人認為謝道韞可能命該如此，她是謝家孩子中年紀較大的，而王家的孩子還沒有長成，因此只好嫁個年紀相仿的「呆頭鵝」王凝之。謝道韞探親回到家中，埋怨丈夫呆。但是埋怨歸埋怨，發完牢騷後，她會回到王家好好過日子，相夫教子，這說明謝家的家教非常好。我時常覺得，謝道韞可能是林黛玉和薛寶釵的原型，曹雪芹將她具有才氣的一面給了林黛玉，把大家閨秀的一面給了薛寶釵。薛寶釵的丈夫賈寶玉也和王凝之一樣，呆頭呆腦的。

謝道韞在歷史上留下的最濃墨重彩的一筆倒不是詠絮之才，而是最後的結局。公元三九九年，東晉爆發了孫恩之亂（過去叫孫恩起義）。當時王凝之是會稽太守（王凝之雖然沒有什麼本事，但是作為王家的人，當官還是很容易），他不聽部下建議，面對強敵不備戰，而相信什麼借助鬼兵退敵。謝道韞勸了丈夫幾次，王凝之一概不聽。於是，謝道韞乾脆親自招募、訓練家丁，準備禦敵。後來孫恩大軍攻破會稽城，王凝之及子女都被殺，謝道韞在危難中並不慌亂，手持兵刃連殺數敵，最後因寡不敵眾被俘。當時她抱著一個只有三歲的外孫，對孫恩厲聲喊道：「大人們的事，跟孩子無關，要殺他，就先殺我。」孫恩被她的氣概折服，頓生敬仰之情，非但沒有殺死她和她的外孫，還派人將二人送回去。從此謝道韞寡居會稽，足不出戶打理一個大家族的內務，閒暇時寫詩著文，過著平靜的隱士生活。後來孫恩之亂被平定，新任太守劉柳親自上門拜訪謝道韞。拜訪回來後，劉柳逢人便誇獎謝道韞：「風致高遠，詞理無滯，誠摯感人，一席談論，受惠無窮。」謝道韞的後半生寫了不少詩文，彙編成集。遺憾的是，後來因戰亂大多失傳了。

從謝道韞一個弱女子身上，我們能看到祖先當年的勇氣和才智，這和後來花蕊夫人感嘆的「十四萬人齊解甲，更無一個是男兒」形成鮮明對比。

謝道韞具有的超凡才智和勇氣，要歸功於謝安教育得好。謝安自己就是一個臨危不懼的人。我們很多人都知道他在攸關東晉命運的淝水之戰中，等待前方戰報時還能非常平靜的和客人下棋。最後戰報送來，謝安看後就將戰報扔到一邊繼續下棋。客人都耐不住性子了，問謝安結果，謝安只是說：「孩子們已經將敵人打發了。」

其實，謝安一生遇到的最凶險的事情並不是這一次，而是阻止桓溫篡位的一場鴻門宴。事情發生在公元三七三年，兵權在握、準備篡位的桓溫入京朝見孝武帝，讓百官前去迎接。在此之前，人們都知道桓溫準備篡位，而他本人也毫不避諱地說：「既不能流芳百世，不足復遺臭萬載耶？」「遺臭萬年」這個成語就是這麼來的。在那次迎接桓溫入京的宴會上，桓溫準備當場殺死謝安與王坦之[10]，然後篡權。王坦之嚇得不敢去，謝安卻面不改色地對他說：「東晉王室的存亡就在此行了。」兩人赴宴時，王坦之嚇得直打哆嗦，而謝安不僅從容就座，還當場賦詩。原打算

10 另一名輔政大臣，來自洛陽王家，與王導、王羲之不是同一個家族。

痛下殺手的桓溫反倒被謝安的氣勢鎮住了，撤走了士兵。此後，桓溫因為對謝安有忌憚，到死都沒敢篡位。

謝安教育後代很有一套。他從來不發火，而是以禮節教導孩子，但是他的態度非常堅決，對善惡是非絕不含糊。在謝安的子侄中，最有名的是謝玄，他作為東晉的統帥之一直接指揮了淝水之戰，並且成了當時天下最厲害的北府兵的統帥。這樣一個威武的將軍，年輕的時候卻是一個像賈寶玉一樣的公子哥，天天戴著香袋，打扮得很娘裡娘氣。當時士大夫中流行這種風尚，西晉的美男子潘安便是如此。謝安很不喜歡謝玄的這種做法，但是並不強迫他改正。有一天謝安找到一個機會，和謝玄玩遊戲，以謝玄的香袋做賭注。謝玄當然比不過能幹的叔叔，便將香袋輸掉了。謝安二話不說，直接將香袋扔到火裡燒了。謝玄這才知道叔叔不喜歡這種行為，而且為了不傷他的自尊，費了半天工夫騙得香袋，再將其毀掉，於是非常感動。從此，謝玄一改身上的頹廢之氣，成為一代名將。謝家後來做到宰相的人很多，這和謝安會教育後代有關。

歷史上的中國人不缺乏勇氣，且不說謝安和謝玄，就連嬌滴滴的謝道韞也配得上「勇武」二字。對比這些人，我們似乎該為自己的怯弱感到羞愧。如果新一代人裡出了不少「娘娘腔」，勇氣總是停留在鍵盤上，這將是我們這個時代的悲哀。

第六章　心智的成長

同一環境中長大的孩子，無論是看家境、早期受的教育還是看機會，都差不了太多。由於父母的層次差不多，這些人在智力上也沒有太大的差異。但是經過一代人的發展，他們在生活水準、個人成就、家庭幸福等各方面有很大的差異，造成這個結果的原因主要在於每個人不同的成長經歷。

成長首先看環境，而在環境的因素中，最初且最重要的是家庭環境和朋友圈，其次要看自身做事的原則和方法。天天做冒險的事情，早晚有一天會付出失敗的代價，而太多的失敗則會導致習慣性失敗。反之，永遠待在舒適區，只會讓人無法成長。每個人的成長，最終是在範圍內把事情盡量做好。

如何成為精神上的自由人

二〇一五年，一位某省級文科高考狀元為自己沒上素養教育而感到自豪，因為他把別人花在接受素養教育的時間都拿來做考古題了，因此他成了高考的「省級狀元」。其實，把所謂的省級狀元放到古代，只能勉強算作解元。因為全國一年能產生一百二十多個省級狀元（各省文理科分別有狀元，再用加分不加分進行細分，一個省每年最多能產生四個狀元），往往比中進士的人數還多。當然，即便如此，在高考中得省級第一還是值得稱道的，因為任何時候，在大範圍裡得第一總是不容易。

不過，靠每年寒假做三十六套題、暑假做一百四十四套題而當上「狀元」，自然會犧牲很多，包括各種素養的培訓。我從小因為經歷過中國最窮困農村的狀況，很能體會一個貧窮子弟要靠考試得到晉昇機會的心態。但是，對於中國大部分的孩子來說，這未必是一條能讓他們幸福的路。事實上，身為中國大學的客座教授和美國大學的管理者，我非常清楚中美兩國雖然在高等教育上有很大的不同，但是頂尖的大學最想要的都是做兩遍題就能取得好分數的學生，而不是做了幾百套題的人。一個人對自己沒有接觸音樂、繪畫、舞蹈、主持、奧林匹克競賽和電腦感到自豪，而不是遺憾，很懷疑這類人的人生道路是否會精彩。

現在，大部分中產階級家庭的孩子並不需要把青春浪費在解題，現在的孩子應該追求一些溫飽之上、物質以外的東西。中國大、中城市的家長們很多讓孩子從小領會藝術的美感、體育的競賽精神，鍛煉服務同儕和社會的領導力，都是對考試教育很好的補充。一個懂得美、熱愛生活的人，才能在人生道路上走得精彩。當然，素養教育遠不只音樂、繪畫、舞蹈、主持、奧林匹克競賽和電腦，那些都是手段，目的則是培養既能適合社會，也能愉悅自己的自由人。素養教育可以透過很多方式培養，讀經典著作就是其一。

很多人問我讀經典有什麼用。或許真沒用，但素養教育從來不是出於功利的目的。雖然宋真宗曾經講過「書中自有黃金屋，書中自有顏如玉」，但是我們見過幾個古代的老學究有黃金屋和顏如玉的？事實上，讀書、讀經典既不能直接帶來金錢，也不能幫助年輕人考上好大學。但是，當人們需要用到經典，卻不知道經典中的內容的時候，只能悔恨自己讀書太少，修養不足。

不讀書的人通常很難提高自己經濟條件，而這一點只有當人們遇到瓶頸又突破不了時才能體會。這些大道理不用我多說，媒體上隨處可見。我只想談一個實際問題：不讀書、缺乏修養，想找一個好的伴侶是非常困難的。多讀書、增見識、修身養性，無論對成家還是對立業來說，都有很大的幫助。

找到好的終身伴侶，是每一個青年人的夢想。英國愛情小說女王珍·奧斯汀說過，一個經濟條件好的人，到適婚年齡都是想結婚的。照理說，年輕人總是會相互吸引，找到一個合適的男女朋友並不應該是一件難事，特別是對那些俊男美女、才子佳人來說。但事實並非如此，有些看上去條件不錯的青年男女總是有困難找男女朋友，以致上一代人都等不及了，不得不給他們施加壓力。站在年輕人的角度來看，條件稍微好一點的想找理想的伴侶，還真不是一件容易的事。這裡我就給大家說一個曾經發生在我身邊的追「女神」的故事。

先要說明一下，我所謂的「女神」並不是指只有美貌的「花瓶」。為了便於讀者理解，我來舉兩個具體的範例，例如，既有美貌，又有才情智慧的林徽因可以算是「女神」，伊凡卡．川普也被很多中國男生形容成「女神」。在現實生活中，要追到這樣的人自然很不容易。在我身邊發生的事，雖然沒有統計意義，但可以說明男生才華的重要性。

我有一個同學A君，長得儀表堂堂，書讀得也不錯（我指的是專業知識讀得不錯，學校成績不錯），為人又很好，從中國最有名的大學畢業，外在條件沒話說。到了職場以後，他遇見了一位可以稱得上是當代林徽因的女生，我們不妨稱她為B小姐。我見過B小姐，她有多漂亮呢？如果把銀幕上的美女都請下來和她擺在一起，人們還是會先注意到她。

當然，B小姐更為吸引人的地方是她的才華和為人，薛寶釵有的優點在她身上都能看見。業績上，她在一個幾千人的單位中名列前茅。最後可說在自己的專業領域上事業有成。職場裡有這樣一位女生，沒結婚的男生自然會心動，就連結了婚的都想找機會和她多說兩句話。

想追求B小姐的人實在太多，有的直接去表白，有的託人帶話，有的送禮物，有的主動幫她做事，我的同學也不例外，極為殷勤。可能他還算有競爭力吧，和B小姐混得比較熟。B小姐自知自己的條件不錯，雖然追求者很多，但是從不輕易對人做出承諾。

這樣的女生其實容易在單位裡招惹妒忌，但偏偏B小姐很會做人，有薛寶釵的本領。她從不拒人千里，既能讓每個人都覺得她很友好，又能和他人保持距離，不讓其他人胡思亂想。她跟女同事之間的關係，也處理得很好，讓未婚女性並不會嫉妒她。

那時很多單位會舉辦以聯誼為目的的舞會，這些舞會自然成了青年男女認識彼此的好機會。B小姐不善此道，又怕被男生糾纏，無論別人怎麼邀請，她都很少參加。即使去了，也是露個臉晃一圈就走了。不過凡事總有例外，有一次她很早就去了舞會現場。

當時很多男生，包括我的朋友A君都興奮得不得了，都想請B小姐跳舞，可B小姐大多都謝絕，僅僅出於禮貌跳了一兩曲就坐到一旁。大家見B小姐不願意跳舞，就湊上去和她聊天說話。這時，剛到公司幾個月的C君邀請B小姐跳舞，B小姐二話不說就答應了，而且不太會跳舞的她居然陪著C君跳了一晚上——之後的故事就不用多講了。

A君不死心，後來去問B小姐，C君有什麼明顯比別人強的地方。B小姐對A君倒也誠懇，便告訴他，她第一次見到C君就覺得這個人和周圍的人不一樣，那種優雅和涵養是極少見的。多年來，她想說的話都沒人可說，那一晚總算有一個可以說話的人了。A君還是不死心，問他們聊了什麼。B小姐說他們只是隨意地聊，例如《紅樓夢》、《神曲》、《浮士德》。很多人在談這些經典時，只是賣弄一下學識，但是C君的見識超過他人，這便是吸引B小姐的地方。而那些見識，離開經典的話，自然不會存在。A君是一個非常體面的人，從不死纏爛打，此後就打退堂鼓了。

很多年後A君和我說起這件事情，依舊悵然不已。後來我認識了C君，他果然有很多別人沒有的長處，不僅是單位裡的超級明星，而且那份學識、優雅和涵養足以讓他永遠成為一個圈子的中心。每次聚會，他只要到場，很快就會成為主角。倒不是因為他風趣，而是因為他知識非常淵博，對任何事情都有入木三分的見解，對人的心理分析也非常透徹。因此，只要他一開口，一同聊天的人常常就成了專心聽講的群眾。在我的朋友中，A君已經算是一個風趣幽默的人，但是和C君相比，便有地下天上的分別。像C君這樣的人能理解女生的心思一點都不奇怪，事實上，他和B小姐都是彼此懂得對方心思而又相互體貼的人。人這一輩子，大部分時候需要的不是去戰鬥、去征服、去跟別人比誰考得好，而是要對對方有用。沒有女孩子喜歡一個天天和人比考試成績，但對自己沒有幫助的男生。A君說，自己的命運在他把高中所有時間都花在高考上，其實已經註定。後來雖然他到了北京，努力融入了北京的生活，但是在深入融合後，過去留下的缺陷還是能夠被別人看到。有些時候命運是公平的，當我們只關注高考這一條捷徑時，當我們自以為只要善於工作就有遠大前程時，我們可能犧牲掉了對自身素質的綜合培養，包括對人的洞察力。

有一次我問C君怎麼洞察他人，他說，和社會相比，人性的變化其實非常小，這就是所謂的江山易改，本性難移。其實，中國人的人性特點全都寫在《紅樓夢》這本書裡了。C君講到薛寶釵時說：「別看她在賈府混得如魚得水，人見人愛，而林黛玉不敢多說一句話、多走一步路，但其實薛寶釵過得比林黛玉累多了。她要顧及各種關係，連趙姨娘這種不明事理的人都說她好，可見她功夫有多深。但是在生活中，這樣的人其實才最需要別人的關愛和鼓勵。」簡單幾句話，他便把我們通常認為的強人和能人的弱點講得清清楚楚。談到B小姐時他說，雖然那麼多人都捧著她、圍著她轉，但是她要照顧好各種關係，心比薛寶釵還累。聽他這麼說，我才發現他真的能理解B小姐，而其他人雖然對B小姐噓寒問暖，提供各種幫助，卻走不進B小姐的心裡。

我寫下這個故事並不是說讀了《紅樓夢》就能娶到B小姐這種集才氣、美貌、知書達禮、識大體於一身的女生。但是，最好的女生都是有點情趣的，並非男生覺得自己的外在條件好就能打動得了。聰明的女生並非只貪圖外表、學歷、錢財和家庭出身，她們對幸福有領悟也懂得追求未來。一個能洞察人心的男生，在這方面總是有點優勢。

無論通識教育還是涵養教育，在英語裡都是同一個詞——liberal arts。發源於希臘語。arts並不僅限於藝術，還包括科學之外、哲學之下所有和生活直接相關的知識和智慧；liberal最初是指古希臘的自由人，他們是各城邦的主人，有自由意志，能夠自己決定自己的生活。通識教育就是針對這些自由人進行的素養教育，奴隸是不能學的。與之相對應的是具體做事的技能，奴隸和自由人都可以學習。因此，是否接受過通識教育，便是區別自由人和奴隸的特徵。在物質不豐富的年代和地區，人雖然有人身自由，但是時間都用來獲取謀生的基本物質，通識教育根本無從談起。現在，中國人大多已經解決了溫飽問題，不僅是法律上的自由人，還應該成為精神上的自由人，因此通識教育就顯得特別有必要。捧起一本好書，細細體會個中滋味，不啻為自由人的享受。

雖然我只談到《紅樓夢》，其實我是想利用本書泛指各種經典作品。至於為什麼要讀經典而不能只讀那些一時熱門的文學作品，簡單來說有三個原因。

首先，那些經過長時間考驗的經典著作裡的思想，其實反映了人性最本質的東西。例如《紅樓夢》，雖然九〇後出生的可能會認為裡面的故事太過久遠，畢竟曹雪芹完成《紅樓夢》初稿時是在兩百多年前。但是中國人的人性、中國機構（公司、大學和政府部門）內的關係，甚至當今中國在生產關係和商業環境中的特點，和這部小說裡描寫的沒有什麼差別。

我在二十世紀八〇年代讀《紅樓夢》時，距曹雪芹的年代已經相差兩百多年，但我並不因此覺得書過時。每個時代都有《紅樓夢》的讀者，幾乎歷代中國人都能從《紅樓夢》裡學到東西，因此沒有理由認為最近三十年出生的人從中學不到東西。

其次，《紅樓夢》裡描述了一種精緻美好的生活。上流社會的閒情雅趣我們今天都有可能享受到——當然，這要感謝社會的發展。雖然我們的物質生活遠高於十八世紀的人，但是我們真的過得比那時的人幸福嗎？或者換個說法，給每個人一億元，人們就能生活得更好嗎？我看未必。因為真實情況是，有錢和生活幸福雖然有交集，但是兩個集合並不重疊。

我們在中國生活，就需要了解中國的各種文化，過一種中國式的美好生活，而《紅樓夢》就是一本美好生活的百科全書。如果大家要到世界各國生活，或者只是想玩得好一些，也需要了解當地的文化，而讀經典便是了解民族文化最便捷的方式。

最後，《紅樓夢》還有一個特點：這是一本關於女孩子的書。在《紅樓夢》中，賈寶玉在某種程度上都被女性化了，這在中國的經典著作中很少見。男生若要讀懂女生的心思，不妨讀一讀。

其實，大家要讀的不僅是《紅樓夢》，還有梁實秋、張愛玲、魯迅等人的書，狄更斯、雨果、莎士比亞、托爾斯泰、夏洛蒂·勃朗特、珍·奧斯汀等人的書也都應該讀。

不僅要讀書，任何能幫助我們成為合格的自由人的事情都值得學、值得做。

仰望星空，腳踏實地

為什麼《三生三世十里桃花》、《花千骨》這類玄幻劇會熱播？有些人覺得這類劇是「大IP（知識產權）」，還有「小鮮肉」演員的炒作。但是，一兩部劇熱播或許是炒作，連續幾年很多部劇都在熱播，就有更深層的原因了。很多過了四十歲的人難以理解，為什麼二十多歲的年輕人喜歡看這些不著邊際的影視作品，還把這種現象歸因為「代溝」。

「代溝」這個詞恐怕算得上社會學中出現頻率最高的一個詞了，但是大部分長輩，特別是十幾歲孩子的父母不太願意接受。有趣的是，認為自己和父母間代溝最大的，剛好就是十幾歲的孩子。他們一旦和父母意見不合，常常不分誰對誰錯就丟下一句「我們有代溝」，彷彿一切問題都可以因此掩蓋起來，而他們的父母則認為是孩子不聽話。

「十幾歲的孩子」這個群體在生理學上和社會學上非常特別。在中國，一般把他們稱為青春期少年。「青春期」這個詞褒意成分比較多，並沒有貶意，至少是中性的。但是在英語中，與「青春期」對應的英文teenage是一個含意特別豐富的詞。可以表示青春，但還意味著躁動不安、叛逆和迷茫，褒意的成分少，貶意的成分反而多。有一本書叫《麥田捕手》，裡面既沒有描寫愛恨情仇，也沒有絲絲入扣的懸疑，但幾十年來一直暢銷，原因就在於寫出一個懵懂少年青春期的迷茫。小說主人公的理想是把孩子從成年人的世界裡拯救出來。最後，這位迷茫的少年並沒有找到自己的出路，而是回歸到原來的社會。

在中國，似乎沒有想當麥田捕手中的少年，但是幾乎每一位少年都有當英雄、當超人的夢想。那些玄幻劇中的角色，剛好滿足少年們當超級英雄的夢想。無獨有偶，英國的《哈利．波特》，美國的《魔戒》、《鋼鐵人》、《蜘蛛俠》、《變形金剛》等，都有超級英雄的角色。

在我的童年時代，我和身邊的男孩子幾乎毫無例外都想成為孫悟空。因為孫悟空有超能力，可以呼風喚雨，上天下海，而且我行我素，想幹什麼就能幹什麼，三兩句不合就動起手來。再加上他頗有智慧，每次都能化險為夷，更是滿足了那些想做事卻做不了的男孩子的心理。如果在小學排演《西遊記》，所有人都想演美猴王，沒有人會想演豬八戒，因為扮演那個又醜又懶、肥頭大耳的「豬」簡直是一種懲罰。至於唐僧，則被看成一個善惡不分的蠢貨；而沙僧則是可有可無的配角。至於女生，雖然不想成為孫悟空，但是往往希望自己的意中人是像孫悟空那樣無所不能的人。本質上來講，孫悟空和哈利．波特、鋼鐵人、蜘蛛俠，甚至風流倜儻的白子畫沒什麼區別，只是後面這些角色被加入了一些現代人的價值觀罷了。

但是，當孩子們進入高中，不得不為考試發愁時，基本上就遺忘了孫悟空。等上大學有娛樂的時間時，再看《西遊記》，就發現孫悟空不那麼可愛了。據網上年輕人的調查顯示，女孩子心目中的理想情人居然變成了豬八戒。因為他喜歡美女、嘴甜、會拍馬屁、顧家、出身好，是天蓬元帥下凡。唐僧也很受歡迎，因為他被貼上了「目標明確，意志堅定」的標籤。一些脫口秀的名嘴無例外的肯定了唐僧是四人團隊的靈魂。就連沙和尚都被很多女生認可，因為他很可靠，至於配角的身份並不影響這種認可，反正不可能人人都成為主角。同樣的道理，人過了三十五歲，往往很少相信世界上有完美的男人——不僅生活和工作中無所不能，而且既是情聖還能用情專一。

不僅中國的孩子愛做夢，美國的孩子也一樣，否則好萊塢大片裡不會有那麼多超級英雄，他們都是美國文化裡的「孫悟空」。中國的男孩子會在地上隨便撿根棍子當金箍棒，美國孩子會拿起家裡的鍋蓋當美國隊長的盾牌，把浴巾當超人的披風。美國的玩具店裡，到處都是超級英雄的道具。等到十幾歲了，那些孩子就在自家的車庫外擺攤，將這些玩具賣掉，二十五分美元（市面上硬幣中面值最大的）一個，甚至直接送給路過的孩子，告別對美國版孫悟空的崇拜。

一個人成長的過程，其實就是逐漸「殺死」心中那些超級英雄的過程。如果哪個大學生像孩子一樣流露出對孫悟空的嚮往，周圍的同學不會誇他是個「老頑童」，反而會嘲笑他，女生則會對他嗤之以鼻。年紀更大一些的人則會嘲笑那些痴迷白淺、夜華等虛構形象的人。如果我們願意多想想就會發現，單單一個孫悟空，小孩子和十幾歲的青少年對它的認識都不一樣，我們又怎能否認代溝的存在呢？

那麼，到底是孩子錯了，還是成年人錯了？是孩子進步了，還是成年人退步了？大部分成年人會覺得孩子太傻、太天真，等他們長大一些就會明白事理，就像曾經想成為麥田捕手的那個男主角一樣。若是父母抱有這種想法，和青少年的溝通就會變得極為困難。父母應該想一想，絕大部分成年人都曾有過自己孩提時代的夢想，雖然不同時代的超級英雄有可能不同。比起責怪孩子，父母更應該反思自己是如何夢碎的。

夢碎的第一個原因是許了很多不切實際的願，讓孩子做了不切實際的夢。大部分家長總是在孩子小的時候給他們描繪一個超級美好的未來，設計一個不切實際的人生。例如，告訴孩子只要好好念書，就能有出息。但是，哄孩子讀書容易，兌現將來的承諾卻不是家長和老師能辦到的。孩子最終能走多遠，不取決於父母給他們描繪的承諾，更多是取決於他們自己在不停往前走這一方面有多大的意願。

在美國，很多食不果腹的非洲裔孩子從小被告知自己是天使。其實大家都清楚，沒有人真當他們是天使。很多孩子小時候就有做總統的夢想，到了中學，這個夢想就變成了當NBA（美國職業籃球聯賽）球星，可真正成為NBA球星的人實在太少。在美國，人們都認可好孩子是誇出來的，但是誇孩子的目的是讓他們有意願自己往前走；否則，僅僅對孩子做出誇張的肯定，而不花精力培養他們，是沒有用的。這就如同一個在班上總是考六十分的孩子，如果家長和老師不斷地告訴他，他是班上最聰明的學生，對他不僅沒有幫助，反而有害。同樣地，在中國，每一個小學生的家長都假想自己孩子的智商水準是班上的前5%，並按照這種假設教育孩子，逼孩子參加奧數訓練、思特盟（英語STEM的譯音，即科學、技術、工程和數學四個英文單詞首字母的縮寫）的培訓，還要孩子培養一堆興趣。最終有一天孩子會發現，一齣戲只有一個人能當主角，自己能當上配角就不錯了。

相比之下，猶太人教育孩子的方式要現實得多。我的女兒小時候是在家門口的猶太幼稚園接受的教育。讓我吃驚的是，那家幼稚園不允許孩子穿超級英雄或公主和王子的服裝。老師給的理由是，要讓孩子從小就知道沒有超級英雄，也沒有童話中的公主和王子。告訴孩子，世界不是他們自己設計的，今後的一切都要靠他們自己努力。這是縮小代溝的第一個方法。

成年人一方面讓孩子相信超級英雄，另一方面自己卻不相信，這實在有些矛盾。其中的原因，很大程度上來自於成年人自己的挫敗感。我們大部分人的成長過程便是不斷地受挫，就如同《麥田捕手》中的男主角。人在經歷挫折又無法徹底解決問題之後，會越來越認命，放棄越來越多想要的東西。相比之下，亞歷山大、拿破崙、賈伯斯和馬斯克，這些現實生活中的超級英雄雖然也受過挫折，但總括來說他們是從一個勝利走向另一個勝利，這使得他們依然保持著雄心壯志。因此，縮小代溝的第二個方法是，與其直接「殺死」孩子心中的超級英雄，不如讓他們的夢想多延續一段時間。

我們常說失敗是成功之母，但是在我看來，這句話最多說對了10%。失敗的原因往往有很多種，而成功道路的數量就極少了。知道「1+1不等於3」，並不等於知道「1+1等於2」，因為除了3不是答案之外，4、5、6……都不是。對那些僅僅滿足不失敗的人來講，失敗的教訓可以讓他們避免犯同樣的錯誤；但是對於想成功的人而言，失敗的教訓遠沒有成功的經驗重要。一個經常失敗的人會習慣性失敗，相反，成功才是成功之母。失敗是容易的事情，但成功卻要經歷千辛萬苦。從失敗中固然可以學到經驗教訓，但是效率實在太低了。更糟糕的是，過多的失敗會讓人喪失勇氣，從此離心中的孫悟空越來越遠。相比獲得的一點點經驗，失敗的危害遠比我們想像的大。雖然人很難做一件事就成功一件，但總該盡量避免失敗，這樣才能少受挫折。

對家長來講，讓孩子避免失敗的一個方法，就是在給他們想像空間的同時，制定一個確實可行的目標，而不是畫完一張餅就不聞不問了。例如，在申請大學時，如果家長過分干預孩子的選擇，結果常常事與願違。但是，如果只給孩子定一個很高的目標，不幫助他們防範導致失敗的明顯失誤，結果通常也不好。有些頗為優秀的孩子，遇到一兩次挫敗後，對凡是要經過申請、競爭才能得到的機會和職位會失去追求的勇氣，那種挫敗感讓他們提早放棄了心目中的超級英雄。

最終，大部分人會放棄自己心中的孫悟空，也沒能成為超級英雄。這很正常，我們坦然接受就好了。凡人有凡人的幸福，超級英雄的結局未必都很好。每一個人的性格不同，強求自己做難以做到的事情，未必能幸福。蘋果早期的董事會主席馬爾庫拉，他就是選擇了凡人的幸福，放棄了拚命成為世界首富的機會。

對年輕人來說，與其心中總想著孫悟空或者超人，不如做點實際的事讓這些超級英雄在心裡活的時間長一點。對成年人來說，與其給孩子們講了孫悟空的故事，之後又「殺死」他們心中的英雄，不如回想一下自己當年的心態，做點實際的事讓自己從成功中獲取信心。這樣一來，代溝或許多少能夠填平一些。

成就的量級之差

很多人問我，怎麼能同時做那麼多事情？其實我做的事並不多，只不過事情成功率稍微高一些，每件事情多少有點影響力，別人就看見了。成就的多少至少取決於三個因素：做事的速度或做事的數量，每一件事的影響力，以及做事的成功率。彼此之間是相乘而不是相加的關係。也就是說，事情做得再多，如果成功率不高、影響力不大，最後的成就就會很有限。

在上述三個因素中，做事速度能提高的幅度是有限的。職業生涯中，一個人的效率若能比同行高出一倍就到頂；但是成功率和影響力卻有量級（degree）的差別，有時候不僅是幾倍、幾十倍之差，還有可能是天壤之別。

量級在數學和電腦資訊科學中有比較明確的定義。舉例來說，如果一種增長是線性的，另一種增長是指數級的，兩者就有量級的差別了。

在詳細說明什麼是量級之前，我想先介紹一個類似的概念——數量級。數量級之每一級，數據相差十倍左右，例如個、十、百、千、萬，這就是數量級的差別。在投資和宏觀經濟中，人們比較注重數量級。如果兩家公司收入水準相差兩三倍，雖然有多和少的分別，但仍然處在同一個數量級上，是可以互相競爭的。如果在同一個細分領域，兩家公司的收入水準差距在十倍以上，就不在一個數量級上了。小的那家公司想和大的公司競爭，非常辛苦。

量級概念則比數量級更大，隨著規模的擴大，差異也越來越大。不同量級在靜態上的差異，就好比芝麻、橘子、西瓜、大象、大山、地球、太陽、銀河系和宇宙彼此之間的差別。

量級的不同帶來的另一個巨大差異源自動態放大效應。很多事情在規模比較小時，人們看不出量級之間的差異；但是等規模發展起來，差異就可能大得驚人。在過去的兩百多年裡，美國股市每年的複合增長率接近8%。如果你在華盛頓就職總統時投到美國股市一美元，現在能變成大約兩千萬美元。但是，如果投資只是線性增長，本金不變，每年配息8%，兩百多年之後，一美元只能變成十九美元，這就是增長上量級的差別。這個差別在前十年是看不出來的，因為複合增長和簡單增長的結果分別是2.16美元和1.8美元，差別並不大。想預見兩種不同增長方式最後會導致的量級差別，靠的是經驗和見識。

在工程中，針對小規模問題的解決方法常常不適用於大問題。多年前，我在騰訊工作時，一位工程總監向我抱怨手下的一位軟體工程師，為了偷懶少寫代碼，居然在程序中使用計算效率很低的冒泡排序方法。那個工程師還狡辯，說程序運行時間差不了多少。這位總監匯報的情況是工作中常見的事，因為我們生活在微小世界，通常對大的數量沒有概念。於是，我請那個總監把工程師帶過來，我和他們一起聊一聊。

我當著總監的面對那位工程師說，如果只是對班上幾十個同學的成績排序，採用效率低一點或高一點的方法差別不大，無非是一千次計算和幾千次計算的差別。但是，對上萬個數字排序時，就是幾百倍的差異了。如果對全中國的老百姓排序，就是幾百萬倍的差異。現在大數據的數量可比中國的人口多得多，如果方法不同，差異會大到難以想像。

聽了我的話，那個工程師覺得很不好意思。我安慰他，預知兩種不同方法會導致量級的差別，是需要經驗和見識的，不必自責。但是，若想成為一個優秀工程師，就需要養成關注量級的習慣。在電腦資訊科學中，採用兩個不同量級的算法做同樣一件事情，運行時間有的可以長達人的一輩子，有的只需要幾分鐘、幾秒鐘，差別就是這麼大。

有了對量級感性的認識後，來看個人如何能讓自己成就最大化。

在決定成就的三個因素中，不同人做事速度的差異最多是幾倍。很多人覺得差幾倍已經不少了，但問題是，另外兩個因素有量級的差別。

先來看成功率，機率從近100%到近乎0都有。很多人覺得10和1的差異比1和0的差異大，因為前者的差異是9，後者是1。但是從量級上看，10和1的差異是幾倍之差，有辦法彌補；1和0的差異則近乎無窮大。假如一個人匆匆忙忙做五件事，卻一件都沒有做好；另一個人專注做一件事，但是做成了，後者的成就是前者的無窮倍。人這一輩子，不在於開始了多少件事情，而在於漂亮地完成了多少件事，這一點我在前文提過。

另一個有量級差別的因素是影響力。

看看新浪微博中每個人的追隨者（粉絲）數量，就會發現，從最多的一億人左右，到最少的幾個人之間，差了七個數量級，這就是量級之差。有人可能覺得，微博中粉絲最多的「大V」[11]

11 大V是指微博平台上獲得個人認證，擁有眾多粉絲的微博用戶。

往往以娛樂明星為主，有明顯的傾向。那麼，以客觀算法確定的傳播影響力應該更具有公正性。谷歌的網頁搜尋算法是依賴 **PageRank** 的技術，這技術可以客觀算出一個網頁中特定關鍵字查詢結果貢獻的量。對任何一種資訊查詢而言，大部分的個人網頁、具有影響力的媒體或者專業網頁之間，都能差別好幾個數量級。即使同為專業網站，一個普通醫院的網站，和約翰．霍普金斯醫院、麻省總醫院的影響力比，會差出上萬倍。

影響力差別的動態範圍不僅在網路上很巨大，在實體經濟中也是如此。如果看一下全球各品牌手機的實際利潤，二〇一七年，排名第一的 **iPhone X** 是排名第十的 **iPhone SE** 的三十八倍左右（分別佔了全世界手機利潤的 **35%** 和 **0.9%**）。而全球利潤排在前十名的手機中，除了有兩款是三星的，剩下的八款都是蘋果的。換句話說，針對產業利潤貢獻度，絕大部分手機可以忽略不計，這還不算很多賣都賣不出去的手機。

類似的情況還有很多。一些大學花了十幾年時間，在雲端計算或者人工智慧方面發表了上百篇論文，加在一起還抵不上谷歌的傑夫．迪恩一篇論文的影響力。一萬支廣東產的電子錶，價格都比不上一支百達翡麗的手錶。全球的安卓手機上有幾百萬款遊戲，把排名在一百位之後的所有遊戲加起來，玩家的數量還抵不上騰訊一款熱門遊戲，更不要談收入。

對一個人來說，若一輩子很努力的做了許多沒有影響力的事，還不如認認真真做好一件有一定影響力的事。有些遊戲工程師向我訴苦，說在美國像他們那樣最底層的遊戲工程師，一個月的收入只有八百美元左右，遠低於貧窮線，還不到打掃廁所的清潔工收入的三分之一。我覺得原因很簡單，全世界有上百萬款小遊戲沒人玩，那些大量處在末端位置的工程師和其他遊戲從業者所做工作影響力近乎為零。但是，中國有一些遊戲的設計者和主要開發人員，一年的收入能達到上億元人民幣，代表他們的遊戲收入達數十億元。同樣的遊戲開發團隊，就算拚了命趕進度，開發的遊戲數量衝到原來的兩三倍已經是極限，也就是說，做事速度最多差幾倍，但是，所做事情產生的影響力卻有量級之差。國內很多創業公司一味追求速度，一個工程師一年寫的代碼有時是谷歌或微軟工程師的兩三倍。但是據我的觀察，國內大部分工程師寫的代碼，生命週期都不超過三個月，而且除了他們自己以外，很少有人願意使用。這樣的工作，影響力就很有限。而在谷歌，有些經典代碼的生命週期在十年以上，且絕大部分的計畫都還在使用這些代碼。這就產生了量級的差別，兩者成就孰高孰低顯而易見。很多時候，並非工作越忙越有成就。

了解量級的概念後，有見識的專業人士和普通人在處理不同量級事情上，態度就截然不同。

把小量級和大量級的東西放在一起，前者必然被忽略掉。對大部分人而言，10001 ＞ 10000。一個人有了一萬元，再給他一元，他也會拿著，因為蚊子雖小也是肉。但是對合格的專業人士來講，10001 和 10000 是一回事，他們不會做畫蛇添足的事情。這就如同一個橘子再加上一粒芝麻，和原來的橘子相比沒有什麼差別一樣；有時候，多看芝麻一眼，反而可能把橘子丟掉了。

幾個小量級的東西放在一起，遠比不上一個大量級的東西。

一個無籽西瓜重八公斤左右，抵得上兩百萬粒芝麻的重量，這就是十幾把芝麻的重量都比不過一個西瓜的原因。在電腦領域中，一個好的科學家和工程師，會想盡辦法從量級上改進方法，因為這樣的收穫是幾百倍、幾萬倍，甚至更多。而只有上進心、沒有學到工程思維的工程師，則要每天擠時間多工作一小時，去做一些重複的事情。要知道，一粒芝麻和一個橘子相比差得可遠了，更無法和西瓜相比。

一個優秀的專業人士在做事前，會先整理出一個做事清單，按照重要性和影響力的量級排序，然後集中資源把最重要、影響力最大的事情先做完。至於無關緊要的事情，可能直接從清單上刪掉。沒有經驗的人則是什麼事情先來就先做什麼，以致於做了很多費力而沒有影響力的事情。

有些喜歡做「山寨」品的產品經理，總是試著在成本上省幾分錢，目的不是多賣產品，而是讓自己做的產品賣到正牌產品一半的價錢，甚至更低。真正優秀的產品經理，懂得在細節上做1%的改進，讓產品的品質高出一個數量級，這樣不僅能夠增加很多利潤，而且能大大提高產品的市佔率。例如，蘋果電腦所謂的視網膜螢幕，成本比一般的螢幕高不到十美元，卻不僅讓店家多賣一百多美元，而且用戶的體驗好了不只一倍。這其實是增加了「芝麻」的成本，換來了「橘子」的效果。

做事多或少最多不過是幾倍的差異，但做出的品質以及後面帶來的影響力卻可以達到量級之差。明白了這一點，就不妨換一種工作方式，多做一些有影響力的事。當然，這不是讓大家好高騖遠，否則成功率永遠等於零，會一輩子一事無成。我觀察清華大學上一輩和我同輩的老師們發現，他們之中一輩子做不出成就的人並不少。這並非因為他們對自己的要求低，只做簡單的事情，反而是因為自視過高，不願意從小事踏踏實實做起。一事無成後，那些人無一例外覺得自己懷才不遇。即便是聰明人中的聰明人，如果好高騖遠，成功率也會降為零。再大的數乘以一個零，結果還是零。

事業起步時，大部分人都是從小事做起。而且因為不熟練，做事速度通常比較慢，甚至連一點小事的成功率都不高。但是沒有關係，能夠帶來量級變化的函數並非一開始數值都很大，而是隨著時間的推移越變越大。人也是如此。任何人腳踏實地做一件事情，一段時間後，成功率會提高，效率也會提高，接下來就需要提高做每一件事的影響力。有的人能夠隨著年齡增長而成長，有的人三十歲就已經到極限，所以，成功不在於是否努力多做兩件事，而在於能否躍升到更高的量級。

前文我寫到引導我做生意的張國賢先生，如果沒有他讓我體會到量級的區別，我或許一直滿足於小富即安的日子。在生活中，能夠「小富」的人常常容易「即安」。我的朋友鮑比（化名）是一位美國的天使投資人，他曾經成功地投資了領英公司，照說應該很成功。但實際上，這位從二十世紀七〇年代就開始做天使投資的投資界老兵，直到今天都沒什麼人聽過他的名字，因為直到今天，他對每個計畫投資的規模依然在十萬美元左右。幸虧的是，由於有領英這支「本壘打」（投資回報超過五十倍的計畫，通常被稱為「本壘打」），他每一輪投資的總回報率在200%左右。有的人可能覺得這個回報率不低了，從比例上來看確實不低，已經超過矽谷地區風險投資的平均水準。但是，由於他投資的規模太小，分得的利潤非常少。我曾經計算過，他每年也就賺二十萬美元左右，還不如谷歌或臉書一個剛入行的博士畢業生賺得多。

這位投資人常常自豪地跟我說，他給很多家公司開了第一張支票，其中不少公司最後上市或者被收購，顯示他的眼光好。但我心裡想，作為一個老兵，還經常開「第一張支票」，這不是榮耀，而是恥辱。就如同一個戰士打了一輩子仗，還在津津樂道最近一次親手殺敵一樣。在矽谷，像他這樣的早期投資人非常多，即使投資成功，也不過是混口飯吃。相比他們，真正有成就的投資人，起初的投資結果並不比他們好，但是投資規模逐漸增加到幾十萬、幾百萬、幾千萬，甚至上億美元。一億美元獲得20%的回報，遠比十萬美元獲得200%的回報多得多。

提升量級不僅需要時間，還常常需要在重要時刻急起直追。我在國內有一個朋友，是企業的金牌培訓師。他很擅長講課，對商業有獨到的見解，人脈很廣，因此他辦的企業家培訓班起初很成功。但是在近幾年裡，他的業務沒有任何發展。在這期間他非常努力，還放下資產到國外進修了一年，希望能進一步了解新的商業和技能，以提升自己的業務水準和生意上的競爭力，但是效果並不好。

他找我分析原因，我告訴他，他必須做一個選擇，是當張教授（化名），還是當張校長。俞敏洪當年也是一位金牌講師，但如果他永遠把自己定位成俞老師，即使課講得再好，不過是賺一份辛苦錢，收入僅比一般老師高得多。俞敏洪最終成功從俞老師轉型成俞校長，讓他不僅可以從企業的利潤中得到巨大財富也得到資本市場的認可，還開創了一個產業，這就是在量級上的突破。隨後，我對那位朋友說，如果他想實現身份的轉型，不要總想著自己會講課，而要學會當校長，才能從張教授變成張校長。如果他能把放下資產一年的時間和努力花在學習如何成為合格的管理者上，他的業務發展要順利得多。

這位朋友的情況其實還蠻普遍的。我曾分析過，為什麼很多明星媒體人創業都不成功，一個很重要的因素是他們沒有完成從知名媒體人到電視台台長的轉變。量級沒有上去，最終只能在同一水準上重複。

對大部分人來講，即使不從事理工科的專業，不投資，不創業，也應該明白量級這個概念。不要醉心於重複做很多影響力微乎其微的事，否則即使再努力，也難以有大成就。要注意自己做事的成功率，爭取每做一件事都能產生一些正向效果，為將來做更大的事業打基礎。

最後，重要的話就得重複說，成就＝成功率×影響力×速度。同時改變公式中的三個變數是很難，較佳的做法是一次提高一個，滾動前進。

把事情做好的「三條邊」

偶爾做成一件事並不難，有些時候僅僅是運氣使然，難的是找到一些系統的方法，獲得可複製的成功。為什麼近代以來不斷有發明創造出現，這和找到了系統性的方法有關。所謂最具普遍意義朝向成功的方法論，從根本上說起，就是弄清楚做事的邊界或者極限，弄清楚做事的起點以及從起點朝向邊界的道路。我稱之為做事情的「三條邊」，把三條線放在一起，會呈現出字母「Z」的模樣，如圖6-1所示。

圖6-1中上、下各有條線，中間有一條斜線將兩線相連，斜線下面粗、上面細。接下來，我會解釋這三條線的含意。

下面一條線是基礎，我稱作基線。可以看成是到今日為止，人類掌握的科學、技術、工程和其他知識，或者是

圖6-1　做事情的「三條邊」

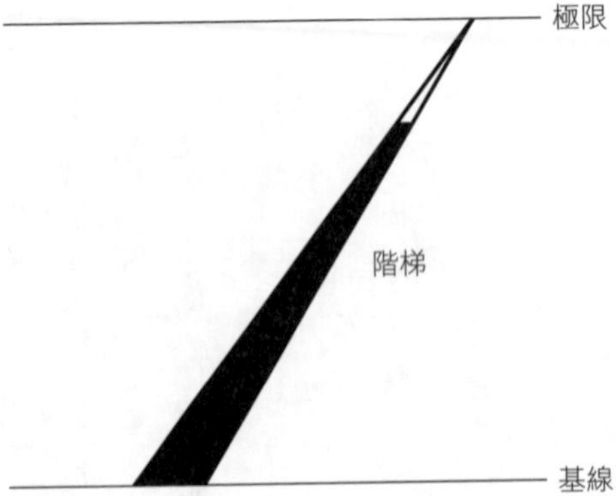

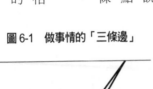

人做事情時要掌握的知識基礎。以不同的人來看，這條線的高度便有不同。對一個專家來說，這條基線很高；對一個剛入門的從業者來講，這條基線就很低。

我們做所有工作，都應該建立在這條線的基礎上，而不該從線下方做起，這一點很重要。為什麼有些民間發明家花一輩子時間做出來的發明，除了讓其他人笑話，沒有什麼實際價值呢？因為他們的起點遠遠低於這個時代的基線。

直到今天，我們在電視上還能看到一些勵志節目，介紹幾個民間發明家努力研製小飛機或者電動汽車的故事。電視台勵志的本意固然好，但是那種不講究科學、胡搞瞎搞的做法給年輕人傳遞了錯誤的訊息。那些做法除了浪費時間和金錢，根本不會有什麼結果。很多人花了一輩子時間，甚至用全部積蓄研發出來的東西，對社會沒有任何意義。就算做成了，水準也太低，而水準太低的原因是腳下的那根基線太低了。

若說研製飛機的專業團隊所在的基線有三層樓高，北京航空航天大學發動機專科畢業生的基線是在地平線上，那麼那些民間發明家的基線就是在地下三層。因此，做事情最有效、最容易成功的辦法，就是先將自己的基線提高，而不是從地下三層做起。例如，上學念書達到北航畢業生的水準，也就是地平線的標準，而不是關起門來自己琢磨，花一輩子時間慢慢爬到這個基準。

有人可能會拿我前面講過的萊特兄弟當反例，覺得他們在發明飛機前，也只能算民間發明家。這其實是一個誤解，或者說是勵志讀物誤導了讀者。當然，現在大部分的人不會去當民間科學家或者發明家，但是很多人在工作中用的方法和民間發明家沒有什麼不同——都是立足在一個非常低的基線。要想把工作做好，首先要提高基線。

很多在專家看來是常識的知識——在工作中不需要太動腦，拿來就能用的知識——對另一些人來講就是高深莫測的新知。可以想像，二者誰更可能把事情做成功。

同樣地，絕大部分散戶在投資時，和民間發明家造飛機也沒有什麼不同，都是從地下三層做起。交了半輩子的學費，是否能達到地平線的水準，還未可知。對他們來講，更有效的方法不是自己上股票市場交學費，而是接受教育，去正規的機構中歷練。

我們接受教育的目的就是提高自己的基線。大學畢業就比中學畢業的基線高得多。大學畢業的人還會不斷參加培訓和學習，也是為了提高基線。很多時候，我不主張大學生退學創業，因為他們的基線太低。

圖 6-1 中最上面的那條線，屬理論中的極限，即無法突破的界線。我們可以認為這是造物主創造宇宙時留下的，例如，光速、絕對零度、能量守恆定律，以及數學上的很多極限等等。

專業人士和業餘愛好者的一個差別在於，能否了解極限的存在。

舉一個簡單的例子。為什麼火力發電廠或者輪船上使用的渦輪蒸汽機的效率，達到 60% 左右後就無法再提高了？因為不論工藝如何改進，蒸汽能達到的最高溫度是有限的，熱力學中的卡諾定理限定了蒸汽發動機效率的上限。

有了這個理論基礎，任何一個研究發動機的人，做起事來都不會異想天開，也不會問出「為什麼蒸汽機的效率達不到 90%」這種傻問題。但是，不知道卡諾定理的人就有可能去追求達不到的效率。

電腦有三個極限：在理論上，圖靈機可解決問題的範疇就是極限；在物理上，原子的尺寸

（和在那個尺寸下電子的波動特性）就是極限；在系統設計上，馮．諾依曼系統結構也是一個極限。有人問量子計算是否能夠突破電腦的極限？很遺憾，即使量子計算能夠像理論設想的那樣，將破解密碼的速度提高百萬倍，也依然無法突破上述三個極限，尤其不能突破圖靈機的極限。當下，判定電腦領域偽科學的一個方法，就是看它是否聲稱突破了這三個極限。

當然，有了基線，也知道極限在哪裡還不夠，還要有一個能夠扶著向上攀登的繩索或者階梯。

我還是用工程上的例子來說明。二〇〇八年北京奧運會的主體育場鳥巢，在工程上是一個了不起的建築。如果早建二十年，全世界都做不到，因為那時的基線太低。例如，技術上還無法進行超大規模的鋼結構工程。直到北京奧運會舉辦前夕，實現鳥巢的建築基礎有了，也就是有了一條基線。但是，要把鳥巢從紙上變成現實，還需要扶著一條「繩索」往上爬，這就是工程師的任務。

據鳥巢總工程師李久林先生的描述，這件事並非一個簡單的施工建設問題，而要從建築工程勘察、結構設計到施工過程，加上施工技術管理、科技研發管理，建立一整套可行、高效的方案。這些方案就是我在圖 6-1 中畫的連接基線和極限兩條線的斜線。

為什麼這條斜線下面粗、上面細呢？因為靠近基礎的部分，做的人很多，各種行之有效的方法也很多。而越往上，目標的難度越大，常常就沒有太多的道路可供選擇，甚至很多道路要靠自己探索，因此越來越細。

包括工程師在內的專業人士，做的就是找到或者編織出攀登繩索的工作。在生活中，這種思維方式其實普遍適用。

我有一位朋友（且稱他為Ｌ君吧），他在國內投資界很有名。Ｌ君說他第一次融資的過程就是編織繩索的過程。Ｌ君過去在企業界頗有名氣，在工程師裡頗有號召力。因此，當他準備做投資時，金融界的很多人都表示願意和他合作。

Ｌ君一開始很興奮，但是談了一輪後發現，大家其實都是指望用他的名氣再去找別人融資，並不願意把自己的錢交給他來投資。而且國內做投資的人常常有個毛病，口袋裡可能連一億元的現金都沒有，就說要做十億元的基金。幾個月下來，Ｌ君見了不少人，基金和孵化器卻還停留在紙面上。

這時Ｌ君感覺事情不對勁，他雖然目標明確，卻不知道如何達到目標，總是在圈子外徘徊。後來他找到企業界的一位泰斗求教，那位老先生告訴他，他現在已有的經驗、影響力和人脈，構成了腳下的基礎，這也是很多基金想拿他的名字去融資的原因。但是，因為他自己既沒有管理過資金，也沒有創業經歷，各家基金其實不願意直接把錢交給他管理，這是他欠缺的一個基礎，或者說是基線所在。

認清了自己的位置，看清了上下兩條線，Ｌ君的目標就明確了。他要邁出的第一步是補足欠缺的基礎，提升自己的基線。為了達成這個目標，Ｌ君需要有一條明確的通道。通道由一個個台階構成，我們可以把台階理解為行動步驟。通道之外的所有事情都不要做，無論有基金許下多大的承諾，他都不理會。Ｌ君在接下來的一個月裡，重新圈定了融資目標以及要做的事情。在這個過程中，凡是不在他接近目標的通道上的事，他一律回絕。最終，他根據自己的特長和影響力，從工業界（包括那位老先生那裡）而不是金融界獲得了足夠數量的投資。

等到融資基本搞定，他又利用自己在工業界和媒體領域的影響力，聚集了一批年輕人。然後，開始做大公司需要卻不願意建團隊做的計畫，並且很快就有幾個計畫獲得工業界的認可。如此一來，他就把過去的界線變成了後來的基礎。有了新的基礎，很多投資人就真的帶著錢來找他合作了。此時，他其實已經把自己的基線提高了，當然也會看到頭頂上更高的界限。有了這一次解決問題的經驗，而且是可以複製的經驗，他在近十年間，把事業越做越大。現在，他已經是中國最知名的投資人之一了。

我們常常會提到一個詞：工程化。所謂工程化，就是依靠一套可循的，甚至相對固定的方法解決未知的問題。我把這種方法論簡化成三條線，可能過於簡單，但是便於記憶和操作。

專業人士通常有著良好的訓練，下面的一條線基準較高，也清楚上面的一條線在哪裡，缺乏的可能只是第三條線，即從下往上的那條斜線，他們要做的就是沿著那條線往上走。

找不到上下兩條線，是蠻幹、傻幹；找不到第三條線，永遠只能紙上談兵。

避免失去朋友的方法

我們總希望朋友越多越好，因為人是社會動物，需要朋友。但是在現實生活中，我們會基於各種理由而失去朋友。

失去的朋友大致有三類。第一類是因為人生經歷的變化而無法維繫關係的，例如畢業後漸漸疏遠的朋友。畢竟一個人日常溝通的極限不過百十來個人，不可能和遇到的人都能長期做朋友。和這些朋友分道揚鑣，可以說是命運的安排，不太會令人感到遺憾。第二類是因為交友不慎結交的假朋友，失去也不可惜。如果一開始少交這樣的朋友，我們的生活會更好。第三類則是因為彼此沒有處理好朋友關係而失去的，事過之後回想起來，常常會讓人悵然不已。每個人能做的是設法避免深交第二類人，處理好和第三類朋友的關係。

朋友關係有很多類型，常見的可以歸為三類：合作型、依靠型和曖昧型。第三類不是本文要討論的，我會聚焦前兩類。對不同類型朋友的期望值其實應該有所不同，設置錯了期望值，便是失去朋友的一大原因。

大部分朋友之間，或多或少都有合作的關係，例如隊友、戰友、同學、同事等。人類自遠古時代開始，如果沒有合作，就不可能在相同自然界中的競爭、相同人種（例如尼安德塔人）間的競爭，以及部族間的競爭中勝出。而要合作，就需要有付出，就需要放棄一些私心，犧牲自己的局部利益，謀求最大的共同利益。因此，付出和合作是這類朋友關係的基礎，缺少這兩項，合作型朋友便做不成。

合作型朋友關係破裂最典型的例子，是曾經同甘共苦的事業夥伴分道揚鑣。我從二〇〇七年開始做風險投資至今，幾乎每一年都能看到共同創始人鬧翻的事件。實際上，調解創始人之間、創始人和投資人之間的矛盾，成了投資人工作的重要一部分。由此可見，共患難的朋友關係非常容易破裂。

我有一次在外地做經驗分享，晚上和另外一位共同分享的貴賓——一位成功的企業家共進晚餐。酒過三巡，他談起了創業的傷心事。據他所說，他前一家公司包括他在內有三個創始人。三個人都是一起共事十年、認識二十年的朋友。在公司初創時，環境非常艱苦，大家一起在地下室同吃同住，熬了四年，這樣的經歷照理說趕得上革命情感。但是，等到公司即將上市時，三個人「撕殺」鬧得一塌糊塗。最後，其中一個合夥人，以返還貸款的形式將他和另一個合夥人掃地出門。他創業近十年，除了拿到一些利息，什麼都沒得到，而那個坑人的朋友卻因為公司上市獲得幾億元的現金收入。最後，他感嘆道：「在很多人看來，為了百萬元壞了交情的事情不值得做，但是為了一個億就值得去做，大不了一輩子不見面。」

我安慰他，中國很多明星公司，如果仔細看它們當初創立時的情況和發達後的情況，不難發現「撕殺」的痕跡。中國成功上市的私營企業，創始人之間、創始人和投資人之間，不「撕殺」的爭鬥是鳳毛麟角。不僅年輕、沒有經驗的創業者如此，生意做得很大，江湖上的「老油條」被人「撕殺」鬥爭的也大有人在。甚至有些生活在同一個城市，在當地算是有頭有臉的人物，照樣為了利益斷絕朋友關係。在美國，這種情況也好不了多少。臉書就是一個典型靠「撕殺」來獲得控股權的公司，裡面的細節可以去看電影《社群網戰》了解。

很多人覺得，為了利益損害朋友關係的事情只會發生在生意場上，普通老百姓沒有那麼多的利益來往，朋友關係會單純一些。其實，任何帶有合作色彩的朋友關係都會因為利益而受到損害，只不過商業上的朋友關係涉及利益大，朋友關係變壞更快，外人看得較明顯罷了。在重大利益面前不講情面、損人利己是人性的弱點。有些人受到自身道德和價值觀的約束，做得好一些，朋友關係就能維持得長久一些；有些人肆無忌憚，朋友關係很快就崩塌了。

避免合作型朋友關係破裂的有效方法有兩個。

第一，將醜話說在前面，盡量避免損害友誼的事情發生，或者在發生時減少損失。

根據十多年的投資經驗，我發現很多「內部會撕殺」的公司，在剛成立時就埋下了隱憂。很多人合夥開公司是出於人情，都不好意思談股權、談錢（這種情況既存在於創始人之間，也存在於創始人和天使投資人之間），覺得談利益傷感情，或者隨意承諾股權，覺得不慷慨換不到真心。這種團隊，遇到困難時未必會出問題，但遇到巨大利益時反而會分手。很多人等到被踢出局之後，才後悔當初沒有先談利益。談利益不是一件可恥的事情，以談利益傷感情為由坑害合夥人的才是可恥。

最經典的案例就是臉書的幾位創始人和早期高階主管間的糾紛——祖克柏幾個合作者股份被嚴重稀釋。但這問題來源始於自己：當一個人在一家公司裡擁有巨大財富時，需要盯緊自己的錢包，不要被身邊的同事算計了。當然，祖克柏最後並不是勝利者，因為他給公司植入了有毒的基因，之後的投資人不斷找理由挑戰他，多次逼他退出公司。

朋友一起做事，原本是一件好事，但結局常常是事情沒有做成，朋友也當不成。這並非誰有失道德，或者人品有問題，「共患難易，共富貴難」本來就是人的本性。如果不想失去朋友，在一起做事之前最好先把利益的分配講清楚。對於大多數不需要一起做事情的人，做朋友時就要堅持原則，就如同合夥做事前分清楚利益一樣。同事之間，哪些忙可以幫，哪些不可以幫，需要讓對方先清楚知道，否則失去朋友是早晚的事。

第二，不要越了界去幫忙或請求幫忙。

朋友的合作關係是有一定範圍的，不是全方位的，很多人不懂這一點。球隊隊友之間關係先是一起打好球，然後才是生活上的互相照顧。畢竟隊友經常在一起，需要的是好好維繫的關係。但是這種關係不適合一起做生意，因為那是另一個範圍的事。如果一定要一起做生意，可能最後連隊友都做不好。

我從來不做親朋好友的生意，也從不替朋友打理錢財，因為我和他們的關係只在生意之外的範圍。如果要跨界線做不該做的事情，替別人賺了錢，對方未必感激我；而如果我把別人的錢投資虧損，可能連朋友都做不成。因此，我對那些提出讓我管理錢財的朋友說：「很抱歉，我不能幫你這個忙，因為我不想失去你這個朋友。」

有一件小事常常讓朋友之間的關係變壞，那就是借錢，這其實已經踩到朋友界線的地雷。在歐洲和美國，朋友之間借一大筆錢的情況很少發生，因為去銀行借錢或用信用卡借錢並不難；更重要的是，大家不想彼此失去朋友。即使偶爾借錢，也有很清楚的合約，而且有第三方做見證或者公證。

然而，借錢這種事在中國時有發生。據我觀察，朋友之間借錢，通常只是寫一個借條。人們不好意思正式擬合約，也不會找中間人做見證，或者找律師做公證。因為覺得這樣做既沒有必要，又傷和氣。最後的結果是，因此發生非常多糾紛。任何人在向別人借錢時，都顯得特別誠懇，在誠意上可以說發揮得盡善盡美；但是，很多人等到該還錢時就不是這樣了。有些人明明完全有能力還錢，卻把還錢的輕重緩急放到最低。雙方的矛盾就是這樣產生。

很多人問我是否該借錢給別人，我的回答是，如果借出的數量不至於讓你的生活受到影響，還是可以借。但是，如果你只有五萬元存款，對方要借三萬元，你就要好好考慮了。至於小錢，雖然能否收得回來根本影響不到個人的生活，但處理不好依然會破壞朋友之間的關係。

假如一個朋友跟你借兩百元應急，過了一個星期，見了你三次，卻一直不還錢。有時他會提一下：「哎喲，對不起，又忘了給你帶錢了！」而你通常不好意思要那兩百元。就算你去要，他會想：真小氣，這點兒錢還記著。兩個星期後，他乾脆忘了這件事。如果你不是一個在乎小錢的人，或許你們的友誼還能維持。但是，如果他兩個月後又向你借兩百元，又重複前面的模式，你們的友誼就完了。這種事情發生得多了，你即使不在乎那點錢，對這位朋友也會有看法。有了看法自然會流露出來，於是大家就有了隔閡。這個朋友即使有其他優點，你對他的成見可能也會妨礙你和他深交。

我還遇到過一種情況，借了小錢的朋友並不想賴帳，但是總記不得還錢，見了我又不好意思。雖然我從不在意那點小錢，但是時間久了，朋友就不願意見我。我後來想，如果我沒借出那點錢，朋友也不至於躲著我。在那之後，每次別人跟我借點小錢時，我都丟下一句話：「如果你能記得起還我，最好兩三天就轉帳給我。如果兩三天後還記不起，就不要還了，這點錢對我並不重要，免得你每次見了我都要不好意思。」這種話說出去後，很多人會及時還我錢。這時我得到的不只那點小錢，還說明別人對我的話有用心聽。以後再委託那個借錢的人做事，他就知道我不是一個隨便的人。對於過了一星期才還的錢，我堅決不要，以顯示我的原則，我其實更希望對方把我說的話當回事。通常，那些第一次借錢逾時還我的人，第二次再跟我借錢，都會在第一時間還我，因為他們知道我是一個說一不二的人。

有些時候，借錢這種小事處理不好，很容易讓我們失去朋友。也正因為如此，莎士比亞說：「不要借錢給朋友，你不僅可能失去本金，也可能失去朋友。」如果追究其中的根源，就是越了界幫助人或尋求幫助。

另一種因越界幫忙而失去朋友的情況是，輕易許諾自己做不到的事。有些人在朋友請求幫忙時，明明自己做不到，又不好意思回絕，就先答應下來，最後交不了差，只好厚著臉皮表示事情沒辦成。這樣的結果不僅讓自己難堪，還可能害了對方，因為讓對方產生了並不存在的希望。這種事如果做過幾次後，朋友就丟了。所以，把醜話說在前面為好。

過去，很多朋友託我給他們的朋友在谷歌找工作。我並不熟悉這些找工作的人，因此我會根據他們的簡歷客觀地進行推薦。而且，我會把醜話說在前頭：「我可以幫助你的朋友遞簡歷，但是谷歌每天收到的簡歷很多。而且在谷歌，任何人對招聘員工都沒有決定權，因此，我未必能幫上忙。」對於一些沒有競爭力的人，我甚至會說：「從簡歷上看，他被錄取的可能性很低。我只能幫忙把簡歷遞上去，最後可能不成，你不要怪我。」由於我提前給朋友打了預防針，事情成了他們會感激我，即便不成，也沒有抱怨過我。

合作型朋友的關係得以長久維繫，大多是因為雙方都主動做出貢獻，而且在某些方面曾有合作的基礎。但如果這種關係的定位超出了合作的範疇，朋友關係就漸漸疏離了。

當然，有人會覺得自己和某人的友誼純粹，不存在合作關係。我對這種人會說：「你所說的純粹、惺惺相惜、毫不功利的友誼本身，就是一種功利，否則你不會把它說給我聽。」這樣的朋友其實我也有，我和他們的關係在某種程度上是一種彼此依賴，即前文提到的第二類朋友。尼采說過，除了神靈、野獸和哲學家，人都忍受不了孤獨。擺脫孤獨，就會有依賴朋友的需求。

世界上有一種關係叫作「閨蜜」。閨蜜有真有假，在現實生活中，大部分閨蜜其實是假的，並不那麼純粹。有些女明星在網路上曬自己生日時和閨蜜的合照，等到她落難時，「好閨蜜」跑得比兔子還快。但是確實也有真閨蜜，張三對李四的好是無條件的，兩個人在一起，穿一條褲子都嫌多餘。這種關係通常沒有什麼功利因素，完全是一種依賴關係。

但是，這種看似單純的關係，有些時候很難維持長遠，不是因為誰自私，而是地位的不平等。

十多年前，到美國的中國人還不是很多，一些女生到了美國後孤苦伶仃，就有一些好心的高年級女生主動照顧她們。有些人彼此保持距離，朋友一直做了下去；有些人關係太近，好的時候倆人就像一個人似的，但是很快就會出現不平等——男生對她們的態度不同，男朋友條件差距大，兩個人的家境相差很遠，將來就業的前景可能一個天上一個地下。在這樣的差異中，處於優勢的一方可能非常想維繫閨蜜關係，甚至願意將自己的東西平分，但是處於劣勢的一方通常會拒絕。這種不平等往往導致她們疏遠起來。

義大利著名導演保羅．塔維亞尼曾經拍過一部叫作《早安巴比倫》的電影，講的是安卓與尼古拉兄弟二人幫助電影大師大衛．格里菲斯拍電影的故事。兩兄弟的父親在他們離開義大利前曾告訴他們，兩個人一定要平等。到了美國，他們在好萊塢事業有成，愛情婚姻美滿，兩個人完全平等。但是，尼古拉的太太死於難產後，他們不再平等，悲劇從此開始。

閨蜜的關係通常好不過親兄弟，但親兄弟之間如果條件不平等，難免也會有嫌隙。朋友之間不論地位如何，都需要平等看待對方。否則，即便一方示好，關係也難以持久維繫。一位生活在加拿大的朋友告訴過我，她有一個閨蜜，對她非常好。每次回北京，那位閨蜜都會放下工作，特別從南方飛到北京見她。不僅請她吃最好的，和她共處一段時間，還給她帶來一堆東西。幾年後，我再遇到這兩個人時，她們已經很少來往了，因為她們之間經濟條件的不平等造就了彼此說不出的彆扭。如果定位成依賴關係，雙方就需要平等。或許，那個條件很好的女生將自己的生活水準降低一些，降到我那個靠薪資吃飯的朋友的水準，她們的友誼就能維持得更長久。所以，下嫁其實是一件很難的事情，下嫁的人不僅要接受來自另一個階層的人，而且要放棄過去全部的生活，才能做到平等，才能維繫長久的關係。現在，大部分私立中小學要求學生穿校服，不僅為了整齊好看，也是為了讓不同家庭背景的孩子感到平等。

第七章　悲觀與樂觀

為什麼有些人會成為悲觀主義者？一個原因是，悲觀主義的風格能減輕悲劇對我們的打擊。悲觀主義者時常會想，世界很糟糕。懷著這種想法，當悲劇或者厄運真的發生時，由於在預期之中，他們會覺得打擊不那麼痛苦。心理學家把這種現象稱為防禦性悲觀。然而，悲觀主義雖然能夠減輕痛苦，卻不能解決問題。悲觀主義產生的另一個原因在於恐懼未來。雖然這使得人們小心謹慎，但也會讓人瞻前顧後，失去應有的機會。

我們的世界並非那麼灰暗，即便有挫折，也是暫時性的。積極走向成功，享受成功的喜悅，才是我們應有的生活態度。

為什麼悲觀主義會盛行

不論形勢是好是壞，總有人對我們的生活作悲觀的解讀。對未來可能發生的災難有防範意識當然好，但是用悲觀主義（包括懷疑主義）的心態做事，弊要遠遠大於利。因為這種心態讓人惶惶不可終日，難以專注做自己該做的事情，最後變得一事無成。還有很多人，因為對當下不滿，對未來感到悲觀，便生活在懷舊之中。等某一天推開門一看，世界已經完全變了樣子。

一年夏天，我陪家人專門到薩爾斯堡和柏林聽了兩週的音樂會，包括很多古典歌劇。我的小女兒問我：「為什麼歌劇大多是悲劇？」我說：「悲劇才有震撼力，才抓得住人心。」事實上，這個道理不僅劇作家懂，科學家也懂。

如果一個人說世界正越變越好，其他人可能會嘲笑他天真、麻木，或者覺得這是老生常談。二十世紀九〇年代，著名經濟學家朱利安．西蒙認為，悲觀主義者都是杞人憂天。結果，他被罵成「老頑固」、「蠢貨」。類似的例子不勝枚舉。

反之，如果一個人說人類大難將至，說不定還能獲得諾貝爾和平獎。同樣地，如果我說人類對全球暖化的擔憂有些過度，會被罵成無知和沒有責任感；如果我裝出對海平面上升有憂心，會被認為有悲天憫人的良知。這剛好印證了哈耶克的那句話：「（我們）對進步的善行懷有信心，反而成了心靈淺薄的標誌。」

二〇一八年初，我看到悲觀主義盛行：民眾和政治家擔心有貿易摩擦，經濟學家發出各種警告，科學家一如既往的警報全球暖化。可是，一年過去了，天沒有塌下來，甚至很多事情的走向和大家的擔心是相反的，但是悲觀的情緒依然在蔓延。如果悲觀主義只停留在認識的層面就罷了，但是這樣的心態對每一個人，乃至對我們的社會是有危害的。

為什麼悲觀主義會盛行？人們過分自信以及由此造成與現實之間的反差，是導致悲觀主義盛行第一個原因，也是根本原因。

看到這個觀點，有人可能會反駁：過分自信不應該導致樂觀嗎？其實，人過度高估自己的能力，在現實生活中卻得不到想要的東西，才會產生悲觀情緒。有兩個例子可以說明這個觀點。

第一個例子源於一個社會學實驗。實驗者給實驗對象一個看似並不復雜的機械裝置，問如果沒有說明書，他們拆了之後能否重新裝回去，並且給這實驗的難度打個分數。需要說明的是，這實驗和教育水準沒有太大關係。

實驗開始之前，有非常高比例的人認為這不是難事，自己能裝回去，因此打的難度分數偏低。但是，最後真正能夠將機械裝置裝回去的人比例很低。至於能否成功裝回去，和一開始的自我評估無關。也就是說，一個人能否做成一件事，和是否有信心無關。

接下來，實驗者又請實驗對象給這項工作的難度打分數。一開始認為自己能裝回去的那群人，無論最後是否做成了這件事，第二次打出的難度分數普遍高出很多。前後兩個難度分數的差異，既說明人容易過份自信，也說明對自身能力不切實際的判斷與現實的反差，會讓人感到悲觀。反之，一開始覺得自己不能把機械裝好的人，不論最後他們是否裝好了機械，第二次打出的分數和第一次一樣高。這說明，如果沒有對自己能力給予太高的預估，就不會在失敗後產生悲觀情緒。

第二個例子是美國亞利桑那州立大學心理學教授道格拉斯．肯立克說過的一個故事。他剛上大學時，發現校園裡的女生美麗動人、身材健美，加上年輕人穿著大膽，簡直就像看到了一大群在海邊沙灘上沐浴陽光的泳裝美女。但是他的朋友大衛說學校裡一個漂亮女生都沒有，這讓肯立克大惑不解。後來他到大衛的宿舍玩才明白原因，因為大衛的宿舍裡貼滿了《花花公子》封面美女的巨幅彩照。大衛不知道《花花公子》裡的兔女郎不僅是萬中挑一的美女，而且為她們拍照的攝影師也是最好的人物攝影師，用的是最高檔的哈蘇相機，擺的姿勢也是專門請設計師設計出來的。這樣拍出的一大堆照片，也挑不出幾張足夠好的精品放在《花花公子》的封面上。大衛的失望來自幻想和現實的反差。

在現實生活中，很多時候我們內心對自己都過於高估。有些讀者問我：十年寒窗苦讀，上了大學，快畢業了，才發現自己努力讀書還是拚不過富二代和官二代，整個人變得不好，該怎麼辦？我在《見識》一書中有專門回答，標題是「這個世界沒有欠你什麼」。這種對世界、對前途悲觀的看法，其實來自過分自信造成的自我能力在想像和現實之間的反差。

十年寒窗苦讀，上了一所還不錯的大學，甚至過去一直是學霸，其實不是什麼不得了的事。很多被稱為「高考狀元」的學子，只是一個省的第一名。至於市、縣一級的「狀元」，只相當於古代的秀才而已。所以，現在所謂的「狀元」，沒有什麼可自豪。即便是古代那些闖過四關奪得狀元的人，現在我們還能說出名字的恐怕也就三五個。當了狀元尚且不過如此，十年寒窗苦讀，真不算什麼人生的資本。沒有資本，面對比自己想像中複雜許多的社會，自然很容易「整個人都不好了」。

反之，一個人不斷往前走，眼界越來越開闊後，就越知道自己能力的設限，會越謙遜，越有敬畏之心，就不會再有不切實際的奢望。這時人會變得豁達大度起來，反而對未來、對社會不再那麼悲觀。

導致悲觀主義的第二個原因是壞消息總是不斷被放大。通訊和傳媒手段越發達，這個效應就越明顯。

近二十年來，每到夏天，我們就經常聽說某條大河大江又遇到百年不見的大洪水。人們就很容易得出結論，現在的災難比以前多。隨之而來的是各種猜測，例如全球暖化、三峽大壩的影響、聖嬰現象、沙塵暴帶來的蝴蝶效應等，但沒有一個猜測能夠被證實。

百年一遇的大洪水經常發生看似不正常，但如果知道全世界最長的一百多條河流（長度超過兩千公里）裡，有二十條在中國，每隔三五年就有某條大河大江發生一次百年不遇的洪水，就不奇怪了。洪水在過去也有，但是由於通訊不發達，沒有那麼多人知道。

二十世紀七〇年代，駐馬店地區的淮河發生過一次洪災，死亡人數超過近四十年洪澇災害死亡人數的總和（據估計從二萬六千至三十萬人不等），只是過去沒人知道、沒人關心。更何況過去人口密度不高，人們的聚居地未必像現在這樣離河岸那麼近，因此對洪災不是很敏感，記載也未必完備。同樣地，在國外，近幾十年的自然災害並不比歷史上更多。

媒體報導飛機失事，總是比報導公路交通事故要多，因此人們對搭飛機的恐懼就放大了。我在飛機上見過一個十歲左右的女孩，上了飛機就開始發抖。她媽媽解釋道，她看到電視裡的飛機失事，走不出恐懼的陰影。其實，全球每年因車禍死亡的人數是因飛機事故死亡人數的幾千倍，但幾乎沒人害怕坐車，因為從來沒有媒體覺得這類新聞值得報導。這正說明了媒體對人的影響。

為什麼看似理性的學者要宣傳悲觀主義？理由很簡單，宣傳樂觀主義觀點的論文不僅沒人要看，甚至無法發表。時間一長，講這種話的人就被學術界淘汰了。這就涉及悲觀主義誕生的第三個原因，即從資訊理論上來說，越是與眾不同的說法訊息量越大。

你可以試想這樣一個場景，如果某個學者說明年經濟形勢很好，大眾會覺得這和政府工作報告沒有區別。大家都知道的事情，還有什麼可說的。反之，如果某個教授說中國經濟要崩潰，就算他年年說、年年錯，但還是年年有人聽。「末日博士」魯比尼便是如此，他說中國經濟在二〇一三年會徹底崩盤，全球各大媒體都在報導。從資訊理論上，重複先前的訊息，或者講一個眾人都知道的事情，訊息量為零；講一個大家能想到的事情，訊息量很少；講一個大家意想不到的事情，訊息量就擴大。

可是，那些總說錯的教授，是否能在學術界繼續混下去呢？學術界本身就是一個討論問題的地方，不是一個誰絕對正確的地方，因此大家對錯誤的容忍度還是蠻高的。我的一位同學在世界銀行做到很高的職位，他認為經濟學家一定要有自己的觀點，否則混不出門路。至於經濟學家如何支持自己的觀點，無須別人擔心，因為他們永遠能找到支持自己觀點的數據。

我有一位朋友是物理學界的新銳，針對量子霍爾效應發表了很多論文。他告訴我，如果一個人想在理論物理學界出名，那麼眾人都說「一」的事情，那個人一定要說「二」。我問他，這樣一來結論不就錯了嗎？他說沒有關係，重點是在邏輯上要站得住腳，這樣眾人就找不出毛病。如果這個人很幸運，說不定哪天大家原本以為是「一」的事情真變成了「二」，他就得諾貝爾獎了。

如果你仔細看看各種悲觀主義的結論，會發現它們在邏輯上都很嚴密。例如，二〇〇八年，著名環保人士、馬里蘭大學教授萊斯特．布朗發表了未來會很悲觀的觀點。他假設，如果每個中國人以美國目前的速度消耗紙張，那麼到二〇三〇年時，十四點六億中國人需要使用的紙，將會是那時全球紙張年產量的兩倍。如此一來，全世界的森林就沒了。假設到二〇三〇年，中國每四個人就擁有三輛汽車——和當時的美國人一樣，那麼中國便需要十一億輛汽車，而那時候全球只有八點六億輛汽車。為了提供必要的道路、高速公路和停車場，中國必須要給相當於全國水稻田總面積的土地上鋪上水泥。因此，到二〇三〇年，中國每天需要九千八百萬桶石油。目前世界的石油產量是每天八千五百萬桶，這個產量恐怕永遠不可能再提高，所以，全世界的石油儲備就沒了。他的觀點看起來很符合邏輯，但是，在二十世紀七〇年代預言石油將在二十年內用光的人，推理同樣符合邏輯。我們不能說布朗的觀點沒有意義，做研究的人其實一直在警示世人，這件事本身是有意義的。但是，這並非意味著他們警示的事情會發生。很多時候，並非學者有意誤導，而是要想讓自己的論文發表，他們的觀點必須與眾不同。可以想像，如果這位教授一直說中國的環境問題一定能改善，現在不僅不會有人知道他，他還很有可能評不上終身教職。

悲觀主義橫行還有很多原因，我就不一一列舉了。上述三個原因，其實都來自人性的弱點。

悲觀主義的危害

首先，悲觀主義會導致很多誤判。

拿著真金白銀投資的人會有這樣一種心態，他們看好未來時，會大膽擴大投資；反之，他們覺得未來不確定時，會把投資都撤回來，轉成安全的資產，並且逃到安全的地方去。兩種不同的做法，經過幾十年後，結果會十分迥異。

羅斯柴爾德家族現在在世界上的影響力連十九世紀初的1%都沒有，他們管理的資產連強納森家族管理的富達基金的1%都不到。是什麼讓這個在起跑線上領先幾十公里的家族衰落成現在的模樣？除了外在的客觀因素，例如希特勒排斥猶太人，最重要的因素是他們沒有把握住一八七〇至一八九〇年的美國工業革命。當時美國由於剛剛打完內戰，南方經濟已經完全被摧毀，北方則因為賦予黑奴公民權而引起巨大的社會動盪。在之前的兩百年中支撐美國（以及之前北美殖民地）的盎格魯．撒克遜清教徒價值觀，受到了空前的挑戰。在經濟上，以家庭和小作坊為單位，曾經佔主導地位的經濟體，大部份被大機器生產的聯合企業擊垮。在生活上，新工業帶來了污染、城市擁擠和犯罪。看到這些，你難道不覺得末日已經到了嗎？羅斯柴爾德家族的人就是這樣想的，他們完全撤出了美國，回到了看似更有秩序的歐洲，最後的結果可想而知。

對未來簡單的誤判會讓我們走錯路，失去一些機會，但如果僅僅是走錯了，還可以迷途知返，有彌補的機會。而悲觀主義的危害要大得多，它會讓人亂了方寸，對世界、對人的看法徹底錯判，以致動作完全變形，無法糾正。很多記者、心理學家、經濟學家從不同的角度做過問卷調查：如果明天就是世界末日，你會做什麼？除了一些人會選擇和家人在一起、與家人告別、寫下一生的事情外，很多人，尤其是年輕人會做以下這幾件事：

- 把賺的錢都揮霍光，該吃就吃，該玩就玩。
- 把自己的隱私、心裡話告訴對方（或者第三方）。
- 找到自己愛的人表白。
- 強行和心中的「女神」、「男神」做愛，以圖身心的滿足。

一般情況下沒有人會做這四件事，就算要做，也會很謹慎，因為後果無法挽回。尤其是第四件事，根本就是犯罪，即使逃脫了懲罰，也有罪惡感。但是，當人覺得世界大限將至時，想法就不同了，什麼都不管不顧了。

另一項調查正相反，問的是：如果有一千年的壽命，你會怎樣活？用什麼態度去做事？做什麼樣的事情？受訪者的回答給出了兩種他們通常沒有的人生態度。

第一種是，因為有足夠多的時間，沒有立即爭高下的心神，享樂主義的傾向比現實生活高得多。但是，他們在投資上和學習技能上會更有耐心，不會去做冒險的事情。

第二種是，因為有足夠多的時間完成偉大的事情，他們會更有雄心壯志。

從這些調查結果可以看出，如果對未來沒有信心，人難免會患得患失。「末日博士」魯比尼在二〇〇七年賣掉了95%的股票，看似躲過了一劫，但是如果他隨後的言行也是一致的話，他現在擁有的財富恐怕依然是以現金的形式保留著，這便讓他錯過了美國歷史上時間最長的一次股市成長。事實上，現在美國股指已經是二〇〇七年之前高點的近兩倍。

相反地，巴菲特在過去的六十年裡，一直被認為是「死多頭」[12]，就是不論經濟情勢多麼不好，他都說好，都在投資。很多人覺得，這才是他獲得高回報最根本的原因。

同樣地，在過去，對中國經濟有信心的是房地產業的「死多頭」；而唱衰中國經濟的人，認為房市會崩盤。事實上，在中華文化圈內的國家和地區，經濟突飛猛進階段的第一代，主要的財富都來自房地產這麼一波的增值獲利，而非薪資收入。無論是早期的香港、澳門、台灣以及首爾，還是現在的中國大陸，都是如此。現在在中國一、二線城市生活的普通人，一輩子的薪資加起來都不會比十年前「高價」購買的那棟房子更值錢。照理講，中國人是不該錯失這樣一輩子可能只有一次的機會，只要稍微了解中國周邊國家和地區的發展過程就可以做出正確的判斷，因為從時間上來講，它們的發展進程比中國快了二十至四十年。但是，很多人依然錯失機會，因為他們用悲觀主義的眼光看待中國的發展，總覺得經濟危機明天就會到來。過去的事情已經無法挽回了，對未來，如果相信中國的污染問題一定能解決，相信城市不會被海水淹沒，這樣的人會選擇

12 死多頭，是指看好股市前景，如果股價下跌，寧願放上幾年，不賺錢也絕不脫手的股票投資者。

留在北京、上海和深圳。如果不相信這些，會覺得住北京會得肺癌，而那些覺得海平面將會上漲五公尺，淹掉自己在上海或深圳住房的人，就會選擇逃離那些城市。

其次，悲觀主義會將人變成懷疑主義者。事實上，悲觀主義和懷疑主義是一對孿生兄弟。

當下的中國其實處於歷史上最好的時代，但是依然有很多年輕人懷疑自己能否得到父輩們曾經擁有的機會，父輩則擔心比自己教育程度高的孩子能否有發展前途。有些大學生、中學生告訴過我，他們覺得中學和大學教的內容沒用，懷疑自己花了十多年學的東西最後派不上用場，打算退學創業。而不想創業的人，則有不少覺得該早一點進社會賺錢。這種懷疑主義也是悲觀主義的典型表現，如果他們相信自己以正常的教育途徑學成後前途無量，就不會有這種懷疑的想法。

從二〇一七年到二〇一八年，各種基於區塊鏈的虛擬貨幣氾濫，很多試圖一夕致富的人即使傾家蕩產也要買那些毫無價值的「空氣幣」。這些人完全無法理喻，無論別人如何勸他們，他們都咬定一個理由：區塊鍊等同於二十年前的網際網路，機不可失，失不再來。在這種思維方式的指導下，他們會在區塊鏈項目中押上身家。其實這些人的邏輯很有問題，如果區塊鏈只是一個轉瞬即逝的機會，那就不算是新興技術，而是末日技術，更不可能產生什麼改變世界的影響力。如果它最終能改變世界，這個過程就不是一兩天能完成的，通常會持續幾十年。在這幾十年裡一直有機會，又何必在根本沒看清楚區塊鍊是怎麼一回事的時候，就押上身家去賭呢？網際網路從二十世紀九〇年代初風靡世界，至今已經二十多年了，依然能在十年前發展 Airbnb 和 Uber 這樣的公司，能在幾年前產生拼多多。當我們不懷疑未來的情景時，就不會急於一時做出判斷和選擇。

二〇一八年，中國的一個關鍵詞：焦慮，其實反映出人們對未來的懷疑；如果不是對不確定性有所擔心，就不會有焦慮。任何一個能夠藉著努力往上爬的年輕人，特別是還待在學校裡的年輕學生，如果能夠想清楚人的一輩子有幾十年賺錢的時間，就會覺得比起日後的幾十年，多在學校花一兩年的時間並不算什麼。如果能好好利用在學校的寶貴機會，踏踏實實打好基礎，將來可能會有一個更高的起點（類似前文提過的基線）。

反之，如果他們懷疑未來，就會覺得學了也是白學，要不就在學校裡混日子，要不急於做水準太低的創業。一個人但凡做一些看似不可靠的事情，背後的理由都因為對正規的途徑失去了信心有關。這就如同伍子胥講的，日暮途窮，倒行逆施。

懷疑主義不僅影響我們長期的表現，還會影響我們在日常生活中的決定。現在要得到資訊非常容易，但有時好事卻變成了壞事。很多人寧可相信網路上看來的資訊，也不相信醫院裡的醫生。他們會在候診室裡指導醫生開處方，這就是懷疑主義在作怪。同樣地，很多人會懷疑專業人士的建議，相信自己道聽途說的經驗，或者懷疑別人的善意，把很多原本簡單的事情想得很複雜，甚至相信各種陰謀論。

悲觀主義和懷疑主義本身是毒素，不僅影響我們的每天生活、長期的做事方式，還毒害我們的靈魂。凱撒說過，勇士只死一次，而懦夫在倒下以前已經死了很多次。很多人認定未來必須給所有窮人免費的食品和用量，否則窮人就生存不下去。這看似人道，實際上等於宣佈窮人沒有前途、沒有希望，給他們注入了毒素，讓原本可以自立自強走出貧困的人變得頹廢，這也是悲觀主義的害處。

我們為什麼懷舊

懷舊是一個永恆的話題。事實上，一部分悲觀主義的問題出在懷舊上。

懷舊這件事看似很浪漫，讓很多人神往，歌曲中常常有「那過去的美好時光」之類的歌詞。即便是我，也會在悠閒的冬日下午，點燃壁爐裡的木柴，坐在客廳的沙發上，看著窗外的暖陽，享受著現磨的藍山咖啡，回想著過去的好時光；或在盛夏的黃昏，在寧靜的橡樹大道上，在微風中，享受著對過去好時光的回味。但是我知道，那只是抒發情感而已，過去遠不如現在好，更何況過去的歲月永遠的過去了。但是，並非所有人都像我這麼認為，很多人真心覺得過去的世界更好，他們會一邊讀著徐志摩的《再別康橋》，一邊流淚。

懷舊這件事的歷史很久遠，而且在中西方都有豐富的記載。在中國，無論是儒家的孔子還是法家的商鞅，都認為堯、舜、禹的上古三代是黃金時代，成湯、文、武時期算得上是白銀時代，春秋戰國則是禮崩樂壞的時代。古希臘的情況也差不多。現在我們公認西元前八世紀至西元前五世紀是雅典的黃金時代，然而生活在那個時代的希臘詩人赫希俄德卻在懷念另一個逝去的黃金時代。他認為上一個黃金時代的人們愜意而和平地棲居在大地上，擁有許多美好的東西，其實他懷念的不過是人人吃不飽的石器時代。到了柏拉圖時，雅典正值伯里克里斯當政的巔峰時期，而這位大思想家依然夢想著過去的理想國。據歷史學家的研究，柏拉圖描繪的《理想國》的原型，很有可能是希臘文明的起源地克里特島，克里特島當時的文明程度比伯里克里斯當政時期的雅典差遠了。

有人覺得，過去的人沒有經歷工業化帶來的麻煩，那種懷舊只是無病呻吟，而我們現在是真的有問題。我並不否認工業化帶來了很多負面影響，污染、擁堵、食品安全，以及快速發展帶來的社會不公，但這些並不能說明過去比現在好。

很多沒有親身經歷過從「文革」到改革開放初期這段歲月的年輕人，莫名其妙地認為那個時代更公平。他們覺得當時社會不分層，底層人群上升的機會更多，這種想法其實是臆想。那時的社會同樣分層，底層的機會比今天要少得多。京東的創始人劉強東講過，他小時候讀的是村辦小學，四十多個同學裡只有兩個升初中的名額。還有人覺得過去吃的都是有機食品，現在的食品裡富含農藥化肥。現在的食品可能不如過去安全，但是至少大家能吃飽。「文革」時，我在四川農村生活了很多年，深知當時農民的生活狀況。他們面臨的不是食品是否安全，而是能否填飽肚子的問題，甚至是能否不餓死的問題，哪裡談得上有沒有階層上升的機會。我家當時有四口人，父母在清華大學當老師，按當時的中國生活水準應該算是很好的，但也不過是勉強度日。在發薪水的前幾天，常常不得不借債度日。「文革」結束後，我們回到北京，日子比在四川時好了很多，但是依然無法和今天相比。

過去燕京八景中有一景叫「薊門煙樹」，這個名字看起來非常浪漫，其實就是冬天的時候各家要燒煤爐取暖，煤煙繞著光禿禿的樹幹久久不散。遠遠望去，枯樹幹在似煙似霧中頗有意境。

這個現象現在有一個大家不太喜歡但更科學的名稱，叫作霧霾。

不僅中國人懷舊，國際上很多人也都會如此。英國人有時會談論維多利亞女王的光榮時代，俄羅斯人會回憶帝國曾經的輝煌，美國人會回憶二戰後他們獨霸世界的時期。但是，維多利亞時代的自然環境並不比現在更好，一方面工業化開始造成污染，另一方面農業社會的齷齪還沒有洗盡，空氣中瀰漫著焦炭燃燒的硫黃味和糞便的氣味。二〇一八年夏天，我去了離倫敦不遠的巴斯，專門去了解珍．奧斯汀筆下十八世紀英國上流社會富人云集的倫敦後花園生活，發現當時的物質生活水準遠不如現在中國的中產階層。而俄羅斯過去最輝煌的年代，商店裡幾乎空空如也。美國的情況也好不了多少，半個世紀前，各類癌症、心血管疾病、中風的發病率和死亡率都比現在高很多，交通事故率還是現在的兩倍。

一些人不僅對當下的社會不滿意，對新一代的年輕人也看不慣。很多六〇後和七〇後的家長談起九〇後的「月光族」時，想到的是膚淺、自私、嬌生慣養、好吃懶做、瘋狂自戀，以及生活在虛幻的世界裡。在古代，清朝的康熙皇帝和乾隆皇帝也是這樣看待八旗子弟的，司馬光也曾經痛心疾首感嘆世風日下。在任何時代，都有一批無所作為的青年人，同時也有一批有勇有謀、有膽有識的社會中堅。整體來說，當前這一代年輕人的素質要高於他們的父執輩。

懷舊本身沒有問題，但是如果對當下的進步視而不見，就容易產生抱怨。有時候，好事也會成為人們抱怨的原因。例如，各種短訊和社交網路分散了人們的注意力，降低了很多人的工作效率，手機和平板電腦讓孩子近視的比例劇增。其實，沒有手機時，這類抱怨也存在。柏拉圖時代沒有任何高科技產品，但他還是抱怨書寫和記錄摧毀了人們的記憶力。

目前，悲觀主義者對工業化和科技進步最大的焦慮有兩個：全球暖化和智慧化。全球變暖暫且不論，單看智慧化，這原本應該是一件好事，但是在悲觀主義者看來，智慧化意味著更加勞累，充滿更多焦慮，以及很少和朋友見面的孤獨生活。實際上，在工業革命開始的時候，勞累、焦慮和孤獨生活就被很多人關注了，一直持續到今天。

很多人覺得現在的人上班比古人累，真實情況並非如此。

《明史》中記載了這樣一件事，宣德皇帝朱瞻基有一年去給父親上墳（謁陵），回來時路過昌平，看到幾個農民在田裡很辛苦地種田，便詢問他們為何如此勤勞耕作。這幾個農民並不知道他的身份，就如實回答，說自己一年到頭播種、耕耘，才能收穫稻子；如果偷點懶，這一年的生活就沒著落。要養活家人，只能每天不停耕種。朱瞻基繼續問：「等到冬天，是否能休息？」農民們回答：「冬天也不能休息，還要服官府的徭役。」朱瞻基是歷史上出了名的好皇帝，他統治的時期史稱「仁宣之治」，當時老百姓的日子尚且如此艱辛，其他時候更是可想而知了。再往更遙遠時期看，在新石器或狩獵採集的時代，人們每天的工作量比農耕時代只多不少。在那時，雖然人們常常在一起工作（其實是不得不在一起），但由於活動範圍有限，見到的人遠沒有現在多，更沒辦法認識遠方的朋友。在智慧化科技降臨之後，人們整體的工作時間必然會縮短，更重要的是，人類比過去有更多選擇做事的自由。在農耕時代，大部分人的工作就是種田；在工業化早期，大部分工人都在生產線上。就業多樣化，不過是過去半個多世紀才有的事情。

無論是樂觀主義者還是悲觀主義者，都喜歡談「轉折」這個詞，因為談永恆和不變無法引起媒體關注。但是前者說的是機會，後者說的是厄運將至。其實，轉折通常不是一兩天就可以完成的，事物發展是持續的過程。在這個過程中，永遠有脫隊的、被犧牲掉的，以及不願意參與的人。但是只要積極參與，並且做得比其他人好，就容易成為受益者。更重要的是，轉折到來的時候，船小才好調頭。既得利益者因為負擔比較重，反而容易瞻前顧後。因此，變化其實是給底層群體的一個機會。

每次懷舊之後，從壁爐前起身時，我都會告訴自己，我們不僅無法回到過去，也不會習慣過去的生活，除了往前走，沒有第二個選擇。當然，想直接回到過去的人並不多，但是很多人的想法和做法從本質上看等同於生活在昨天，就像那些試圖阻止或讓世界改變減緩的人。我們在媒體上總能看到很多人提出限制技術發展的要求，特別是限制人工智慧的發展，向機器人徵稅等等。在這些倡議的人當中，甚至包括已故的霍金等科學家。但是，任何試圖回到過去的想法都是不切實際的。

在往前走的過程中，必然會失去一些東西，已經失去的就隨它們去吧，不需要彌補，因為通常是補不回來的。我舉一個自然界的例子。人類的任何活動都會改變自然，例如，我們的先人把一片森林燒掉變成了稻田，隨後，生物界會在新生態環境的基礎上實現平衡。當然，這種平衡未必是我們想要的，例如老鼠數量的劇增。如果我們試圖把稻田填平，再種上樹木，雖然會有一片新的森林出現，但是它的生態和原先的完全不同。過去的森林中有鹿有虎，恢復後的森林可能是野兔和狼的天下。所以，人類除了接受新的生態，別無他法。

社會的變革也是如此。中國經歷了公有化以及後來漸漸產生的私有化之後，土地和其他資產的所有者並非是前人或他們的後代，甚至不是過去那些私有產業的經營者，而是新產業的擁有者。現在，世界上依然有很多國家和地區，試圖透過扶持過去曾經輝煌的產業振興當地的經濟，這是毫無意義的，甚至只能讓它們背上更重的包袱。實際上，世界上產生第二次經濟飛躍的地區其主要產業和第一次經濟飛躍時不盡相同，這就如同新的生態和舊的生態不同一樣。

了解歷史，我們就知道悲觀主義不是今天才有，它幾乎貫穿人類歷史。但是，歷史總在證明今天比昨天好，我們就不必太懷舊，更不必太戀舊。有些人問我，如果當初留在清華，現在會怎麼樣？我回答說，這個問題毫無意義，因為人要往前走，每一章結束了就翻過去了。對於未來會比今天更好這件事，我是有信心的。既然相信這一點，就要耐心的、按部就班的把每一件事情做好。

以正合，以奇勝

樂觀主義者往往不會杞人憂天，安下心來把事情做好，自然就能得到想要的結果。面對一個不斷變化的未來，做事的時候把握常態是關鍵。到底什麼是常態，什麼是非常態呢？

我認為，正是常態，奇是非常態。

孫子在《孫子兵法．兵勢篇》中寫道：「凡戰者，以正合，以奇勝」。「奇」在這里和「奇數」中的「奇」字讀音相同，含意相同，是指因不成對而多出來的部分（例如七個人或九個人排兩排，總會多出一個人）。孫子這句話的意思是，作戰，要先把正面的兵排好，排得不偏斜，合乎法則，這叫作「正」，如果這時還有多餘的兵力，你就贏了。很多人把這句話理解為「出奇制勝」，那是以現代漢語的字義去理解當時的語言。

歷史上真正出奇制勝的戰役很少，那些寫進歷史教科書的會戰，通常是因為一方善於調動兵力，還能掌握多餘的機動兵力，最後才能獲勝。拿破崙在他最輝煌的奧斯特里茨戰役中，就是靠巧妙調動兵力取勝的。當作戰雙方都處於膠著狀態，拿破崙手下還有貝爾納多特一支完整的軍隊，而俄（俄羅斯）奧（奧地利）聯軍已經沒有一支預備隊可以投入戰鬥了，於是拿破崙大獲全勝。這場戰役的第一功臣是誰呢？並不是帶領奇兵的貝爾納多特，而是在正面以一軍對抗俄奧聯軍的蘇爾特元帥。事後蘇爾特希望拿破崙封自己為奧斯特里茨元帥，說明他在這場戰役中的功勞之大。

由此可見，即使在那些彪炳青史的事業中，正也是常態，奇是非常態。為人處世，成功的第一要素就是走正道，不要總想著出奇制勝，特別是在未來非常光明的時候。很多人總想走捷徑，佔別人一點便宜，覺得這樣才能走得更快。其實這種想法只會導致不斷繞圈子、走彎路。

我很反對彎道超車的說法。看過F1方程式賽車比賽的人都會知道，能超車的彎道其實很少，但是只要車的性能好，車手的技術好，總能找到超車的地方。至於在馬路上，到處是汽車，超車靠的是技術，技術不好，有再多彎道都沒用。大到一個國家，中到一個企業，小到一個人，都是如此。

中國經濟在十年內連續超越德國、日本，成為世界第二大經濟體，並沒有什麼彎道的便宜可以佔，而是靠中國人日以繼夜趕工，各項工業指標穩步上升。而同時期的歐洲人和日本人大多在享福，在想著少做事情多拿錢，僅此而已。這就好比兩台馬力不同的車子在賽跑，一輛一百多馬力的捷達，不管領先多少，都會被五百馬力的保時捷超過。

同樣地，華為超越朗訊、思科等公司，成為全球最大的電信設備製造商，靠的是產品性能越來越好，價格便宜，沒有其他手段。在過去的二十年裡，通訊設備的發展處於一個平穩期，沒有什麼跌宕起伏，完全是直道。朗訊和思科被超越，是它們自己不思進取的結果。

如果你仔細觀察那些常常談論彎道超車的公司，再對比一下它們的目標公司，就會發現前者不僅沒有實現超越，甚至常常連利潤都拿不出來。同樣，那些指望以新的科技成就讓念書變得更輕鬆，讓工作、發展機會變得更多的人，也會被那些努力踏實向前跑的人拉開更大的距離。

「以正合，以奇勝」這個原則應該是每一個人做事情的原則。二〇一八年高考前夕，一些高中生問我如何考好數學。其實考好數學的關鍵就是「以正合，以奇勝」六個字。

所謂「以正合」，就是把自己會做的題目、該得的分數，一分不少的拿到。少得一分，就說明沒有複習好、沒有考好。所謂「以奇勝」，就是指自己平時做不出來的題目，考試的時候做出來了，或者別人做不出來的題目，自己思考過後做出來了。如果沒有「正合」，只想靠出奇制勝，最好的結果不過是得了二分意外的分數，而該得分的題目被扣了二十分，壞的結果則是兩邊都掉分。

如果我們認定未來是光明的，就該堂堂正正的打正規戰，那樣成功就只是等比機率問題。因此，年輕的時候好好讀書，畢業後努力工作，有了錢理性投資，是所有人立足的根本。當然，如果知道未來要遇到大災難，例如發生了地震，一定要及時逃脫。生活在二十世紀三〇年代德國的猶太人，或者生活在二十世紀七〇年代柬埔寨、越南的華裔以及有大量資產者，走正道就行不通了，他們就要出奇制勝，想盡辦法逃離那些連命都不保的國家。很多人覺得走正道沒有出路，是因為看不到走正道的前途，對未來沒有信心。我在前文介紹過幸福國度，無論是在哥斯大黎加、丹麥還是在新加坡，當地人都知道走符合當地價值觀的正道，能保證個人成功，因此人們容易獲得幸福感。未來的中國，也會是這種情形。走正道很重要，但我們也得了解出奇制勝，這樣才好分辨它們的區別。有一個詞叫「差異化」，很多人把它理解為成功的秘訣和保障。其實差異化本身只是手段，不是目的，目的是把事情做得更好。

很多人對差異化有一個誤解，認為只要不同就行了，就如同某些教授寫論文時只想標新立異。其實，差異化有好壞之分，而大部分的差異化是壞的。人類在解決問題時，總是不斷找更好的方法和路徑。但是在任何一個歷史時間點上，現有的主流方法即便不是最好的，也是比較好的，自有它存在的道理。

例如，從北京到上海的道路有千萬條，但最近的只有一條，就是京滬高鐵。當然，任何人都可以選擇繞道武漢，再順江而下，甚至可以選擇飛到日本，再乘船到上海。這樣做的人固然可以宣稱自己的做法有差異化，但是，這種差異化有什麼意義呢？當我們可以堂堂正正做事時，就應該理直氣壯地選擇京滬高鐵，不要怕別人說我們走的是正路，沒有差異化。很多人在做產品時非要搞差異化，把按鍵從圓的改成方的，方的改成三角的，毫無意義，甚至用戶體驗得更糟糕。如果我們心中想的是把產品做得更好，把事情做得更好，做出來的自然和以前的不一樣，而不用刻意強調差異化。理解了正和奇的關係，就容易理解接下來的三個原則了。

第一個原則，在無限長的時間裡，變是常態，不變是非常態。但是在有限的時間裡，不變和漸變是常態，巨變是非常態。

變化在長時間裡是一定會發生的。現在的人不要指望能靠一種技巧吃一輩子，因為變化是常態。承認這一點，變化到來的時候，才不至於慌張。一些人之所以是悲觀主義者，就是懼怕變化。

但是在較短的時間裡，通常都是相對穩定，如果有變化也是漸變，這是我們做很多事情的基礎。圖 7-1 顯示的是一段人的語音波形，持續時間大約是兩秒鐘。兩秒鐘的語音大約有幾萬個樣本點，幾百幀信號。你可以從圖中看到，它是劇烈變化的。但是，如果把這張圖橫向放大一百倍，你就會看出它是漸變的，而且頗為平滑。

做語音識別和語音編碼的人懂得，由於我們的聲帶有慣性，所以發音只能是連續的，而不是突變的。整個語音處理的理論和實踐都建立在這個條件之上。

同樣地，我們的世界也有慣性，變化是逐漸發生。了解這一點，做事的時候就會懂得積累的效應，不會採用撿石頭撿一個掉一個的做法。很多人一件事都沒做好，就想著改變，好像一變就有機會了。且不說變化是否能給有這樣想法的人帶來機會，就算有，沒有積累的人也把握不住機會。當變化真的來了，那些等待彎道超車的人還是沒有機會。希望落空，他們可能就此成了悲觀主義者。魯迅筆下的阿Q就是這樣的人，看到革命，看到變化，還以為自己有了機會，豈不知革命剛好要了他的命。

智慧時代到來，這會是一個長達十幾年甚至幾十年的階段。從人類歷史的長流來看，幾十年不過是一瞬間，所以帶來的是突變。但是在這幾十年裡，每一天的變化都是漸變，我們

圖 7-1 人的一段語音波形

有足夠多的時間適應這種變化。

第二個原則，往前走是常態，回頭看是非常態。

反思和回顧歷史有其必要，但不需太多，更不要指望照搬歷史的經驗，或者汲取歷史的教訓便能直接生成當下的行動指南。

中國人有「以史為鏡」的說法，但單單以史為鏡是不可靠的。中國人的一個弱點是背負了太多的歷史包袱，因為中國的歷史實在太長了。美國人沒有很長的歷史，就沒有包袱。相比歷史，未來更重要。中國企業這些年發展很快，正好是因為中國工業化的歷史很短，沒有傳統的包袱，什麼好就學什麼，因此容易做到不斷探索新路。而歐美國家雖然歷史不長，但是工業化的歷史正好和中國相反，百年老店太多，歷史的包袱就很重。西方國家發展最快的美國矽谷和以色列台拉維夫，正好是沒有產業工業化傳統的地區。

網上一些人愛炒作自己家世背景的，曾經有提到祖先是翰林、當過貝勒、出過學者名流，其實完全沒意義。活到今天的人，大多數的人都不是十代貧農的後代，祖上都是王侯將相。兩個人能夠坐在一起聊天，不管祖上是幹什麼，他們現在已經平等了。接下來，就看兩個人未來的路怎麼走，而不是誰祖上官大。

第三個原則，實力派獲勝是常態，機會主義者獲勝是非常態。

任何體育賽事，通常是實力更強的一方獲勝，很少有爆冷門的情況。如果我們和柯潔下圍棋，是無法靠下出一兩步好棋爆冷門獲勝。生活中也是如此，與其想如何爆冷門，不如想想自己怎樣成為實力派。一些學生問我是否該退學創業，我告訴他們，以他們現在的水準還不到退學的時候。雖然蓋茲和祖克柏退學後有成功創業，那是因為他們已經知道如何賺錢，而不是退了學才去想賺錢方法。更何況他們二人在同儕中是厲害的寫程式高手，算是實力派的人物，而不是機會主義者。如果自己不具備一定的實力，肯定會嘗試一次、失敗一次。這就如同一個業餘選手和費德勒或德約科維奇比賽打網球，最多只能靠對方發球失誤撿一兩分，但肯定贏不了任何一局比賽。

臨淵羨魚，不如退而結網。了解我們的社會，了解我們的未來，相信未來有的是機會，然後靜下心來，成為一個樂觀派、實力派，這樣，成功的機率要大很多。

第八章　文明的對撞

人最大的幸運莫過於誕生在一個偉大民族的偉大時代。歷史上曾經存在過很多民族，出現過的文明也很多。然而，現今對世界依然有重大影響的只剩三種文明：歐洲近代文明、伊斯蘭文明和以中國為中心的中華文明。

一個有歷史的民族，其政治制度、經濟結構，甚至宗教信仰都可能隨著時間的變化而改變，但是其最根本的文明特徵皆很穩固。了解一個民族的文明特徵，是理解他們當下行為方式的一把鑰匙。因此，只有了解歐洲近代的文明特徵，我們才能了解西方世界；只有了解中華文明和西方文明的區別，我們才能了解自己，堅信我常說的「中國最有希望」這個觀點。

歐洲文明的起點

歐洲文明始於希臘。因此，要了解歐洲的文化，便要從古希臘這個歐洲文明的原點開始。二〇一八年五月，我跟著鳳凰衛視的製作單位到希臘做了一系列關於歐洲文化起源的節目《鏘鏘行天下》。鳳凰衛視在二〇〇〇年人類邁入第三個千禧年的時候，在歐洲和美索不達米亞拍攝了一系列的文化節目。那時的嘉賓是余秋雨先生，主持人是許戈輝女士。這次鳳凰衛視的節目由著名主持人竇文濤先生擔任主持，我有幸成為嘉賓，得以隨製作團隊和當地學者一起深入了解歐洲文明的起源。節目組之所以選擇希臘，是因為那裡是歐洲文明的原點。了解歐洲文明要從古希臘開始，了解古希臘則要從愛琴海的海島文明開始，因此《鏘鏘行天下》的希臘之旅也是從愛琴海諸島開始，再到希臘本土，而了解海島文明就要從美索不達米亞開始。

世界上最古老的文明中心有五個，按照時間順序，美索不達米亞和古埃及排在最前面，希臘、中國和印度則是稍晚一些。這些文明都是獨自發展起來的，但是相互影響。從文明的特點來看，古埃及、古代中國和古印度是典型的農耕文明，或叫作大陸文明；而美索不達米亞和古希臘表現出更多商業文明的特點。由於後者的貿易依附於海洋，也被看成是海洋文明。兩種文明形式各有優缺點，並不存在哪一種比另一種高等的情況。今天的中國已經進入商業社會，因此了解商業文明的起源及其特點、優勢和劣勢，對歐美國家和世界的深遠影響，能夠幫我們釐清現今諸多衝突的根源。

商業文明始於美索不達米亞，至今已經有六千多年的歷史，這個時間甚至早於古埃及文明的出現。美索不達米亞這個名稱出自於希臘語「兩河之間的土地」，現在變成一個地理專有名詞，特指西亞底格里斯河與幼發拉底河之間的地區。那裡的氣候比埃及、印度和中國的早期文明地區都乾燥，河兩岸以外的地區無法拓展大規模的農耕和定居。因此，那邊最早出現的蘇美文明並沒有形成強大的王朝，而是由建造於兩河沿岸各自獨立的城邦所組成。每個城邦的規模都不大，物產也不豐富，因此沿河的貿易以及後來跨海的貿易就變得特別重要。美索不達米亞地區各個民族的人，很早就將貿易做到整個地中海地區和印度西海岸。

在地中海地區，從高加索山下來的古希臘人很快和美索不達米亞的腓尼基人學會了做生意，並且以腓尼基字母為基礎創造出希臘字母。古希臘人佔據了愛琴海上的各個島嶼，由於地處商業要道，便於做生意，古希臘文明發展得很快。後來在地中海地區，古希臘人超過了師父腓尼基人，並且把貿易殖民地擴建到整個地中海和黑海沿岸。

以古埃及和古代中國為代表的農耕文明與古希臘的商業文明有很大的區別。前者因為有大片可以耕種的肥沃土地，能夠集聚眾多人口，易形成統一的國家。這些國家能調動很多人力資源建造大型工程，例如古埃及的金字塔和中國的萬里長城只有在農耕文明的國家才能完成。在經濟上，這些國家可以生產所有的生活必需品，而統一的政權使其不需要倚重商業就能維持生存，發展文明。如果沒有足夠的收成，聚集在一起的大量人口就有餓死的危險，就可能因此產生民變。

因此，在農耕文明的國度裡，農業的收成要遠比商業繁榮重要。

以古希臘為代表的商業文明卻呈現出另一種形態。由於每一個城邦人口的密度不低，但人口總量不多，加上地形有限，物產也不豐富，只能各自生產部分而非全部的生活必需品。今天，只要到希臘文明的起點克里特島去看看，就能知道古希臘人當時的困境——那裡只出產橄欖和山羊。如果沒有商品交換，島上的居民不要說建立高度的文明，連生存都成問題。居民分散在各個島嶼和海岸的各個殖民地，難以構建一個統一的國家，因此各個城邦都是自治的。在這種情況下，城邦不可能把各地的物產收上來再統一調配，也難以長期藉掠奪方式獲取生活必需品，因此，自由貿易是城邦取得生活必需品的唯一選擇。

要進行長期貿易，就必須保證貿易的公平性，否則，一方在貿易中損失殆盡後，大家賴以生存的貿易就進行不下去了。為此，貿易的各方需要制定遊戲規則，也要遵守信用，這是海洋文明的第一個特點，也是最大、最值得稱道的特點。此點，在農耕文明生活的人民很難理解，因為對於莊園經濟來講，生意做不成，人不至於餓死、凍死。但是，對於那些連生存都離不開貿易的人來說，沒有了商業，要不衣著光鮮的餓死，要不飽食後裸奔，然後凍死。在這樣的大前提下發展出來的文明，公平交易、嚴守商業信用、遵守遊戲規則等會被看得特別重要。希臘城邦的法規就是要維護大家的商業利益。

古希臘的商業遊戲規則部分受到了古羅馬人繼承，雖然後者不算是完全的海洋帝國——是早期海洋、大陸的二元帝國。古羅馬的法律非常看重物權，並且有許多商業規範相關的法律。現在有關私有財產保護、專利保護的各種法律，都源自於羅馬法中的物權法。之後，中世紀的拜占庭人和威尼斯人繼承了古羅馬和古希臘的商業文明。在莎士比亞名劇《威尼斯商人》中，奸商夏洛克向威尼斯公爵說了一句話：「你要是敢縱容他人不遵守合約，威尼斯的商業信譽就破產了。」對此，威尼斯公爵雖然在感情和道義層面同情還不出錢的安東尼，但也不敢否決夏洛克要割去對方一磅肉的殘忍要求。

大航海時代來臨，商業文明傳給了荷蘭人和英國人。地處歐洲邊緣地區、氣候條件惡劣、物產不豐富的荷蘭，能夠一躍成為全球性帝國，主要靠的是商業信譽。從荷蘭人建立的東印度公司，到航海家巴倫茲等人寧可餓死，也不願違背信託責任，亂動委託者的貨物，在在表現了商業文明中恪守信用的特點。不僅如此，荷蘭為了獨立，和西班牙打了幾十年的仗，但是在這期間，荷蘭的銀行並沒有凍結對方存在自己銀行中的錢，因為對荷蘭這種商業立國的國家而言，商業信譽比政治更為重要。

當英國人取代荷蘭人成為世界貿易霸主後，他們同樣恪守商業信用。在拿破崙戰爭中，法國軍隊的軍裝使用的布料都來自英國。在長達十多年的戰爭中，英國人並沒有中斷貿易。亞當・斯密的自由貿易理論也是以各方能恪守合約、公平交易為基礎。希臘的學者很自豪的對我講，英國是希臘下的蛋，而美國則是希臘蛋的蛋。這種說法不無道理。

中國在歷史上以農耕文明為主，在宋、元時期一度成為大陸與海洋的二元帝國，但隨後又恢復到其文明的原點——東亞大陸。因此，中國歷史上的商業文明基因並不強。現在中國已經進入商業文明時期，並且商業規模堪比世界上任何一個經濟體，因此算是一個大陸、海洋的二元大國。但是我們進入商業文明的時間畢竟較晚，很多想法不會一下子改變。我很多讀者都說，他們完全無法理解荷蘭人的多種行為，特別是他們在戰爭中不凍結敵方資產的做法。其實，只有了解歐洲文明的來龍去脈，才能理解當今西方人做事的很多原則，以及他們和我們產生衝突的根本原因。

海洋文明的第二個特點是，每一個經濟體，從城邦到家庭，都不需要生產所有的生活品，而是力求一兩樣東西做好，盡可能把商品賣到更遠的地方，即使在語言和文化都不通的地方。這種做法要求自己製造的商品以及商業活動本身需有足夠的自信，相信透過貿易可以換取自己所需的任何東西，也相信透過談判和仲裁可以解決貿易問題。當然，那股保證商業貿易順暢的強大海上力量，則是不可缺少。在歷史上，希臘、迦太基、威尼斯共和國、西班牙、荷蘭、英國和美國這些不同時期海洋文明的代表，都有強大的海軍。相比之下，他們的陸軍則要弱小得多。

海洋文明的第三個特點則是第二個特點自然而然的成果，即這些地區都喜歡建立殖民地、港口，控制貿易要道。腓尼基人和希臘人在地中海和黑海沿海先後建立起殖民地。腓尼基的殖民地遍布西亞、北非、西班牙、西西里和薩丁島；而希臘人的殖民地更多，密佈在黑海、亞得里亞海、愛琴海沿海，並且延伸到北非、西班牙和法國的東部，有大大小小近百個。希臘人建立如此多的殖民地，是為了促進貿易而不是經營土地，因此他們從不佔領內陸領土。此後的海洋文明國家通常也不喜歡佔領對方領土或者滅國，這一點和我們熟知的在歐亞大陸上時不時以滅國為目的的征伐有很大的不同。海洋文明的國家有很多政治、軍事行為要算在經濟的帳上，只要在經濟上不划算的事，對貿易買賣沒有幫助的事，通常他們不會去畫蛇添足——這一點和俄羅斯這樣的內陸帝國就很不一樣。這種做法最早來自古希臘。古希臘在多次打敗波斯之後，完全沒有要佔領波斯、擴大疆域的想法。而後來崛起於希臘北部的內陸國家馬其頓，在做法上則和希臘完全不同。我們停留在希臘期間深深感受到當地人對中國人的熱情。按當地人的話來說，古希臘文明和中華文明是現在僅有的兩個得以延續下來的文明，因此只有中國人能夠理解他們。在希臘，我們和當地學者探討了兩種文明共通的地方，大家都認可這兩種相隔萬里的文明，具有下面這些相似的特點：

第一，都具有很強的包容性。我們現在講的中華文明，其實不僅僅是指中原王朝的文明，還包含以中國為中心，向外輻射到東亞、東南亞以及中亞很大的一個文明圈。因此，今天的中華文明早已超越了兩千多年前漢文化的範疇。希臘文明也是如此，它的範疇並不局限在希臘這個國家，它的輻射範圍包括東到土耳其、西到義大利、南到北非一個很大的區域——這是從地域來看。從時間上看，希臘文明可以分為島嶼文明時期、古典時期和希臘化時期。島嶼文明時期是以克里特和邁錫尼為代表的局部文明，有點像中國的商周文明。希臘的島嶼文明誕生的時候，就受到美索不達米亞商業文明的影響。希臘的古典時期是從伯里克里斯統治前後到馬其頓的亞歷山大帝國崛起，對應到中國從春秋到戰國的前期，長達兩三百年。這段時期，以雅典和斯巴達為中心，希臘半島上出現了高度發達的城邦文明，在科學、文化、藝術和民主政治等各方面到達了歐洲歷史上的第一個尖峰。此後，隨著亞歷山大大帝的東征和南征，希臘文明傳到了周邊地區，由此進入了希臘化時期。事實上，古希臘很多著名的學者，例如畢達哥拉斯、阿基米德、歐幾里得和托勒密，並不生活在希臘本土，而是希臘周邊的地區。希臘文明在發展的過程中，和古埃及文明、美索不達米亞文明以及古波斯文明相互影響、相互融合，最後才受到整個西方世界之接受。

第二，古希臘文明和中華文明的人文色彩都反映在其神話和宗教中。按照黑格爾對不同宗教特點的論述，崇尚自然的中國宗教和崇尚藝術的古希臘宗教[13]對人的精神控制，遠不及猶太教、基督教和伊斯蘭教如此的一神教還強（這些屬於哲學和精神層面的宗教）。中國和古希臘的神都是擬人化，具有人的喜怒哀樂，完全沒有一神教中神的莊嚴和榮耀。因此，在那些宗教看來，古希臘和中國的神只能算是「超人」，而非造物主和宇宙的主宰者。也正是因為沒有了神對人的控制，古希臘和中國才能發展起以人為本的文化。中國的神話和宗教向來都是溫情脈脈。歐洲要到文藝復興時期，靠著波提切利和米開朗基羅等文藝巨匠，打著復興古希臘文化的旗號，才把基督教從以神為中心的藝術變成了歌頌人的藝術，歐洲才重新進入人文主義的時代。

第三，古希臘文明和中華文明都具有很強的生命力。現在，希臘文化成了西方近代文明的一個基石，而中華文明經歷了明清的停滯也開始復興，這證明了兩種文明的生命力。

當然，海洋文明有其弱點，這個弱點，美國和英國同樣也繼承了下來，這一點在後文會提到。無論怎樣，希臘是我們了解歐洲文明的一把鑰匙。在希臘的最後一天，製作團隊來到了希臘半島最南端的海神波塞頓神殿遺址，拍下了那裡美麗的日落。由於希臘位於歐洲東部，在日落時分，歐洲大部分地區依然是白天。這似乎帶有一種象徵意義：當希臘文明在夕陽下走進暮色時，歐洲大陸各地的文明才剛剛開始。

13 有些地方按照字面翻譯成優美宗教，其實黑格爾不是說希臘宗教優美，其他宗教不優美，而是說希臘宗教是藝術化的。

人如何變成文明人

早期海洋文明的諸島從什麼時候起由海盜行為變成了規規矩矩的商業行為，現在已經找不到記載了。所幸的是，北歐海盜在英國和法國海岸活動的年代並不那麼久遠，他們的行為還是有文字記載的。後來當那些北歐海盜發現規規矩矩做生意帶來的利潤要比搶劫來得多、來得持久時，他們就變成了文明人。因此，希臘早期的文明人很可能是海盜的後代。

無獨有偶，易中天老師在一次報告中提到發生在中國大地的故事，和歐洲發生的事情非常相似，這讓我對文明的起源有了新的體悟。

按照易老師的說法，故事發生在清朝滅亡後民國初年四川的廣漢地區。廣漢在成都平原的北部，從陝西進入成都平原的川陝大道要經過那裡，因此在清末，那裡的商旅往來不斷。經濟上雖說不上繁榮，但當地人的生活過得還不錯。

但是，在清政府垮台後，當地陷入了無政府狀態，盜匪四起，殺人越貨。商旅們都嚇得繞道而行，於是，土匪就沒得搶了。當然，土匪可以搶當地農民，可是被搶的農民也開始逃跑了，土匪眼見自己的生活要維持不下去了。

這時，土匪們聚在一起，召開了一次「廣漢地區土匪經濟工作會議」（這是易先生的原話）來商討生計問題。經過一番討價還價，土匪們最後達成一個協議：大家畫分區域來收保護費。川陝大道在廣漢地區有一百公里，每一幫土匪根據人員數量各自負責一段，例如，張麻子負責十公里，王麻子負責十五公里，李麻子負責十五公里，等等。每一幫土匪可在自己的地界收費，但是要遵守三個規矩。

第一，統一收費標準。例如，扛一袋鹽的商客收五角，推一輛小車的收一元，大馬車論斤收費。所有的土匪不得違反收費標準。

第二，收費後要開具發票。張麻子收了費後，李麻子、王麻子就不得再收費了，還要為過路客提供保護。這樣商旅憑藉發票就可以在廣漢地界通行無阻的活動。

第三，哪家土匪要是違反規定亂收費、多收費，商旅可以向土匪經濟工作會議投訴，讓其他土匪一起打倒那家破壞規矩的土匪。

廣漢地區的土匪們對這些規矩都認同了，結果做到了商旅和土匪的雙贏。對於過路的商旅，他們交五角、一元的過路費，就能保得平安上路，當然願意；對於土匪來講，他們不用再過那種在刀尖上舔血的日子，可以獲得穩定的收入，自然也樂意。於是皆大歡喜，廣漢地區很快恢復了往日商客繁榮的景象。

易老師總結說，土匪的這種轉型就是人類從野蠻到文明過渡的縮影。人類早期都是野蠻人，文明是從野蠻轉型來的，擺脫了野蠻的行徑。從野蠻到文明其實就是一個大家一同守規矩的過程。易老師講的故事讓我開始時聽得匪夷所思，雖然歸結這個野蠻到文明的過程不假，但是一百多年前廣漢地區的土匪能有這個覺悟，實在讓人難以置信。故事中土匪們制定的遊戲規則，實際上和古希臘時期地中海商業文明各個城邦之間的規則，以及十九世紀英國主導的海洋貿易規則都非常相像，以致我有點懷疑易老師是為了講述後來的商業規則編排出來的。為了考證故事的真實性，我專門做了些研究，發現他講的確實真事。另外，我還看到了幾個細節，值得補充一下。

第一點，故事發生的具體時間是一九一三年。

第二點，雖然土匪們達成了協議，但是依然發生過違背規定亂收費的情況，於是商人向土匪頭子投訴，土匪們槍斃了那個亂收費的土匪。

第三點，土匪們的政策快速增加了當地的商旅，於是他們把經驗推廣到當地農民身上。由於軍閥混戰和土匪搶劫，農民扔下土地跑了，很多田地因此荒蕪。土匪們想出一個政策，請農民回來種地，保證一畝地只收一斗谷——按照當時的產量，大約相當於收成的5%。當然，土匪們保證會把外來的土匪打跑，這樣農民就可以安心種地。

看完這個故事，我們就能明白強盜和文明人的區別了。兩者的區別在於文明人懂得守規則，強盜不明白守規則可以帶來長期的利益。當我們想要破壞規則的時候，想想我們是否會在廣漢土匪面前感到汗顏，就知道該怎麼做了。

土匪的故事中還有兩個細節值得深思。

首先，土匪們制定的大原則沒有問題，但是，它對每一幫土匪來說未必絕對公平。例如，當時王麻子手下有一百支槍，佔據二十公里的地盤；張麻子起步晚一點，有六十支槍，只佔了十公里的地盤。張麻子可能會說：「王麻子、李麻子，你們已經發展壯大了，我還在擴充人馬，能否給我點優惠政策？要不多給我點地盤，要不讓我提高一點收費標準。」

如果其他人同意了張麻子的要求，就很難制定一個可行的規則了，因為永遠有例外。李麻子、王麻子以後也會找出各種各樣的理由破壞規則，這樣一來，大家便無規則可以遵循了。因此，很多時候看似諸多不合理之處的硬性規定，可能是混亂條件下能夠維持秩序唯一可行的辦法。

文明的進化過程通常是這樣的。秩序消失之後，巨大的動盪會讓各方都難以生存，然後會產生最為簡便的規則讓各方遵守，這樣可以保證人們首先能生存下去。例如秦末劉邦進入咸陽之後，為了維持民心穩定，只制定了十個字的「約法三章」（「殺人者死，傷人及盜抵罪」，出自《史記・高祖本紀》）。這其實和廣漢土匪的規矩差不多。

接下來，社會系統進入穩定狀態並且變得越來越複雜，過於簡便的規則會因為棱角太分明而不適用了，大家就會協商、賭一把，慢慢制定越來越符合各方利益的規則，並且形成新的穩定，這個過程需要很長的時間。無論處在哪個時代，大家都要守規則。否則，經過很長時間確立的規則一旦被破壞，就需要更加長的時間恢復，才能達到新的平衡。從長遠來看，社會的進步不怕速度慢，就怕一遍又一遍翻覆重來。這就是保守主義漸進的變革，通常比法國式的革命更有效的原因。

其次，廣漢土匪的故事還有一些後續。土匪收5%的保護費或稅收，對當地農民來講不僅是可接受的，而且比之後的國民政府收的稅低很多。據吳思老師的研究，後來，國民政府在四川不斷加稅，居然把二〇一一年的稅都提前收了[14]。因此，那樣的政府還不如土匪。

為什麼土匪懂得養雞生蛋、降低收費的道理呢？因為他們沒有選擇，離開了廣漢他們就無法生存，因此只能把當地治理好。而國民政府的官老爺並沒有覺得那個地方是自己的，因此就盡可能壓榨出短期的利益。

現在談到IT產業時，很多人都說中國沒有自己的操作系統是一個痛處。為什麼中國發展了四十年的軟體產業，還做不出操作系統，甚至不如微軟公司幾十年前做的呢？實際上這並非一個單純的技術問題，而是一個軟體生態環境的問題。一種操作系統上如果沒有足夠多的軟體供用戶去使用，就毫無意義。而開發足夠多的軟體，需要有非常好的版權保護環境，以及用戶都願意付費的生態環境。如果每個人都不付費，都覺得那些軟體是別人的，能偷就偷，就和四川的國民政府竭澤而漁沒什麼區別。這種環境下的軟體公司，就如同廣漢地區的農民，只好放棄農業生產，要不離開去逃難，要不也去搶。這就是過去幾十年中國軟體產業遇到的困境。所幸，我們看到現在願意為知識產品，包括軟體付費的人越來越多了。這件事看起來可能不大，但文明就是從這裡開始的。

14 吳思(2003)，血酬定律：中國歷史中的生存遊戲[M]，北京：中國工人出版社，2003。

缺乏危機感的惡果

前文介紹了從古希臘發源的商業文明有許多優點，但是凡事不可能只有優點沒有缺點。現在的人提到希臘，心裡想的是兩個不同的希臘：一個是繁榮的古希臘，另一個是陷入危機的當今希臘。為什麼曾經繁榮的文明中心現在衰落了，而且看不到能夠在短時間裡走出困境的希望？相比之下，作為曾經同樣衰落過的文明古國中國，為什麼能在短短四十多年的時間裡重新成為世界強國呢？這就要從文明的根源找原因了。

雖然媒體經常報導希臘正面臨債務危機，讓我們感覺這個國家要完了，一些歐洲人也覺得希臘拖了他們的後腿，但是希臘當地人的想法可不是這樣。我近兩年去過希臘兩次，真的體會不到衰退，其他遊客也有同樣的看法。雖然在那裡三不五時能看到罷工和抗議，但是規模並不大，很快就結束了。一個人均國民生產總值近兩萬美元的國家，希臘還沒有到撐不下去的地步，雖然他們的實際收入比金融危機前還少了近三分之一。

希臘人的自我感覺比外人想像的好得多，有兩個主要原因。

第一，希臘這個國家長期以來藏富於民。雖然比不上美國和西歐等國富裕，但是 50% 以上的公民有房產，甚至有不只一處的房產，而當地的房產稅很低，平均每年只有 0.1%~0.2%（美國等很多西方國家每年高達1%～2%），因此保有房產的成本並不高。更有趣的是，大部分家庭會把房子傳給女兒做嫁妝，因此女性到了中年即使不工作，通常也不至於活不下去。正是因為有穩定的房租收入，才讓一些女性很早就不工作了。除此之外，希臘福利夠好，工作時只要交了退休金和失業保險，失業後就可以拿到兩年的失業保險金，這筆錢足夠為生。如果兩年之後再工作半年，又可以繼續拿兩年。也就是說，在最極端的情況下，希臘人每兩年半只要工作半年就可以靠福利過活。當然，這樣的生活不會富裕，但是希臘人對富裕並沒有太多的奢望。

第二，希臘人的生活態度和我們東亞地區的人民不同。自古以來，他們的物質慾望就不是很強烈。在古代，古希臘人雖然文明程度很高，但是過著非常簡樸的生活。他們居住的房屋簡陋，房間裡空空蕩蕩的，沒有多少家具，和他們的鄰居羅馬人完全不同。古希臘人的日常飲食非常簡單，每餐就是一點麵包，一點橄欖油，一杯葡萄酒而已。他們喝水不多，認為太多的水對身體不好，因此常喝很淡的葡萄酒。在古代，希臘的自由民多多少少都有養奴隸替他們做事情，於是自由民一有空就去參加辯論，到廣場上討論政治和哲學問題。這便是古希臘盛產學者的重要原因。

相形之下，古希臘人對文化、對精神世界的追求，超過對物質的慾望。他們除了討論哲學問題和演算科學，還經常看戲。在伯里克里斯時代，看戲不僅不要錢，國家還要倒貼錢，因為人們為了看戲便耽誤了工作。大部分希臘人沿襲了這種生活習慣，他們現在依然好談天論地，只是場所從過去的廣場換到咖啡廳。他們的飲食依然簡單，很多人中午就吃一個兩歐元的大餅烤肉捲（gyros）。大部分人有房有車，但是並不追求豪宅豪車。和過去不同的是，現在不可能有奴隸替他們工作，但是希臘人依然不願意做那些最辛苦的工作，這些工作通常都是阿爾巴尼亞人在做。

不過，外來的勞工畢竟不是奴隸，既不能為希臘人做所有的事，還要希臘人付錢，因此希臘人的生活多少有點不切實際。不過，他們無論是在過去還是現在，心態都很平和。雖然希臘人不斷抗議要求增加福利，但是並不仇富，社會非常安定。這也是遊客看不出希臘衰退的原因之一。

看到這裡，我們就不難看出希臘現在經濟發展不起來的原因——他們生活得太隨意，缺乏努力工作多賺錢的習慣，這一點和東亞地區的人民截然不同。在古代，這種輕鬆的生活方式讓他們有時間思考，創造出輝煌的科學和藝術成就，但是到了今天，這種想法讓他們無所事事。當地的中國朋友告訴我們，希臘人的午休通常是從下午兩點一直到下午六點，在這段時間裡，即使醫生、律師這樣的專業人士，也會關機。

當然，希臘人並不認同經濟危機是國民過於怠惰造成的，反而較相信源自西方大銀行的過錯。不僅窮人如此認為，有錢的富人也有同樣的想法。我們在希臘做節目時採訪了當地最有錢的人，他擁有兩支歐洲甲級足球隊，有一支還得過歐冠。這位先生也認為，希臘的金融危機是假象，是外國資本為了低價購買希臘資產，先抬高希臘的債務，造成危機，然後再讓當地各種資產貶值。他所描述的其實只是一個結果，並非原因。事實上，早期借錢給希臘的投資人，大部分的投資都有去無回，因為被蛇咬過，投資人根本不敢再碰希臘的資產。現在，希臘的房價出奇便宜，但是在那裡買房的外國人大多是想移民的中國人，這些人與造成希臘金融危機的人完全不同。然而，正是因為近年來中國人在希臘大量購屋移民，給當地帶來了資本，所以希臘人對中國人心存感激，也非常友好。和希臘人接觸多了就會發現，這是一個非常友善、懂得感恩的民族。在希臘，人們會想到曾經有的輝煌，再看看現在的處境，不禁為它感到悲傷。世界上最可悲的事並非遇到暫時的厄運，而是身在厄運之中不知道原因，更不知道如何走出來。希臘便是如此。那麼，希臘是如何從歐洲文明的中心走到今天這一步呢？這其實是一個非常漫長的過程。雖然一些重大的歷史事件對其影響較大，但是希臘在文化上的特點，卻使其在長期的漸變過程走上了一條不歸路。

先來看看影響希臘命運的重大歷史事件。先是羅馬帝國的衰落和東西羅馬帝國的分家。在羅馬時代，雖然羅馬取代雅典成為歐洲的政治中心，但是希臘地區依然經濟文化繁榮，人均國民生產總額甚至超過義大利本土。當時西方科技最發達的地區都在希臘的周邊，屬於希臘化的地區，例如北非的亞歷山大、東邊的土耳其等。不過，隨著古羅馬帝國的衰落，整個南歐跟著衰落，希臘也難以倖免。

希臘地區比羅馬中心地區要幸運多，因為至少不像羅馬地區受到戰亂綿延的摧毀，因此在最初的幾個世紀中，希臘地區吃了幾個世紀的老本。再加上地處東西方貿易的要道，希臘的經濟和文化在西歐陷入中世紀的停滯之際，依然保持了繁榮。因此，希臘人並沒有危機感。

但是，後來的一件事讓希臘跌入了深淵，那就是一四五三年鄂圖曼土耳其帝國攻陷君士坦丁堡，東羅馬帝國滅亡。希臘成了新帝國的邊疆，從此就被邊緣化，並走向了衰落。當時，歐洲已經開始了文藝復興，科技和文化逐漸走向繁榮，而作為鄂圖曼土耳其帝國的一部分，希臘根本無法從中受益。隨後，歐洲開啟了大航海時代。事實上是義大利以西的歐洲為了擺脫鄂圖曼土耳其帝國對東西方貿易的控制，開始向西探索新航道的商業舉動。大航海時代和隨後的地理大發現，讓歐洲走向繁榮，而土耳其和小亞細亞則可以向東進行貿易。這時，希臘的地位就尷尬了。它處於歐洲的東部、土耳其的西邊，在兩邊的貿易中都找不到自己的位置，於是徹底被東西方文明邊緣化了。

當然，重大的歷史事件只是契機，更主要的原因在於希臘本身的問題。在古代，希臘能成為歐洲的中心，是受其歐、亞、非三個大陸之間重要的貿易地位而決定。本章開始時介紹了商業文明的好處，但是也存在一個很大的問題，就是文明的中心會隨著地利位置而發生變化。變化之後，原本的中心地區很容易被邊緣化。希臘作為曾經的文明和貿易中心地區，即使被邊緣化，也很難放下身段從底端爬起。這是海洋文明國家的通病，希臘自然也不例外。

在希臘化時代，希臘本土正好是歐洲貿易的中心，而向外擴展的四周即是其眾多殖民地。地理上得天獨厚的便利，使得希臘即使本身沒有多少農業收成，也能夠透過貿易而富裕，並且換來各種生活用品。直到阿拉伯帝國發展黃金時段，世界貿易的中心轉移到阿拉伯半島，因為它是連接歐、亞、非大陸的樞紐，希臘的地位開始衰落。在隨後的大航海時代，西歐成了全球貿易中心，義大利以東直到印度西部的廣大地區都被全球貿易邊緣化，發展陷入停滯。一直到蘇伊士運河開通，中東地區在貿易上的重要性才重新顯現。進入二十世紀後，連接兩個大洋的美國成了貿易中心。上述國家和地區無一例外享受過作為貿易中心的甜頭，但也正是因為過去的甜頭太過豐碩，慢慢變得不善於生產消費品。在喪失了世界貿易中心的地位之後，這些國家和地區都不免衰落變成二流國家和地區，而且鮮有第二次脫胎換骨的容光煥發。古希臘如此，文藝復興後的義大利，大航海時代後的西班牙、葡萄牙和荷蘭，甚至進入二十世紀的英國，都難免淪入如此境遇。

美國的情況有點特殊，但畢竟不是傳統意義上的海洋文明國家，廣袤的土地、不斷增長的人口和豐富的資源，讓它具有海洋、大陸文明的二元屬性。因此從建國之初開始，美國就在這兩端不斷搖擺。傑佛遜和漢密爾頓關於國本之爭，其實就是大陸文明和海洋文明之爭。曾幾何時，美國製造了全世界一半的工業品和六分之一的農產品。隨著在全球貿易中地位不斷上升，只需要把商品和服務搬個家就能賺到錢，但是逐漸習慣讓其他國家為自己製造產品，自己不再需要努力的結果，久而久之導致實體經濟的空心化。以川普為代表的一派，以及希望無條件全球化的一派其爭論的焦點，其實正是兩種文明的衝突：到底是貿易重要還是製造重要。中美貿易摩擦的實質就是由誰來製造之爭。

當一個人太聰明，賺得太多又太容易時，他就逐漸失去了立足的根本，對於一個國家來講也是如此。海洋帝國在不斷重塑世界秩序，但是沒有哪個國家能夠持續上千年不衰敗。以大陸文明為代表的中華文明，雖然和古希臘、古羅馬一樣，經歷過長達幾個世紀的衰落時期，但是，最終在隋唐時期回到了世界文明的頂峰。再往後走，雖然因為各種原因多次衰落，甚至在「文革」之後，中國的人均國民生產總值（一百八十美元左右）一度只有撒哈拉以南非洲國家的三分之一左右[15]。但是經過四十多年的休養生息、和平發展，中國又重新回到了世界的頂峰。在長達幾千年的時間裡，中國人（還有東亞其他國家）因為沒有喪失勞動創造財富的根本文化，這才使中國和希臘於今天產生了完全不同的結果。

當然，今天的中國已經不是傳統的大陸文明國家，已經具有大陸文明和海洋文明的二元屬

15 按照當時中國官方制定的美元和人民幣兌換率計算。如果按照實際購買力計算，則高出撒哈拉以南國家 1/3 左右。

性。不過，由於商品經濟在中國的歷史很短，很多人行事的方式和思想觀念依然保留了農耕文明的特點。現在大家需要了解的是，理解和接受商業文明中遵守信用、分工合作的精神，同時切忌被貿易甜頭沖昏了頭，像現在很多希臘人那樣不事生產，甚至寅吃卯糧。

從《紅樓夢》看中國商業文明

二〇一六年底，我到賓夕法尼亞大學的華頓商學院講了一堂課，幫助美國學生了解中國文化和商業之道。在課堂上，我向學生們介紹了《紅樓夢》這本書。我告訴他們，要了解中國，要和中國人打交道、做生意，就該好好讀讀這本書，因為賈府就是中國各級組織的一個縮影。

正如我在前文所說，世界的文明從古代開始有兩條主線，即以農耕為主的大陸文明和以商業為特徵的海洋文明。進入近代後，前者顯現其重實體經濟本質，後者則偏重貿易。當然，很多國家兼有農耕和商業文明的雙重性，例如過去的古羅馬和今天的中國、美國。

古代的農耕文明有以下特點：

第一，容易建立中央集權國家，有能力調動全國力量做出大工程，這是其優勢。從古埃及修金字塔，到中國蓋大型宮殿和長城，再到路易十四建造各種大型建築，一直到二十世紀蘇聯建設各種為了世界第一而第一的計畫，沒有強大的集權政府，這都是建不起來。相比之下，商業文明的國家雖然富有，但不可能有力量進行大規模建設。古希臘雖然花了幾十年的時間建造了雅典衛城，但是規模更大的神殿——宙斯神廟，直到國家被羅馬人佔領還沒有建成，因為國力不夠強。直到六百多年後，羅馬帝國的皇帝哈德良動用整個帝國的力量才得以完成這項曠世工程。在《紅樓夢》中，賈府修大觀園和法老修金字塔、路易十四修凡爾賽宮沒什麼兩樣。

第二，由於具有獨一無二、至高無上的權力中心，農耕文明偏好階層管理。

賈母、王夫人、王熙鳳就是賈府的權力中樞，賈府裡每一個人的生活都是由她們安排好的，所以人並沒有按照自己意願做事的靈巧度。當然，有了權力中樞，還需要有層級森嚴的組織結構以及複雜的人際關係，這樣才能一級級管理賈府那樣龐大的家族。在這樣的組織裡，人是不能講究平等的，否則就沒有凝聚力；如果講究平等，像賈府這樣幾百人的大家族早就崩塌了。中國過去的大家族一旦分家，基本上就開始走下坡路。現在中國效率比較高的企業也沒有賦予員工太多的權限，這才保證了執行力。

第三，經濟上自給自足。

賈府和它下面的莊園能夠生產自己需要的大部分生活物品。《紅樓夢》第五十三回說道，寧國府下屬的一個莊園年底來向寧國府的賈珍進貢，各式物品俱全。這些物品生產出來不是為了賣，而是自己用。總的來講，賈府不缺吃穿，所需物品大部分能夠自己生產。對於多出來的東西，它會分給下人，而不會去賣。賈府會採購的都是自己實在生產不了，例如西洋參、東南亞的珍寶、數量不多的西洋玩意等。這樣一個大莊園，要想過得踏實，就需要自己什麼都能做、什麼都有。

這是賈府，皇家更是一個大地主。皇家使用的東西甚至不是到市場上購買，而是自己製造——當然，製造不是在紫禁城進行，而是在能工巧匠集中的江南。曹雪芹爺爺曹寅的官職是江寧織造，實際上就是組織生產皇家使用的物品，那些生產出的絲綢等物品是不會拿到市場上流通的。《紅樓夢》中的薛家是皇商，正反映出曹家和他們的姻親蘇州織造李煦家的關係。

第四，由於生產的東西是為了自己消費，所以沒有品牌意識。在《紅樓夢》中，匠人做出來的東西再好也都是沒有品牌的。

就算往上呈，《紅樓夢》中的薛家給皇室採辦的物品很多是特供，品質很高，但也沒有品牌。在現實生活中，歷代官窯的瓷器製作精良，但是沒有品牌，而製作這些精品的技術也無法讓老百姓受益，因此民間使用的瓷器粗陋不堪。

第五，自給自足不僅表現在經濟上，也表現在人際關係上。

在美國生活多年，我深深體會到來自兩種文化背景的人在這方面的差異。在美國，借錢找銀行，該付多少利息就付多少；有問題問專業人士，該付多少諮詢費就付多少，這是大家普遍接受的解決難題的方法。但是在中國，很多人覺得能不求人就不求人，即使求人，也是考慮先向親朋好友、同學同鄉求助。這種不求外人、不想受別人控制的思維方式是農耕文明的產物。

在農耕社會裡，一切需要自給自足，缺了什麼東西需要依賴他人時就會產生不安全感，因為沒有人能保證對方能恪守商業上的公平原則。自己實在解決不了時，就要靠維繫一個非常緊密的小圈子來解決問題。在賈府中，賈、史、王、薛四大家族便是這樣一個小圈子。

即便到了今天，東亞各國也還有很多內部自成一體的超級集團，諸如日本的三菱、韓國的三星，以及中國的很多大型集團，集團業務觸及經濟生活的各種層面。這種現像在歐美國家很少見。即便是在二十世紀反壟斷之前，美國也不曾有過三菱、三星這樣業務廣泛的企業。當然，我們在國內看到的大部分企業不是三星和三菱，但是通常都麻雀雖小，五臟俱全。一個單位，不僅有核心的業務部門，還有一大堆配套服務的部門，這些部門加起來常常比業務部門還大。一個企業喜歡什麼事情就自己做，並且喜歡向和自己業務發展無關的產業接觸，以便讓自己有進一步的安全感。

第六，非常強調土地的大小和人口的絕對數量。

在農業文明中，文明的絕對水準和人口數量息息相關。在《紅樓夢》中，哪個分支如果人丁不旺，很快就會沒有影響力，而養活大量的人丁就需要大量的土地。《紅樓夢》中描寫史家是「阿房宮，三百里，住不下金陵一個史」，這反映出對土地的看重。現在，東亞國家除了對土地依然看重之外，對不動產等看得見的有形資產也十分看重。

農耕文明的這些特點，雖然在今天看來有點過時，但是對當時能長期存在下來還是有其合理性。這一點，生活在西方國家的知識精英其實很難理解。

不過，中國、印度和東亞各國在長達幾千年的農耕文明中，一直缺乏商業文明的基因，例如，對於規範和商業道德的重視程度遠比不上商業文明國家。除此之外，大家很難理解商業文明中的一些特點。

首先，在經濟上，每一個實體（企業）會專注於做一項產品，甚至產品中的一部分，將其做到極致，力爭賣到全世界，而不是做很多種產品，但只滿足於賣到周邊地區。當今世界上市值最高的五家公司基本都是美國企業（蘋果、谷歌、微軟、亞馬遜和臉書），它們的產值大多在上千億美元其上，但是產品（和服務）種類卻少得可憐。相比之下，東亞排名前面的幾家公司，經營範圍多得不得了，雖然總體量不小，但是很多企業在每一個經營領域中都進不了前三名。

其次，由於在商業中講究平等，商業文明國家難以產生中央集權的政府，地方自治就成為它們的政治特色。從美索不達米亞和古希臘的城邦，到尼德蘭聯省共和國的省和英國由貴族管理的莊園，再到美國的州，都是相對獨立的。但是，商業的力量顯得格外強大，它可以左右一切。在歷史上，荷蘭和英國的東印度公司的影響力可比地方政權大多了。在美國，范德比爾特曾經一個人掀翻整個華爾街，J.P. 摩根曾經一個人拯救了一九〇七年的金融恐慌，這種事情在中國不可能發生。現在，矽谷地區的行政官員基本上形同虛設，在那裡最具影響力的是蘋果和谷歌這樣的公司。

再次，為了把自己的產品賣到全世界，並且和競爭對手在同一種產品上有所區分，他們都很重視品牌，並且善於銷售之道。雖然現在美國的製造業相較中國可謂是江河日下，但是銷售水準絕對世界一流，能讓全世界為它的糖水（可樂）和垃圾食品買單。在中國這個世界最大的餐飲大國中，市佔率第一名的居然是美國的百勝集團，我們經常吃的必勝客和肯德基都在它旗下；此外，集團還擁有小肥羊絕大部份股份。

最後，商業文明篤信以合作獲取自己想要的東西。在經濟活動中以及在政治上，商業文明都偏好透過妥協達成一致。由於合作雙方的利益未必一致，所以凡事喜歡透過談判達到平衡。很多美國人都是談判高手，而且不恥於談利益。遇到糾紛談判不成時，他們喜歡訴諸法律，於是律師多如牛毛。實際上，美國這個國家本身就是藉由談判和討價還價建立起來的。相比之下，東亞國家的人喜歡講人情、講情面，有事私下商量；也相信所謂的叢林法則，喜歡把本可以透過妥協達成一致的事情，變成你死我活的爭鬥。

現在的中國早已不是曹雪芹寫《紅樓夢》時的中國了。經過改革開放，中國不僅脫離了農耕時代，而且只用四十年時間就走完了西方花了兩百年才走過的工業化、資訊化過程。但是，技術和經濟的發展時間可以壓縮，觀念的轉變不可能這麼快完成。中國雖然在宋、元時期曾經有過發達的商業活動，但是並不像歐洲有著上千年的商業文明傳統，對於商業文明的做事方式還需要更多的時間熟悉、理解和適應。西方和中國的很多矛盾並不是在經濟上達不成利益妥協，而是難以理解對方的做事方式。因此，在華頓商學院裡，我向學生們對比了兩種文明的區別之後，告訴美國的 MBA 學生如何透過《紅樓夢》這把鑰匙，理解今天中國以及日、韓等國企業的行為，以便他們將來在中國及東亞做生意時懂得應變。

東亞國家至今在很多地方保留了家國一體的特色。在農耕文明社會中，家庭是可以獨立存在的經濟體，它能生產大部分生活必需品，很少需要對外求助。家庭經營好了，就上升為小地主。小地主雖然日子過得好一些，但是需要自給自足，平時要有足夠多的積蓄，以便災年時應急。從小地主上升到賈府這樣的大地主，便成了一個自成一體的小社會。在經濟上，依然講究自給自足。賈府自己生產了很多東西，但並不是為了出售，而是為了自己消費。這樣的經濟和文化特點決定了家庭內的關係遠比外人之間的關係重要得多，因為這樣一個小社會是不放心交給他人管理的。即便到了現代社會，企業不再以自給自足為目的，而是為了賺錢，也依然是一個自成一體的小社會。在這個小社會裡，親情關係、裙帶關係、師徒關係都非常重要。中國一家最為成功的私營企業創始人在步入老齡後，毫不猶豫地把企業交給了自己女兒掌管，這就是農耕文明的特點。在《紅樓夢》中，賈政對於賈寶玉的期許是繼承家業，而不是讓他做自己喜歡的事情。在這一點上，當下中國的很多企業家並不比賈政高明。事實上，東亞的企業絕大部分走不出家族企業的模式，這和農耕的思維不無關係。

在一百多年前，中國有「體」、「用」之爭。所謂體，其實就是文明的特徵、哲學和文化；所謂用，不僅包含了技術和經濟結構，甚至還包括法律和制度層面。後者學起來很快，而前者的改變就不是一朝一夕的事了。但是，時代改變了，經濟結構改變了，最終一定會帶來思維方式和做事原則的改變。

以中國當下三代企業和其三代企業家來做對比，就能看出這種變化。

第一代企業除了原有的國有企業，還有改革開放之初成立的國企和民企，創始人和當時的實際掌控者大多是二十世紀六〇年代之前出生的企業家。這些企業至今依然保留了農耕文明的思維方式和做事方式，很多人腦子裡依然有要打造出基業長青的「航空母艦」夢想。如果運氣好，企業發展得比較成功，通常會漫無目的地擴張，很難像蘋果那樣做到少而精。也就是說，這些企業規模常常是靠龐雜的業務湊出來的。但是，這些企業大多數走不出國門，用的都是自己人，在管理上很多是家長式的。

第二代企業是二十世紀末到二十一世紀初成立的，例如騰訊、阿里巴巴和網易就屬於這一代企業，它們的創始人和主要管理者都是二十世紀六〇年代末到二十世紀八〇年代初出生的人。他們接觸到了國外的商業文明，因此這些企業在制度上已經和商業需要接軌了。然而，成長的環境決定了他們在做事時還保留了農耕文明的特徵。這些企業常常在國內的市佔率都超過了三分之二，在海外卻近乎零。

第三代企業是最近十年誕生的，這些企業從誕生開始就和國際接軌了。雖然它們的創始人在年齡上很多和第二代企業家相仿，但是由於企業在誕生之初就受到全球化的影響，做事的方法已經超越了農耕文明的約束。小米、vivo、OPPO就是在這種環境中出現的新一代企業，在國內發展之際，已經在海外獲得了成功。當然，同一家企業的做事方法也在不斷進化。例如，早期的騰訊什麼都做，在每一個細項領域都和別人競爭；近年來，比較多在投資扶持產業裡的其他企業。這就是一種進步。

當然，中國人的很多想法，中國企業和機構的很多做法，與以契約制度奠定基礎的商業文明，標準差距還是很大。但是，無論是在中國做生意的企業還是從業的個人，都不應該寄望於一個有著這麼長歷史的國家能迅速改變。面對很多農耕文明的行為方式和商業現象，大家恐怕只能接受，耐心等待它的變化，這也是我給華頓商學院的MBA學生的建議。我建議美國人讀《紅樓夢》，其實中國人也該好好讀一讀，這樣才能理解我們身邊發生的很多事情。

為什麼中國最有希望

了解我投資原則的人都知道我是那種「死硬」派，就是永遠看好世界的發展。而在世界各國中，從長遠來看，依然是中國最有希望。雖然任何時候我們都會遇到短期的困難，例如中美貿易摩擦、地方和企業的債務問題、房價過高的問題，但是從長遠來說，這些困難算不上什麼，世界不斷發展是一個大趨勢。具體說到一個國家，哪怕存在這樣或那樣的問題，只要發展總比其他地方好那麼一點，時間一長，就會在競爭中勝出了。我對中國的信心，出自於對中華文明的信心。要講出中國的希望，要先提出西方的問題。

古希臘是整個西方文明的原點，現在的希臘問題是西方諸多問題的縮影。在過去的十多年裡，我每年至少去一趟歐洲，多的時候一年會去五六次。在歐洲，我並不是像一些遊客那樣只去巴黎、倫敦、威尼斯等旅遊景點，而是要跑遍大城市、小鄉鎮，和當地人深入交流。因此，我對那裡的情況會有切身的體驗。再加上有進行到實際金錢的投資，做過系統性研究，我完全可以負責任的講，現在的歐洲、日本甚至美國，都是屬於區域放大、問題沒那麼嚴重的希臘前身。

西方世界的迅速衰退有很多原因，經濟上最重要的一個因素是導因於商業文明指導下的全球化。這本是歐洲在文藝復興後能直接興起的因果，但其本身卻是一把雙刃劍，用中國的古話說，即是「成也蕭何，敗也蕭何」。一個國家和地區的經濟地位最終將決定一切，包括政治上的話語權和文化上的優越感。

因此，要說西方的衰落，就要從歐洲的興起講起。

在羅馬眾神的雕像被外來野蠻人推倒的同時，中國歷史相對應的漢王朝也走到了盡頭。接下來，東西方都經歷了幾百年的戰亂。在公元六世紀末，中國歷史上赫赫有名的隋文帝統一了中華大地，從此中國開始了第二次全面繁榮。在此之前，東羅馬帝國的一代雄主君士坦丁一世基本上恢復了羅馬帝國全盛時期的疆域，但是好景不長，他死後帝國再次分崩離析。在接下來的六百年裡，東西方默默的競爭結果似乎沒有意外，東亞的唐、宋王朝和西亞阿拉伯帝國的發展水準明顯高於歐洲。在歐洲地區，和東方最接近的拜占庭、威尼斯相對繁榮，西歐則是一片黑暗。

但是，十二世紀之後，歐洲再次崛起，並且，是由西方引領世界至今。西方靠什麼後來居上的呢？有人認為靠科技，有人認為靠制度，這些都沒有錯。公平地講，源於古希臘的科學精神和後來在基督教會保護下孕育出來的大學，對歐洲的科技進步發揮了極大的作用。同時，自《大憲章》簽署以來，有利於工商業的民主制度開始形成。然而，有了這些條件，還需要有人的因素，歐洲才能完成崛起，那就是底層民眾經過自身努力逐漸掌握經濟權後翻了身。這些人包括工匠業者、商人、城市其他自由民，甚至是高利貸者和囚犯，他們有著主動改變自己經濟狀況和社會地位的動力。這就開啟了歐洲崛起的進程。

歐洲在封建時代並沒有一個強大的國王，連教皇的權威都經常受到挑戰，歐洲實際上是由一群封建領主控制的，公爵、伯爵和騎士在他們的領地上有著至高無上的權力。他們有自己的城堡與領地，可以在自己的領地上頒布法律並徵稅。

工匠業者、商人和高利貸者在城堡附近居住，這樣既可以應付領主的需求，也可以在危險的時刻有一個庇護所——鄉村的城堡。城市在中世紀的地位並不重要。

十字軍東征不知不覺的改變了歐洲，人們從歐洲西部、北部的農村遷移到地中海沿岸。人們由此發現，世界並非僅限於狹小的城堡和修道院之內，外面的世界海闊天空。阿拉伯世界的繁榮讓他們感受到現世的生活並非像教會所說的那樣——只是通向天堂的驛站，生活需要苦行。於是，人們開始努力改變自己的現世生活。在地中海沿岸，佛羅倫斯等城市重新發展起來，出現了製造商和商人，他們逐漸以手工業和商業累積起少量的錢財，並最終改變了自己在中世紀社會中的地位。

站在這些城市平民對面的是中世紀的領主。他們是擁有田產的鄉紳，同時也是作戰的騎士。十字軍東征把古老農業社會的陳規舊則打了個天翻地覆。這些騎士在教皇的號召下，經過幾千公里的路程跋涉，前往中東作戰。他們不得不支付自己的裝備費用和路上的交通費、伙食費。這些城堡的主人，有財產但是沒有現金。因此，伯爵、男爵等人不得不從商人那裡借錢。

像莎士比亞的名劇《威尼斯商人》中描寫的夏洛克那樣的放貸人，就端坐在兌換櫃檯（banco，它就是銀行「bank」一詞的由來）後面，樂意接受伯爵或者男爵大人有求於他們。有些伯爵和男爵大人張口就要幾百個金幣——那可是放貸人一輩子的積蓄，放貸人為了保險起見，要求伯爵用莊園作抵押。這樣，萬一領主大人在征討土耳其人時有個三長兩短，放貸人的錢財不至於打了水漂。

借貸雙方最早都沒有意識到這對借錢的人來說是一筆很危險的交易。最終，總是由「夏洛克」們佔有了莊園，而伯爵、男爵們卻破產了。

當然，貴族的財產和權利並不是一次就失去的，商人們剛開始只是要求獲得一些對領主來說無關痛癢的權利，例如在領主的土地上打獵。領主急需現金時，想到只要答應商人們打獵就能獲得幾百個金幣便答應了。

從貴族接受這項交易的那天起，他們就不知不覺的簽署了有關自己權利的死亡證書。貴族領主的書記員擬好協議書，大人們蓋上自己的印章——中世紀的愚民政策已經讓他們不會寫自己的名字了。至此，一切萬事大吉，領主兼騎士們懷著滿腔的激情去東方作戰了。

兩年後，某位伯爵大人回到城堡，卻發現自己已是一貧如洗，而城裡的人正在他的領地打獵，攪得他不得安寧。大為光火的伯爵大人吩咐管家把眾人趕走，商人們很聽話的走掉了。

可是到了當天晚上，商人代表如某個麵包商大爺來到了城堡。他彬彬有禮，先是祝賀大人平安歸來，然後提醒伯爵大人是他親自恩允他們的打獵。接著，麵包商出示了那份有伯爵或者男爵徽章的契約。這位伯爵大人不得不極力克制自己的沖天怒火，從此默許了商人們在自己領地的狩獵權。

半年後，某位伯爵可能想翻新他破舊的城堡，於是又想到了商人。這一次，商人們提出的條件是允許他們在伯爵大人領地的城鎮內成立自己的商會，管理商業而不受這位領主的干涉。這一回，伯爵大人很不情願，可他確實需要那筆錢，只好再次答應。半年後，伯爵的城堡修繕完畢，可是他卻不願意履行諾言，因為他有自己的士兵，商人們對他無可奈何。市民除了譴責伯爵背信棄義，也無能為力。可當伯爵再一次急需用錢，例如為女兒辦嫁妝的時候，他連一個子也借不到了，因為他已經被認定為「信用不佳」。伯爵大人不得不忍氣吞聲，把頭給低下，答應做出某些補償。在伯爵大人拿到借款之前，市民獲得了他們夢想的權利。

在十字軍東征之後的幾個世紀裡，這種情形在歐洲各國經常發生，而且越來越普遍。城市的自由民透過自己的努力創造財富，死囚犯冒著生命危險到東方去做貿易，投資人和高利貸者冒著一輩子積蓄打水漂的風險支持商業，而高高在上的封建主卻什麼事情都不需要做，只需坐享其成，借錢度日。最初只是小封建主借債，後來連國王都債台高築了。為了維持排場，大小封建主，上至國王，下至鄉紳，開銷一直很大。

到了路易十五時期，法國國王的債務已經到達根本無法還清的地步。封建主們總是透過賦予公民特許權來交換他們急需的現金。城市不斷地成長壯大，並且吸引著附近鄉村地區的勞動力，從而在經濟上取代了城堡的中心位置。社會各階層經濟地位的變化最終導致了封建制度的崩潰。

當然，這種權利由封建城堡向城市轉移的過程是緩慢的、不情願的，並且時不時發生一些流血衝突——市民和工匠業者被封建主逮捕和殺害，商人和銀行家的錢永遠追不回來。但是，歷史的潮流是走向城市變得越來越富有和重要，封建領主卻越來越窮並且要被歷史拋棄。

這種衝突的高潮就是一七八九年法國大革命的爆發，國王的債主——第三階層（市民）——向國王路易十六要求國家的管理權，國王儘管答應了，但依然被送上了斷頭台。

溫和的鄉紳也許可以避免路易十六的厄運，但是當年伯爵大人的後裔坐在自己年久失修的城堡裡，看著外面城市一切欣欣向榮的景象，感嘆著從祖先稀裡糊塗地簽署了第一張用封建特權交換財富的契約日起，自己的厄運就已經註定了。

城裡人對鄉紳早已是不屑一顧，他們在盡情享受得之不易的權利，這些可是他們的祖先經過幾十代人的持續鬥爭才辛苦得來。

歐洲幾乎每一個城市、每一座古堡，都會講到類似上面故事的一段歷史。在這長達幾百年的時間長河裡，平民和貴族暗地裡競爭，大多數時候出現的是雙贏的平衡結果。一方獲得了所需的金錢，另一方獲得了想要的地位。但是，從較長的時間縱軸來看，這是一個此消彼長的過程，而決定勝負的是經濟的力量。歐洲的崛起從本質上講，是平民的創造性被釋放出來，平民取代了老貴族，成為新時代主人的過程。

為什麼歐洲貴族和平民的地位會發生變化？因為前者在坐享其成，而後者在創造財富。當一個階層可以透過坐享其成維持體面生活的時候，就失去了創造財富的能力。世界上已經創造出的財富總是有限的，能積累起來的、能供一部分人坐享其成的更是有限，而未來能創造的財富則近乎無限。掌握了後一種能力的人，最終會從社會的底層走出來，當然，這需要花時間。

我們如果對比一下中國和西方在世界經濟格局中的位置，就不難發現它和歐洲過去兩個階層的地位有相似性。在過去的幾十年裡，中國創造了世界上最多的物質財富和大量的知識財產。當西方在享受中國廉價商品的好處，享受沒有污染的青山綠水時，其實就像過去的老貴族一樣失去了活力。雖然在短時間內，西方國家可以透過借貸維持體面的生活，可以在中國等東亞國家和一些局部地區創造雙贏，但是最終的力量是此消彼長。有很多人常常嘆息，中國現在雖然國內生產總值增長很快，但是缺乏軟實力，國際地位不夠高，我們應該輸出軟實力。其實，這種擔心沒有太大的必要，因為最終經濟狀況可以改變世界地位和軟實力，但這需要時間。當今西方都市人的穿著打扮、生活節奏，在十八世紀法國宮廷看來簡直是粗陋不堪，但是，現在誰若還穿著十八世紀的服飾，過著宮廷式的生活，是會被人恥笑的。世界是往前發展的，新的格局會漸漸取代現有格局，這些改變常常在不知不覺中發生。相反的，光有軟實力，沒有硬實力，就如同光有光環而囊中羞澀的貴族，最終是要被淘汰。

那麼，西方過去富有創造力的平民階層何以能成為現在的悠閒階層呢？這也經歷了一個漫長的過程。在工業革命後，英國靠著強大的製造力成為全球性帝國。英國的工人曾經是世界上最勤勞的人，他們到世界各地建工廠、修鐵路，和現在中國到非洲和南美洲建設基礎設施的工人一樣。但是，快速富裕起來的英國人發現，讓美國人和其他國家的人從事製造，自己透過商業獲利，特別是使用金融工具獲利，要比從事生產更容易、賺錢更快。因此，英國從強調製造和保護工業的重商主義轉向了自由貿易。這件事在經濟學教科書裡一直被讚揚，但是英國從此便擺脫不了對外部世界的依賴了。在隨後近一個世紀的時間裡，全世界包括美國在內，都在一定程度上為英國打工。具有諷刺意味的是，到了十九世紀末，美國已經成為世界第一經濟大國。美國生產的貨物源源不斷運到英國，但是對英國的貿易依然有逆差，因為美國生產的商品太粗糙、太便宜。在運送貨物到英國時，還要帶上從美洲開採出來的黃金白銀。在第一次世界大戰開戰之前，美國欠了英國金融家的錢，後來因為戰爭，英國不得不從美國進口大量貨物，這筆債才算抵消。

歐洲其他很多國家也有類似的情形。精品行業可說是歐洲大陸產業中最俱全球競爭力的產業了，但是，當今大部份高級奢侈品雖然還貼著「法國製造」、「義大利製造」的牌子，卻都是中國製造。這不完全是為了節省成本，也有不得已的理由，即現在在歐洲已經找不到那麼多工匠了。上一代工匠的孩子都上了大學，成了醫生、工程師、律師，不再願意從事手工行業。至於普通的製造業，也在往成本較低的東歐、東亞遷移。二〇一七年，我去德國徠卡公司培訓，有機會參觀他們的工廠廠房。雖然徠卡相機和鏡頭是在德國生產的，但是製造鏡頭所用的光學玻璃卻是來自台灣，相機中最重要的零件CMOS（互補金屬氧化物半導體）感應器來自日本。徠卡相機最高級的一個鏡頭，價格抵得上一輛陽春汽車，其利潤可想而知，至於它最高級的相機更是貴得出奇。這些企業從全球化的分工或者商業文明中受益良多，但是從整個地區的發展來看，並沒有因為企業利潤的提升而受益。德國在歐洲國家中發展算好的，其他地方問題更多。總體來說，隨著產業——特別是那些所謂的工作機會——不斷轉移到成本更低的亞洲國家，歐洲國家慢慢的不得不在經濟上依賴亞洲。

美國當下的情況雖比歐洲好一些，但是也在走下坡路。美國從建國之初就有大陸文明和海洋文明之爭，傑佛遜和門羅等人是前者的代表，漢密爾頓是後者的代表。美國在建國後長達一百多年的時間裡只有對內發展，直到美西戰爭美國奪取了西班牙所剩不多的全球利益，又從兩次世界大戰中獲得極大的好處後，重心才向海洋伸展。倡導全球化的華爾街和矽谷的一些公司，代表了海洋文明的趨勢，其中最典型的代表就是蘋果公司的首席執行長庫克。對他來講，僱用哪國的員工、產品在哪裡生產、銷售到哪裡完全不重要，只要能賺錢就好。蘋果公司近幾年（二〇一五—

二〇一八年）的營業額都在兩千億美元以上，利潤高達八百億美元，

但是蘋果對總部所在地庫柏蒂諾市一年貢獻不到兩千萬美元的稅收。蘋果接近三千億美元的現金儲備（二〇一八年數據）一多半在海外，這些錢對美國的經濟也沒有什麼貢獻。庫克等人從來不在乎美國作為一個國家的稅收和發展，只要企業賺到錢就好。在當今的美國，這樣的企業很多，支持這種想法的人也很多。既然海外的勞動力既便宜又好用，何必在美國生產呢？美國標普五百指數的公司每年的利潤漲幅在7%左右，遠遠高於美國國內生產總值的增幅，因為公司多半的生意甚至僱員都不在美國。和這些工商業精英相對立的是川普這樣偏草根的企業家，川普以及他所代表的民眾其實並沒有從全球化中受益很多。他們試圖扭轉這種產業空心化的局面，但是這種努力最後恐怕是徒勞的。實際上，從二戰之後開始，美國企業和金融機構雖然錢增加得很快，也在世界上保持著極強的競爭力，但是美國作為一個國家在世界產業中的地位和競爭力是不斷的下滑。雖然美國多次試圖扭轉這個趨勢，但都沒有成功，因為它從精英到勞工，和大航海時代的貴族一樣，失去了可以自身努力創造財富的動力和能力，習慣了坐享其成。雖然現在我們都承認世界各國的關係是彼此依存、互惠互利的，但是最終會形成此消彼長的態勢，而最具有競爭力的是中國。

相比重貿易、輕產業的海洋文明國家，中國上千年來一直立足於產業本身的發展，只不過過去主要的產業是農業，而現在是工業和服務業。這種文明有它的局限性，但是也有它巨大的優勢，就是根基穩固。近幾十年來，中國的商業和貿易不斷發展，正在完成從單一的大陸文明朝向大陸、海洋文明的轉型。雖然中國起步於製造最底端、最便宜的商品，但是不會永遠停留在產業

鏈的下游，隨著財富的積累和技術的進步，它已經逐漸走到很多產業鏈的上游。當初，西方國家把那些自己不願意做的事情交給中國的時候，恐怕沒有想到自己也會走上那些貴族幾百年前走過的不歸路。

中國的崛起有外在的因素，例如全球化的機遇。但是，過程中發揮決定性作用的是其中國自身生產力的解放，中國人從上到下能夠藉勞動改變自身經濟命運和社會地位，這是中國得以成功的原動力。在未來，只要中國人的這種原動力還在，無論國際環境如何，都會取得更大的成就。

第九章　未來的法則

生活在哪個時代非常重要，生活的地點也同樣重要。我們是否生活在一個好時代、一個好地點呢？

如果我們相信未來會比今天更好，堅信自己生活在一個好地方，所該做的便是去認識未來時代的特徵和規律，把握住一些不變的道理，使用正確的方法，做那些能夠不斷讓自己獲得可疊加式進步的事情，這樣便能立於不敗之地。

未來的八個特徵

雖然有些人喜歡懷念過去，但是更多的人還是喜歡放眼未來，因為在後者的想像中，未來會比現在好，能給他們帶來希望。憧憬未來的人，通常好奇未來和現在會有什麼不同，以便及早做好準備。對於這個問題，我們不妨先從負責開發與未來相關新技術的權威人士身上，了解他的觀點，這位權威就是麻省理工學院媒體實驗室主任伊藤穰一先生。

伊藤穰一甚麼都做，他有很多頭銜和職務，做過風險投資，參與過很多重要的社會活動，而最符合他身份的是他目前的職務——麻省理工學院媒體實驗室主任。

媒體實驗室頗富傳奇色彩，雖然名稱中間有「媒體」二字，但所做的事情其實和媒體本身並沒有太多的關係。實際上，把media（媒體）這個詞翻譯成「媒介」會更為合適，因為它是一個專門把各種黑科技聚集在一起的媒介。這種跨學科的合作產生出很多改變世界的重大發明，例如觸控式螢幕、電子墨水、提高人類靈活性的假體、可穿戴式設備、汽車導航GPS（全球定位系統）等。媒體實驗室的特點是做事不拘一格。它給予教授和科學家們自行決定研究方向的權力，但希望他們能研究那些關乎人類未來，而其他研究機構又不願意做的課題。至於那些政府支持的熱門研究項目，麻省理工學院的各個實驗室已經在做，就不必重複類似的工作了。在人員選擇方面，這種特點也表現得淋漓盡致。就拿伊藤穰一本人來說，他沒有博士學位，也非學術界人士，這樣背景的人在其他學術機構裡是不可能擔任重要的職務。

二〇一七年，伊藤先生把自己對未來的觀點寫成了一本書——《進擊：未來社會的九大生存法則》（Whiplash）。他在書中用九對矛盾描述了自己對未來的看法，而我有幸能為這本書作序。雖然很多人未必完全贊同他的看法，但是他概括未來特點的描述非常到位，而且為每一個人提供了思考未來的思路。因此，我們不妨先看看伊藤先生是如何思考未來發展方向這個問題的。

想要了解未來，就需要把很多重大事件放到一個大歷史環境下來考量。由此，伊藤先生將歷史上偉大發明家對某些重大發明（包括他們自己的發明）的誤判當作研究的起點，指出了未來的三個特點，即不對稱性、複雜性和不確定性。

所謂不對稱性，是指由於新技術的產生，最早掌握新技術的少數人，可以利用新技術顛覆過去在相應領域中佔據統治地位的大機構或組織。創業常常就是一個螞蟻戰勝大象的故事，說的正是這個道理。

所謂複雜性，是指當下的知識體系非常複雜，是跨學科的，而不是單一領域；是綜合的，而非單獨的。這正是媒體實驗室要做跨學科、混合的研究課題主要之原因。現在的時髦詞——跨界，其實在某種程度上反映出知識體系複雜性的特點。

所謂不確定性，是指沒有人能夠預測未來。很多人想預先知道未來會發生什麼，他們可能會向專家請教，可能會沉迷於算命。但是，無論是掌握諸多資訊的麥肯錫分析師，還是掌握了機要資料的政府官員，都做不到這一點。伊藤說，他自己對於快速變化的未來其實也沒有辦法預知，但學會在不確定的環境中做事情卻非常重要。我曾經講過，好的投資人都是重反應、輕預測的，因此不要做預測未來這種無謂的嘗試。如果我們能夠掌握在不確定條件下做事情的方式，就不需要迷信各種預測了。

面對不對稱、複雜而且不確定的未來，人類應該怎麼辦呢？伊藤說出九個破局方法，其中有些是相似的，因此我把它們整理成以下八個方法。

第一，不過度依賴過去的權威。

在一個平穩發展時期，過去的權威經驗是有用的。但是在新技術革命時期，新思想就比過去權威的思想更重要。在這種前提下，人類唯一能做的就是接受新的事物，而不是固守舊的經驗。伊藤舉了一個例子來解釋什麼是對待未來應有的態度。

湯姆．奈特是麻省理工學院的一名資深研究員，他在電腦資訊科學等領域有重要的發現，可以稱得上是權威。但是，他在年紀很大的時候還跑去和大二學生一同修生物課，因為他知道半導體集成電路的密度已經接近極限，未來很難再提高了，而在細胞層面基於化學反應的集成電路板或許能代表未來。因此，作為電腦資訊科學家的奈特選擇讀生物學的碩士，以便應對新技術不斷推陳出新的挑戰。

第二，拉力優於推力。

所謂推力，就是用各種方式推銷給你的東西，例如透過廣告送給你的商品訊息。所謂拉力，就是自己有需求主動獲取的東西，例如你主動在網際網路上學一門慕課（MOOC）。過去，很多自上而下的推送在主導我們的行為。例如，我們打開電視機，電視提供什麼內容，我們就接受什麼內容。久而久之，我們就受到由上而下的影響。但是，網際網路時代，分散式、出自底層的主動需求源源湧現，自上推下來的東西就失去了原先的價值。為什麼谷歌的搜索廣告效果好、價值高，而各種平面展示廣告效果差、價值低呢？伊藤給出了理論上的解釋——拉力優於推力。

第三，指南針優於地圖。

在能夠預測未來的年代，我們看到地圖就能找到路，但有一個前提條件，就是從過去到今天，道路的變化不大。如果一個城市的道路每天都在改變，地圖就失去了意義。但是在未來，很難畫出一張準確而具有時效性的地圖，靠過去的老地圖找路就不好用了。在這種情況下，學會使用指南針找準確方向，要比按圖索驥有意義得多。

關於這一點，我們在中學時就有學過。老師給我們一個公式，我們就能按照公式解一大堆數學題。如果考卷上大量的題目不符合那個公式，再套用公式的人就傻眼了。而掌握了基本數學原理，有能力推算出新公式的人，就能立於不敗之地。後一種能力，就是伊藤所說的使用指南針的能力。

第四，擁抱風險。

人類自古以來都會面臨各種風險，也在採取各種措施避險。人類做的很多事情，都是讓自己或者自己的後代今後能變得更安全。無論是歐洲的城堡還是中國的長城，都具有規避風險的功能。但是今天可能不存在安全的避風港了，因為那裡沒有競爭力。伊藤舉了深圳和美國的例子來說明這一點。為什麼深圳成為全世界很多高端硬體產品零件的供應源頭呢？因為那裡的小企業更願意承擔風險。美國在成長期時，也像現在的深圳那樣處處充滿風險，當時美國的拓荒者也像深圳人那樣不懼怕風險。伊藤認為，現在的美國要想重新取得競爭優勢，應該從頭再來，回到美國當初的成長階段。這看似是倒退，其實是進步。

回到每一個人身上，很多人都覺得自己最好能進入一個越老越值錢的行業，等年紀大了，工作會比較輕鬆安全。這種想法在未來可能要令那些人失望了，因為過去的權威會失去它的作用。真正安全的，正好是要擁抱風險。

第五，叛逆精神。

我曾經講到，叛逆和對叛逆的寬容是矽谷成功的第一要素。伊藤則用「違抗」這個詞說明不受約束發明創造的重要性，他舉了二十世紀初杜邦公司發明尼龍的故事。

尼龍的發明者卡羅瑟斯，他的老闆斯泰恩是一個願意讓員工自由研究的人，因此卡羅瑟斯得以根據自己的興趣鑽研尼龍。但是後來，他的新老闆博爾頓要求大家研究能賺錢的東西。還好，卡羅瑟斯「違抗」了新老闆的要求，仍繼續專注於自己的興趣，並且利用過去的科研成果最終發明了尼龍。

重大的發明往往不是眼光平庸的人能夠看懂的，如果過於服從現有的安排，就不可能有重大發明。創造力需要擺脫束縛才能發揮作用，而這件事看起來就像是叛逆行為。

第六，通才勝於專才。

在媒體實驗室，絕大多數研究人員都是跨學科的通才，這是那裡不斷湧現出重大發明發現的原因，因此伊藤說通才勝於專才。不過，對於伊藤的這個觀點，大多數人需要避免一個誤解，那就是自己對任何一個領域的了解都不精深，卻妄想成為一個跨界高手。對大多數人更有意義的事情是，先讓自己成為一個專才，之後，如果能發展成通才固然好，如果不能，要具有調動資源的能力，形成優勢互補。反過來，如果一個人沒有能夠拿得出手的優勢，是沒有人願意和他進行能力上的互換的。

對一個組織而言，這一條原則可以理解為多元文化的重要性。在一個組織中，人才的多樣性比單一化更有優勢。矽谷成功的秘訣之一就是多元化。

第七，韌性優於力量。

對這一點的認識，或許來自伊藤的東方人基因，即對所謂的柔能克剛的認同。

力量對於做一件事情的作用自不用說，通常是力量越大，越容易推進。但是，如果我們承認未來的不確定性以及局部失敗的必然性，就需要一個能抵禦災難性故障的系統，以免局部的錯誤毀掉了大局。韌性的作用在面臨「風暴」時就顯現出來。一個健康有活力的機構需要有韌性，能夠接受多次局部失敗的打擊，歷經變革後獲得重生，最終立於不敗之地。

第八，強調整體性。

在系統論出現之前，人們通常認為整體等於部分之和。但是當人們開始研究人體或者社會這一類複雜的系統時，會發現整體未必等於部份之和，優化每一個個體未必能達到整體最佳的狀態。真正具有競爭優勢的是一個體系，而非一個特別強大的個體；是一套能夠保證不斷成功的制度，而非一個天才個人的行為。iPhone 作為一款產品，並非每個主要的技術指標都比競爭對手的產品強，而是為消費者提供了一個整體上體驗最佳的產品。

如果我們承認未來的不對稱性、複雜性和不確定性，我們就不應該像是求算命的預測未來，然後笨鳥先飛佔據一個先發優勢，而是要增強我們的適應性和創造力，去應對複雜性和不確定性。這是一種立於不敗之地的做法。其實，自古以來，人類並不缺乏創造力和適應性，只是我們過去過份看重物質財富，希望物質財富給我們帶來安全，以致忽視了創造力和適應性。未來不是一個我們能輕易獲得享受的時代，而是一個需要我們利用聰明才智獲得機會的時代。

尋找快速變化中的永恆

在我們都認可未來世界會快速變化這個特點之後，我們是否應該反問一下自己，這個世界上是否有不變的道理，或者變化很慢的東西。亞馬遜的創始人貝佐斯說自己就屬於那種在變化中尋找不變的人。

貝佐斯的觀點和伊藤的觀點是否矛盾呢？並不。伊藤講述的是未來的事實，而貝佐斯說的是應對變化的一種做法——讓變化的技術和市場圍繞不變的商業服務。其實在貝佐斯之前，IBM 一直都這麼做。在很多人看來，IBM 是一個不斷轉型的企業，從最早的辦公設備到後來的電腦，再到軟體和服務，這都是改變。但是 IBM 商業模式的核心沒有改變，所謂一切圍繞服務而開展，更具體地講，是針對企業級客戶的服務。IBM 早期的列表機產業早就不存在，大型電腦計算也幾乎看不到，甚至資料儲存、個人電腦和服務器業務也分別賣給了日立和聯想。但是這家公司並沒有因此消失，只是在不斷變換服務的內容。只要全世界的服務業還在，IBM 就有生意。事實上在二〇〇二年，IBM 收購了普華永道（PWC）的諮詢服務產業。作為一家資訊電腦技術公司，IBM 為什麼要收購單純靠人力服務的公司呢？因為在 IBM 看來，技術只是手段，不是目的，服務才是它的目的。既然普華永道高端的服務產業利潤率高，為何不收購呢？

當今美國《財富》五百強的企業平均年齡才四十歲左右，也就是說，各行各業裡曾經輝煌一時的公司鮮有常青樹。IBM可以算是一個例外，其中的智慧就是以不變應萬變。每個人都想做到這一點，遺憾的是，很多人看不到那些不變的東西。並非因為那些人得到的訊息太少，而是他們接收了太多的訊息，沒有深入思考，以致忘記了應有的常識。事實上，某些所謂的專業人士的判斷力還不如擁有常識的歐巴桑。

二〇一七年，微信上曾瘋傳這樣一段對話。

記者：馬雲推出無人超市了，你怎麼看？

歐巴桑：超市都沒人啦，那還不關門嗎？

記者：歐巴桑，無人超市不是沒有人的意思，而是說，超市裡沒有售貨員、收銀員等員工啦。

歐巴桑：那應該叫無員工超市啊！唉，就你們這語文能力還當記者呢！

記者：是，是，歐巴桑說得對，應該叫無員工超市。歐巴桑，那你對這種新型的超市有什麼看法呢？

歐巴桑：超市不需要養員工了，那東西是不是更便宜啦？

記者：這個……我們暫時還沒了解到。

歐巴桑：看看你們這些記者，怎麼當的？老百姓最關心的問題，你們都不去了解，整天只會關心馬雲又弄出甚麼東西。我們老百姓最關心的是什麼？是有沒有假貨，東西是不是更便宜啦。超市裡有沒有員工關我屁事？

記者：你不覺得無人超市的推出將會改變我們傳統的購物方式嗎？

歐巴桑：改變屁啦？買東西不花錢啦？刷條碼也是在花錢啊！

記者：歐巴桑，看來你還是不能理解時代的發展潮流。

歐巴桑：唉呦，弄個沒有員工的超市就是時代潮流啦？每天都弄些專門裁掉基層員工的玩意算甚麼本事？有本事弄個沒有老闆的超市啊！

記者：歐巴桑，你對馬雲是不是有意見啊？

歐巴桑：我不是對馬雲有意見，是對你這種無聊的記者有意見，問問題從來都問不到重點上。馬雲改變了我們的生活，但我們要的不只是很大的改變，若沒有增加我們的幸福，還增加了許多煩惱。這才是你們記者應該關注的問題。

記者：……

這段對話的背景是阿里巴巴推出了無人超市，一時之間成為新聞。不少記者得知這條新聞後很興奮，甚至跟亞馬遜叫囂：外國人沒做到的事情我們中國人率先做到了。如果仔細去了解，就會發現記者過度解讀了這件事情。那個所謂的「超市」，不過是放大版的自動販賣機而已。裡面所用的技術，其實就是在商品包裝放上一片**RFID**（射頻識別技術）的小晶片，使商品能夠被自動掃描識別結帳。這和我們在飯店裡用沒有磁條的房卡開門是同一個道理，並非什麼了不得的新技術。事實上，馬雲自己都沒有太把這個無人超市當一回事，因為他沒有在各種場合去多做解釋。

而「人家吃麵你喊燙」的群眾（包括那些對技術和商業似懂非懂的記者）永遠喜歡圍著看熱鬧，把各種新鮮事做誇大解讀。誰能想到一個會用常識判斷的歐巴桑，指出了記者思維的誤導，可謂一語中的。

對話中的這位歐巴桑講的第一個觀點道出了消費者真正關心的是什麼——購物時安心（沒有假貨）以及價格要便宜，至於是用什麼方式購買並不重要。網購能夠興起，是因為價格低、省時間，並非因為好玩。有人說網購改變了人們購物的習慣，以致於多數人較少去逛百貨商場，這點不假。但是習慣能從逛商場變成「逛網」，就能變回去。我們時不時的在媒體上就看到這樣的故事，一群人會為了領一盒免費雞蛋排隊半個小時，這就是「逛網」的行為變成了線下排隊，因為排隊得來的東西不要錢。

對話中的歐巴桑問「沒有了售貨員，價格是否可以便宜」，正好道出了未來無店員商場能否成功的關鍵。至於技術本身，如果它不能幫助實現這個目的，再好也是「雞肋」。從商家的角度看，商場有沒有售貨員不重要，能帶來更多的利潤才重要，否則不如保留售貨員。

事實上，亞馬遜考慮過無人超市的可行性，決策的依據就是利潤是否能提升，而不是使用了多少技術。我的一位谷歌同事後來成為亞馬遜物流的負責人之一，他跟我提及過亞馬遜對商業變遷的研究和想法。在亞馬遜看來，商業行為從櫃檯銷售到超市銷售，雖然盜取的物品在增加，但是由於超市這種模式比櫃檯銷售提升了效率，商家可拿出一部分利潤抵消被盜商品，然後依然能夠獲利，因此超市取代了傳統的百貨櫃檯。到了電商時代，從商品的損耗數量來看，大量的退貨其實遠比超市中被偷取的商品多，但是省去的房租讓電商在扣除退貨的成本後依然有利可圖，因此電商得以蓬勃發展。未來是否要用無店員超市取代現有的超市，完全要看成本。這裡面的成本，不僅要考慮被偷盜毀壞商品的成本，還要考慮在無人監督下處理法律糾紛的成本、退貨的成本，以及各種原先想不到的成本。如果沒有了店員，顧客偷盜商品的比例一定會增加；如果無店員超市中都是便宜的商品，肯定賺不到錢；但如果放上一些昂貴的商品，偷盜行為會更普遍。在美國，很多人在超市偷盜並不完全是因為無錢支付商品，而是覺得刺激、好玩甚至是無意識的。超市中順手牽羊的偷盜者，從好萊塢明星到《財富》五百強公司的高管都有，前者可能順手拿個幾十美元的化妝品，後者可能隨手拿了個一、兩美元的打火機。這些問題不是在商品包裝上裝一個**RFID**的晶片，或者在天花板上安裝一個監視錄影就能解決的。另外，有些人還會刻意去毀損超市裡面的貨物，這也是一種成本。事實上，在中國一些無店員超市開張後，裡面擠滿的不是購物的人，而是一群在家裡捨不得開冷氣的歐吉桑、歐巴桑，這恐怕是超市的老闆事先沒有想到的成本。

在美國、澳大利亞和歐洲的國家，雖然沒有完全無售貨員的大型超市，但是有很多超市由顧客自己算帳，至專門櫃台機器去掃描商品、結算價格，店員只是在一旁監督。這種做法確實少了一些人手，省了一些成本。從商業要牟利、要賺錢的本質來說，在現階段，這種做法比完全無店員更有效。是否利用了新技術不是核心，利用新技術實現提高效率、降低成本的目的才是關鍵，因為降低成本、提高利潤才是核心，才是不變的道理。

現在有很多人（包括一些科技從業者）混淆了在目的和手段之間，技術應佔據的位置。技術向來都只是手段而非目的，弄不清楚這一點，就會為了技術而研發技術。很多時候，我們知道一個需求可能是基本，但是這個需求的解決方案（技術）並不一定是基本，用其他手段也能解決問題，甚至解決得更好。當我們混淆了手段和目的時，就難免鬧笑話。

在美國，**FDA**（美國食品藥品監督管理局）每年都會勒令下架一批藥，包括很多新藥，除了個別的藥品是因為副作用大之外，大部分是因為沒有用途。也就是說，雖然藥品治療的相對應疾病是其基本，但是此種藥（解決方案）卻未必是基本，因為藥品已經不能解決問題，甚至個別藥品聲稱能夠治療的疾病根本不存在：商家不能為了讓消費者買一種藥而發明一種疾病。現在一些對技術發明的宣傳，其實是在解決那些並不存在的問題。

對老百姓來說，購物是基本需求，但無店員的超市卻未必是，儘管這是一個新概念，甚至還用到了一些新技術。同樣地，無論是刷卡還是行動支付，都是手段，方便才是目的。很多人覺得美國行動支付不發達，因此技術落後，其實在美國用信用卡一點都不比在中國用行動支付麻煩。此外，無論用何種方式支付帳款，花錢這件事並不會因此被省略掉。所以，要想過好日子，從本質上講，是要獲得更多的錢，而不是要方便花錢的各種手段。

在上面的對話中，最後記者拋出一句話，「看來你還是不能理解時代的發展潮流」。在論戰中，這樣的話常常是一方敗下陣前最後會說的話，類似的話還有「你又不是這方面的專家」、「和你說了你也不懂」，等等。要知道，今天的潮流，可能過兩三年就不再是潮流了，洞察本質才能立於不敗之地，並非趕上了潮流就高人一等。更何況落實到購物這件事上，能否代表時代發展的潮流，又不是記者先生說了算。

在人工智慧時代，很多時候我們會因為過於擔心自己落伍而拚命奔跑，覺得凡是和新技術有關的都是好的，都需要追隨，而忘了一些不變的道理。愛迪生作為一個重大發明數量最多的發明家，在求變、跟隨技術發展潮流方面固然做得很好，但是他所做的一切都圍繞一個不變的核心，那就是要讓技術解決真正的問題，而非發明沒有用的東西。愛迪生曾經做過一個重要卻失敗的發明。當時電力的應用才剛剛開始，愛迪生發明了一種供議會使用的自動表決機，並且獲得了他的第一個專利。

愛迪生以為有了自動表決機，議員們就可以加快議會投票的過程，提高效率。但是，當他帶著這項專利來到國會後，議員們告訴他這東西根本毫無用處，然後把他打發走了。後來他才了解到，議會因為站在公平角度，需給少數派足夠的時間去說服他人。出於決策流程的考量，國會投票的過程並不需要過快。

這次碰壁以後，愛迪生懂得了一個道理，這個世界光有技術還是不夠，技術需要的是有效用、有市場。從此，愛迪生拋棄了做發明家的單純思維模式，也就是想把所有的事都自動化，轉而領悟到了企業家的思維方式，一生再也沒有做任何沒有市場的發明。

愛迪生生活的時代並不缺乏大發明家，亞歷山大．貝爾和德國的西門子都是能夠藉著發明解決人類現實問題的發明家，他們都在第二次工業革命中得到極大的成就。不過，另一批發明家就沒有那麼好的運氣了。特斯拉無疑是當時發明家中的佼佼者，不同的是，特斯拉是單純的發明家而不具有商業思維。他的很多研究工作，雖然想法很好，甚至可以說非常超前，但是因為不切實際，因此最後的結局都不算好。在那個時代，像特斯拉一樣的發明家還有很多，他們理解了變革，卻忽視了一些永恆的道理。

在每一個時代總能看到有變革需要的人，但是，僅僅談改變是沒有意義的，變好才是目的。二〇〇八年歐巴馬競選總統時，高呼「改變」的口號，吸引了很多對現實不滿的選民，並且一舉成功。不過，歐巴馬此前只有兩年的從政經驗和少量的社會活動經驗，並不知道如何帶領社會往好的方向走。時任紐約市市長的朱利安尼就指出歐巴馬的潛在問題。他說，改變本身不是目的，因為改變有好壞之分，做得好才是目的。事實證明，歐巴馬每次遇到問題時，總是偏袒非洲裔，結果導致美國社會分裂。當初投歐巴馬選票的絕大部分選民，八年後變得更加貧窮了，這直接導致了二〇一六年大選時，（歐巴馬所在的）民主黨在總統競選、國會兩院選舉和各州州長選舉中全面潰敗。

現實生活中，總有人希望經過改變來讓自己的命運變得更好，卻較少考慮變化的方向。有讀者問我：自己到了三十多歲，感覺事業前途一般，是否該開始學會寫電腦程式，這樣可以趕上技術革命的快車。雖然我不能否認極個別的人可能有尚未被發現的電腦程式天賦，但是到了三十歲才開始學習電腦程式並且最終成為高手的人極少。一個人如果想成為優秀的電腦工程師，至少要有近萬小時的特別練習，這是很多人在做決定之前未曾考慮的。事實上對大多數人來講，更好的改變方式是學會電腦的思維，將它用在自己熟悉的行業，放大自己原有的優勢。

愛因斯坦說過：「真理就是在經驗面前站得住腳的東西」。前述案例對話中的歐巴桑並不知道什麼是高科技，卻懂得很多簡單的道理，即那些在經驗面前不斷被驗證的道理。反之，那位記者的想法應該先在經驗面前驗證，看看是否站得住腳，才來下結論。這道理落實到商業，一種新的商業模式是否可行，並不在於其技術的多寡高下，而是要看能否讓商品更便宜、購物更方便。

在未來，我們還會看到很多把技術當作目的而不是手段的發明，還會看到有些人為了改變而改變。但是，只要我們能夠有足夠的定力，相信真理就是在經驗面前站得住腳的東西，堅持往好的方向改變，就能遠離失敗，就能離成功更近一步。

優質的才是稀罕的

大家都知道金錢很重要。但是如果問未來什麼最重要，總有很多人會說，未來比金錢更重要的是他人的關注，通俗一點的說法便是「吸引眼球」。因為有關注便可以產出金錢，「網紅」經濟就是這樣操作的。於是，有了「目光聚集的地方，金錢必將追隨」的說法。很多人絞盡腦汁想出名，就是想成為所謂的「網紅」。

遺憾的是，有錢的人，特別是有「大錢」的人是一個群體，而拚命想受到關注、想成為網紅的人是另一個群體，他們之間的交集很小。其中的原因可能是你、我、他的關注很不值錢，更可能是建立在所謂關注基礎上的生意，永遠賺不到錢。

只注重關注這件事，有時危害會很大，因為這會使得一個原本可以將事情做好便成功的人走錯了路，讓他把精力花在那些根本不值得關注的事上，於是原本還不錯的收益變得極低。

著名主持人涂磊曾經這樣告誡一些想藉著關注成名的人：「如果你想獲得大家的熱捧，就得做出值得大家熱捧的作品來，而不要炒作自己。」這是一個從事傳統媒體多年的老前輩對關注的理解。

為什麼他人的關注不值錢，我們不妨先來看清幾個事實。

過去曾經一起在騰訊工作，現在負責京東廣告業務的顏偉鵬先生給我算過一筆帳。很多小遊戲公司為了讓用戶來玩它們的遊戲，在騰訊等媒體上登廣告，那些廣告每天會被上百萬個用戶看到，但是沒有人在意那些豆腐塊大小的圖片或者視頻裡面展示的是什麼。而且，沒有什麼人願意點擊進去了解詳情，更沒有人真的下載玩一玩。

顏偉鵬講，根據他的計算，用這種方式拉到一個遊戲玩家的成本是兩千元，最後能從玩家身上賺多少錢就只有天曉得了。

當然，廣告平台會說，到我這裡來做廣告會獲得很多關注，但這句話如果和廣告的效果結合，應該還要說出下半句：遺憾的是，那些關注真的很不值錢。

同樣地，很多投資者會失敗是將資金投給受到關注的產品或人，但很快便血本無歸，因為那些關注很不值錢，當中最典型的例子就是霍姆斯的「一滴血化驗」的創業計畫。那個計畫備受關注，連季辛吉都為她站台，但是最後她被證明是一個不折不扣的騙子。

當然，很多人會說，網路上的內容太多，「網紅」一樣的各種面孔像走馬燈似的換來換去，大家都只是「淺層關注」，無法算數。那麼我們就來看一個「深層關注」的事件——看電視。

電視螢幕不同於電腦網路世界的螢幕，後者上面有密密麻麻的廣告讓我們看不清。電視開機時的螢幕一般只有一個主題，照理說觀眾的心思應該比較聚焦了吧，其實並不是這樣。

根據美國對電視媒體的統計，美國觀眾每看一個小時電視，產生的價值只有二十分美元，也就是一元多人民幣。相反，上網一個小時創造的廣告收入比看電視還多。這就解釋了為什麼樂視的開機廣告並不能給各自的公司帶來多少收益，也解釋了為什麼做了那種沒有效果展示廣告的公司，業績並沒有提高。

何種媒體關注的商業價值最高呢？根據美國的統計數據，不是商業媒體，更不是娛樂媒體，而是毫無娛樂意味的高品質嚴肅雜誌，平均一個小時可以產生一美元的商業價值。相反，關注八卦色彩較濃的地方小報一個小時的價值只剩下不到十分美元，比電視每小時二十分美元的效果還差。這個結果可能出乎很多人的意料，但是優質的、有自己觀點的內容能帶來更大的商業價值，卻是不爭的事實。

如果我們能把關注的價值與內容的價值彼此做個等價（嚴格說來，兩者是相關的，但不是等價的），對於讀者和觀眾來說，閱讀一個免費卻低品質的內容，遠比付費卻高品質的內容沒有意義得多。

此外，優質內容的價值，還可以用我們消費這些內容所需要花費的金錢來衡量。在美國，一本書平均售價三十美元，讀者讀完一本書的平均時間為十個小時，也就是說，讀者每小時消費三美元的內容。同樣地，如果我們去看一場電影，平均每小時消費四美元的內容，但是如果花一個小時讀小報新聞（現在更可能是微信上的貼文）或者網絡上的八卦，消費掉的內容可能只值幾角人民幣。

既然關注不如想像的那麼重要，那麼，在當今的商業世界裡有什麼比較重要呢？對於業者來說，最直接、最重要的標準是ARPU（average revenue per user）值，也就是每用戶平均收入。我們以蘋果公司為例，計算一下它的用戶ARPU值。蘋果用戶差不多每兩年換一支手機，此外，很多人還在使用蘋果電腦，大約三～四年更換一次。因此，蘋果公司的ARPU值至少是手機價格的一半，可能還要加上電腦的價錢。最近兩年（二〇一七年之後）上市的蘋果手機最便宜的稅後也超過八百美元，最貴的將近一千五百美元，因此，它的ARPU值超過四百美元。

相比之下，緊隨蘋果之後，市值長期處於世界第二位的谷歌，ARPU值只有四十美元左右，小了一個數量級。

在中國的IT企業中，第一等級的騰訊、阿里巴巴和百度這三家公司，ARPU值都在二十多美元，和谷歌同一個量級，但是第二等級的網路公司ARPU值就小了一個數量級。如果你對二十多美元的ARPU值沒有概念，可以對照一下中國三大營運商寬頻業務的ARPU值，只有四至八美元，這是鄔賀銓院士二〇一六年所提出。也就是說，中國頂級網際網路公司給用戶帶來的價值和從每個用戶身上獲得的收益還是不小的。

當然，有些人會覺得，像谷歌、騰訊或者阿里巴巴這樣的大公司，其用戶滲透率已經很高了，不存在不受關注的問題，因此才注重ARPU值的高低。但實際上，對於小公司來講，ARPU值更重要。因為小公司在短期內根本不可能從每一個人身上拿到錢，即使想盡辦法讓大眾關注自己，得來的也只是廉價的關注。雖然上帝創造每一個人是平等的，但是不同人的關注卻是不平等的。優質的關注者不僅能直接為業者帶來收益，而且能夠擴大業者的影響力。因此，一個公司在規模不大時，在關注度上和大公司進行全方位的競爭將沒有意義，更應該關心的是自己的核心用戶，關心自己能給他們帶來什麼價值。

我們看一下徠卡公司的競爭策略。這家德國最老的相機公司市場上比起日本的Nikon和佳

能，市佔率小得多，而且存在巨大的價格劣勢。徠卡一度試圖藉著生產便宜的相機獲得更多人的關注，但事實證明那種努力毫無效果。因此，徠卡曾經面臨破產。但是近十年來徠卡在資本的幫助下起死回生了，而且在產業裡頗具競爭力。其中一個重要因素是，徠卡不再和日本公司於價格上競爭，不再試圖去爭取那些對它來講沒有價值的人群關注，轉而培養使用者的水準，以提高ARPU值。為此，徠卡成立了培訓攝影師的徠卡學院，並且在世界各地舉辦短期的攝影實地培訓。

二〇一四年之後，智慧手機攝影功能的迅速增強，開始衝擊相機市場。靠大眾市場取勝的Nikon和佳能的銷量下降了一半，同一時期徠卡的銷量反而上升了。隨後，Nikon和佳能開始深耕它們的核心用戶，增加ARPU值。

現在中國的自媒體多如牛毛，很多投資人和我說不知道該投誰，我說很簡單，不要看它們的用戶數量，看它們的ARPU值即可。在當下這樣一個風險投資資金過剩的年代，以融資買關注是一件很容易的事情。花錢買用戶的事情誰都會做，但是能提高ARPU值才是真本事。因此，用這個簡單的標準過濾一遍，就會發現很多號稱擁有千萬用戶的媒體毫無價值可言。

回到個人，大部分人幾乎不會做投資，更不會去創業，但是或多或少地希望被關注。想要關注本身沒問題，畢竟受關注而獲得財富或者成名的想法合情合理。但是，有兩件事值得我們思考。首先，我們憑藉什麼獲得關注？應該是我們提供的價值。這就如同涂磊說的，一個演藝人員獲關注應該是靠吸引人的作品，而不是炒作自己。很多人頻繁參加各種會議、活動，找人加自己微信，求關注，以為這樣就能提升自己的地位。其實，那些廉價的關注真的沒有用，他們努力的方向完全錯了。有這些時間和精力，不如找一些真正能夠幫助自己的朋友，為他們提供一些價值。這些人對我們來講，就是高 ARPU 值的群體；而我們所提供的價值，能進一步提高整個群體的價值。

其次，網路時代從來不缺乏免費的內容，最珍貴的資源是我們的時間。不要花太多工夫讀那些免費、廉價，但是品質差的內容，讀它們不僅浪費時間，甚至會誤導我們。至於哪些媒體上的內容好，看看那些媒體相對應的 ARPU 值即可知道。

未來是一個過剩的時代，物質會過剩，內容也會過剩。最寶貴的是人的時間和注意力。無論是想得到關注，還是關注別人的，都需要記住一個關鍵字——優質。

免費時代的贏家和輸家

在個人電腦出現後，「免費」這件事其實就很難避免了，只要有了可以迅速大量「寫」資訊的設備，例如早期的磁碟機，後來的 CD 光碟機，就很難制止對軟體等知識產權產品的盜版行為。

二十年前，微軟等公司還試圖在中國打擊盜版，然後賺取軟體費。那時，微軟的首席執行長鮑爾默每年要到中國一兩次，解決盜版軟體的問題。但是，用慣了免費盜版產品的人很難接受為非實體的產品付費。因此，鮑爾默後來絕望了，用戲謔和苦澀的口吻說：「如果你們要用盜版，能否盜正版的。」言外之意，人們與其在市場上找那些染上病毒的各種盜版軟體，不如向微軟要正版的。對微軟來講，這樣至少能綁定一些用戶。當他們嚐到正版軟體的甜頭之後，或許將來會出於良心支付費用。

到了互聯網時代，雅虎的楊致遠和菲洛首創了免費的網際網路服務，並且找到了廣告這種商業模式，讓網際網路本身變成了一個開放、免費的工具。很多公司為了利用網路迅速擴大市場，乾脆免費發佈原本應該收費的 IT 服務或者文化創意產品。

在這樣一個大環境下，原來一直希望用戶購買軟體的微軟，居然用免費的方式在瀏覽器市場上打敗了當時一家獨大的網景公司（Netscape）。隨後，免費成了趨勢。當內容和服務在網上開始免費傳播時，整個網際網路就變成一個巨大的複印機。

免費模式最直接的結果就是網路公司迅速形成壟斷，谷歌、臉書和阿里巴巴就是這樣的經典模式。與此同時，大量的網路公司快速死亡。據估計，在二〇〇一年網路泡沫破滅之後，美國98%以上獲得過融資的網路公司關門了，其中包括很多上市的甚至市值超過百億美元的公司，例如那個時代著名的搜尋引擎公司Alta Vista和Inktomi。為什麼有些公司可以藉由免費發展起來，而絕大部分公司雖然採用同樣的商業模式，技術水準也不算差，卻很快掛掉了？這其中的理由除了馬太效應之外，追根究柢，就是後者提供的東西重複且無價值。

我在《見識》一書中說起谷歌聯合創始人拉里．佩奇的智慧時講過，提供有用的資訊是發展根本——重點要放在「有用」二字上，而不是「資訊」上，因為網路上從來不缺資訊。當然，很多網路創業失敗者不這麼覺得，他們認為自己提供的內容和服務很有用。但是，在資訊可以隨意複製的年代，創造資訊不是什麼難事，提供自己特有的、人們原先不知道的資訊才有價值，重複別人的內容完全沒有意義。

我們可以看到這樣一個現象：一個焦點新聞出現之後，網路上各家媒體都在轉載、轉發。雖然很多人因此得到了資訊，但是他們並未受益。例如，二〇一八年崔永元爆了幾條內幕消息，內容不長，國內幾乎所有的媒體都轉發了，而且加了很多評論，可是沒有一家媒體因此提高了品牌知名度，或者得到了更多的廣告收入。在整個新聞媒體產業，受益者恐怕只有崔永元一人。原因很簡單，崔永元爆的幾條消息雖然內容不多，卻屬於「優質」新聞，而其他媒體不過是複製而已。從資訊傳播理論上看，這些複製出來的媒體不具有額外的資訊流量。

同樣地，在微軟推出視窗操作系統之後，全世界就沒有哪家企業能夠推出一款更好的個人電腦操作系統了。並非沒有人試圖這麼做，也不是後來者水準不夠，而是他們做出的東西相比視窗操作系統沒有太多額外的價值。

免費模式的第二個結果，是讓消費者享受到免費服務，但這也讓業者的收入大幅減少，甚至讓一些國家和地區的經濟陷入緩慢發展的階段。

二〇一六年，全球網路產業的收入不過三千八百億美元（對於阿里巴巴、eBay 這類的公司，計算方式只考慮其收取的費用，沒算入平台商家的流量）。你可能會說，三千八百億美元是兩萬多億元人民幣呢！但是，電信營運商（例如中國移動、中國聯通）和設備商（例如華為、蘋果公司）同期的收入高達三點五兆美元，很多基礎產業的收入也比網路產業排名前面。也就是說，雖然網路公司經常佔據新聞頭條，但是它們收入和知名度完全不對稱。

雖然我們認為網路企業三千八百億美元的收入不算少，可谷歌一家就佔了將近千億美元，去掉了四分之一。接下來的亞馬遜、阿里巴巴、臉書和騰訊這四家又佔了一千多億美元。如果再把第二等級的十幾家公司算進去，基本上就不剩什麼了。這就是很多網路公司堅持不了一兩年就掛掉的根本因素：全世界成千上萬家網路公司的收入加在一起，還沒有中國移動一家多。

免費模式確實給一些小公司提供了以低成本進入市場的可能性，卻讓絕大多數小公司根本發展不起來。因此，今天還試圖打著免費旗號想成為下一個谷歌或者阿里巴巴的創業者必須反思了。法國人說過：「第一個把女人比作鮮花的是天才，第二個是庸才，第三個就是蠢材了。」這是因為後兩次說詞是重複資訊，沒有價值。二〇一六年，摩拜單車出現在國內，我們隨後看到的是大量「庸才」和「蠢材」。當然，比他們更愚蠢的是給他們投資的人。

我們現在依然處在一個免費時代，很多人依然陷入免費的故步自封想法，走不出免費的怪圈。一些人甚至想，既然價格為零都無法做生意，我倒貼錢是否可以。不少創業者真這麼做了，但這就如同抱薪救火，薪不盡火不滅，最後錢燒光了事。

不僅創業公司如此，成名的大公司在這個問題上也有糊塗的時候。二〇〇四至二〇一〇年，微軟花了大力氣試圖在搜尋上和谷歌競爭。當時它的現金儲備比谷歌多好幾倍，因此它採用倒貼錢的方式鼓勵用戶使用它的搜尋服務，每搜尋一次，用戶可以獲得約五分美元（約 0.3 元人民幣）的變相獎勵（可以買東西的積分）。但是，這樣做除了每年燒掉微軟十幾億美元的市場推廣費之外，對其市場佔有率的提升沒有任何幫助。

因此，超越免費不是變本加厲地倒貼錢，而是要找到免費能夠成功的邏輯，然後超越那個邏輯。

免費能夠成功，是因為過去的一些東西有稀罕性，消費者不得不購買，這時免費就變得特別吸引人。當那些東西不再有稀罕性時，免費就沒有意義了。為了加深你的感受，這裡分享兩個我身邊的例子。

第一個例子發生在十多年前，我接待約翰．霍普金斯大學電腦資訊科學系的系主任黑格教授參觀谷歌，他看到那麼多價格不菲的飲料和零食擺在休息室的貨架上，讓員工免費享用，問是否會有員工將它們拿回家。我說一些新員工（無論是學校找來的還是公司招聘的）剛來的時候會拿一點，但是不到兩個月就不再拿了，因為隨時都能得到，就沒必要放到自己那裡。

他對我說，在大學裡，只要有放點免費的零食飲料就會被一掃而光。我說，那些東西在學校裡算稀罕，在這裡沒有。沒有了稀罕性，免費的東西就不再吸引人了。

第二個例子是一位德國同事告訴我的德國統一前後的情景。

過去在東德（民主德國），香蕉非常稀罕，因為那裡離出產香蕉的熱帶地區遠。加上東德的貿易不發達，商店裡一旦有香蕉，當地居民就搶購回家。

等到德國統一後，商店裡出現了大量香蕉，而且價格低得讓過去東德地區的居民覺得如同不要錢，於是居民就將香蕉一掃而光。

第二天，居民們到商店裡一看，又上架了許多香蕉，再次一掃而光。但是，等到第三天、第四天香蕉依然擺滿了貨架，就沒有人再搶購了。

因此，超越免費的第一條是製造一種稀罕性，而這需要產品、服務本身俱有一種難以複製的特性。

每年的感恩節購物季開始之前，是蘋果新款手機上架的季節。美國和中國照例有人排長隊購買新款的蘋果手機，一個黃牛號可以換到上千美元，這就是稀罕性帶來的結果。

當然，稀罕性的前提是與眾不同。二〇一七年，iPhone X 面世後，受到了用戶的熱追。而幾乎同時，蘋果公司還推出一款 iPhone 8，但是用戶的興趣不大，因為它無論是和過去的 iPhone 7 相比，還是橫向和華為手機相比，都沒有什麼新意。相比之下，iPhone X 的特點就明顯很多，因此更受歡迎。

我們即便不做生意，理解稀罕性的重要對個人發展也是很有益處的，因為現在過剩的不僅是商品和資訊，還有人才。

超越免費的五個法則

當今人們的學歷普遍比上一代人高很多，每一個領域的求職者擁有的技能，相比職位所需要的綽綽有餘。因此，博士生可能只能得到一份原本屬於碩士生的工作，碩士生只能去做本科生的工作，而不少本科生找不到工作。這讓很多人感到心理不平衡：我比父輩的學歷高，為什麼找工作比他們還難？於是變得很迷茫，甚至有些頹廢。

美國也有類似情況。很多學金融、法律和傳媒的畢業生，要先免費給華爾街、律師事務所和好萊塢做實習生。我自己也遇到過類似的情況，有些人對我說：「讓我（或者我的孩子）免費幫你做事情吧。」我說：「謝謝，可是我並沒有那麼多的事情要別人做啊！」有些企業甚至暑期不找實習生，而是以訓練營的方式讓試圖進入此行的年輕人來工作，也就是說，那些希望入行的人不僅賺不到錢，還要倒貼錢。即便在谷歌，也是人才過剩，常常是讓博士生做碩士生的工作，這種殺雞用牛刀的辦法被《紐約時報》認為是谷歌成功的重要原因之一。

商品太多、服務太多、資訊太多，只好都將它們免費，那麼人才太多、變得很不值錢，就很容易理解了，因為道理是相通的。現在在很多行業裡，雖然員工工作有報酬，但只是辛辛苦苦賺一份糊口錢罷了。因為，沒有稀罕性，就可以隨時被取代，自然就沒有議價能力。有了稀罕性，免費的傳播手段和快速的資訊流量就會給它的擁有者帶來巨大的利益。這就和崔永元發的一條微博能夠引起大量媒體內容都做不到的效果一樣。

除了創造稀罕性，超越免費還有五個有效的法則，即是時效性、個性化、可用性（易理解性）、可靠性和黏性。

接下來，我將具體分析這五個法則。

超越免費的第一個法則是時效性能夠超越免費。

不妨設想這樣一個場景，有兩種觀看我們最愛的體育賽事的選擇：一是看實況轉播，但是要交五十元；二是賽後兩天免費看重播，但那時我們已經知道結果了。

在這種情況下，大部分人會選擇第一種。

你可能會認為，如果要交五十元才能看直播，大部分人就不看了。實際並非如此。那些不上班去看奧運會開幕式，或者半夜爬起來看世界盃的人，其實都變相交了錢。不上班看轉播，其實是以損失自己在職業上的收益為代價；不睡覺看球，身體的損失可不止五十元。我們算帳不僅要算看得見的金錢帳，還要算潛在的經濟得失。眼睛只盯著看得見的錢的人，一輩子不會有什麼大出息。既然要花錢看直播，而不是幾天後在休息的時候看免費重播，就說明直播有重播不可替代的地方，即它的時效性。

當複製可以讓大家獲得免費的東西時，不可複製的東西才能值錢，才能從根本上超越免費，而具有時效性的東西天生具有這個特點。

在美國，很多人排隊去看巨片的首映或者前幾場，主要是出於時效性的考慮。孩子在學校裡聽同學們談最近的電影，而自己插不上嘴，是一件頗為丟臉的事情。因此，很多中上階層家庭的家長會帶著孩子去看剛上映一兩天的電影。

在產品剛發售的前幾天排隊買蘋果手機的人，也是出於時效性的考慮。如果說看電影、買手機多少有點出於面子的考量，那麼買一些知識產品，先獲得者就會比後獲得者多少有一點競爭上的優勢。

在美國，新書上架的次序是先精裝、後平裝，雖然內容一樣，但精裝本要貴得多。想及早看到書的人，會多花點錢買精裝本，不願意多花錢的就買平裝本。此外，幾個月後，各個社區圖書館都會上架新書，供大家免費借閱。也就是說，只要你有耐心等，最終可以獲得免費閱讀。但是，暢銷書精裝本的銷量都不小，因為很多人覺得自己及早看到了書中的內容後，會在某些方面變得更主動，例如獲得了話語權，或者了解了新知識、新工具。

軟體也有時效性，只是有些較強，有些較弱而已。例如操作系統、編程工具就具有較強的時效性，因為IT公司的工作只有基於最新的操作系統，使用最新的編程工具，才有利於佔領市場。而應用軟體的時效性就要差一些。

二十世紀九〇年代初，美國一個投資人給我在清華大學的專題研究和中國電子器件工業有限公司（中國電子集團的前身）投資將語音識別技術產品化。當時，微軟視窗操作系統剛出來，美國的投資人讓我們買十套——當時一套要近千元人民幣。此外，我們還花錢買了不少套C語言的開發工具。

當時我們問這位美國投資人，為什麼要花那麼多冤枉錢呢？過不了兩個月，中關村就會有盜版。

那位美國人說：「在微軟開發視窗操作系統時，一流的公司就已經和微軟合作了，它們所有的開發都建立在視窗操作系統之上。二流的公司，在微軟一推出視窗操作系統時，就趕緊下手買它，然後將所有的開發轉到視窗操作系統上。三流的公司才會等著盜版系統出來。這樣做，錢雖然省下了，但等開發完產品，市場早就沒有了。更不用說萬一盜版軟體出了漏洞，還找不到客服人員解決問題。」

不僅商品和服務有時效性，人的技能也是如此。當大街小巷滿滿都是某種技能的培訓班時，這種技能的時效性早就過去了。

在二十世紀六〇年代，只要你會寫電腦程式，就可以生活得不比一個公司管理者差。但是在今天，這些人被戲稱為「程式奴」（碼農），因為技能的時效性過去了。二〇一七年，吳恩達在慕課網上開人工智慧課程，有十五萬人聽課；史丹佛大學教授波內（Dan Boneh）的區塊鏈課程，有一百多萬聽眾。為什麼這些課程如此熱門？因為很多 IT 從業者知道，這種技能的時效性很強，等到大批年輕的畢業生走出學校時，這種技能的價值就沒有了。

也就是說，想要透過時效性賺錢，就得抓住前幾年的時間，這就如同精裝書賺錢一樣。很多人都知道需要終身學習，但是未必知道這背後的道理。終身學習的目的就是讓自己領先同輩人一步，以便成為具有時效性的人才，避免在低水準上做競爭。

超越免費的第二個法則是突出個性化。

既然免費的基礎是易複製，那麼無法複製又有價值的東西，自然就不可能免費。個性化的東西，顯然是無法複製的。

怎樣做到個性化呢？有的襯衫廠商提供印上個人名字的服務，這種個性化沒有意義，因為這種服務不僅可以複製，而且不能帶來太多的價值，不可能讓襯衫避免價格競爭。同樣地，有人將圖書印上消費者的名字，以彰顯不同，這對圖書銷售的幫助恐怕也不大。讀者不會因為書封上印了自己的名字，就從不想購買變成願意購買；反過來，一個人如果想買書，也不會在意圖書是否有些個性化的處理。

你如果注意一下二手書市場，經常會發現有作者送給某個人的書，不僅作者簽了名，還寫上了受贈者的名字，但是受贈者最後還是將書送到了舊貨攤。

曾經有一位名人，在二手書市場發現某作家送給他的書，因為上面有雙方的簽名，因此要價幾百元。他實在記不起自己什麼時候將書賣給了收貨商家，但是這本書顯然對他沒有價值。這位名人害怕作家知道後和自己翻臉，只好花幾百元把當年只值一元多的書買回來。個性化做到這個份上，已經完全走樣了。

什麼是真正有價值、無法複製的個性化呢？我們不妨看一個比較極端的例子：個性化醫療。

現在，大部分針對癌症患者的治療非常個性化。例如標靶治療，要先測試患者的基因和腫瘤的基因，看看哪些藥物（主要是透過干擾腫瘤生長所需的特定分子來阻止癌細胞增長）對患者身上的癌細胞有作用。在治療期間，還需要根據患者的身體變化不斷做出調整。這完全是個性化的事情，而不是找醫生開了藥，去藥房拿了藥回去吃就可以了。這種服務顯然不可複製。

可是，治療大部分疾病所使用的藥物依然是每個人都相同，比如對感冒或者上呼吸道感染這樣常見的疾病，醫生給所有患者開的藥不會超過五種，劑量也大致相當。在未來，不同人使用的感冒藥可以視自己的基因和病原體的基因而定。這樣的治療當然不可複製，也就不可能免費了。

當然，醫療的例子比較極端少見，其他場合通常很難得到個人病例和基因具有個性化的資訊。但是，根據每個人的習慣做精準行銷在大數據時代是完全辦得到的，只要做到這一點，就能獲得超出免費的溢價。

羅輯思維的用戶群體相比中國的網民數量，甚至相比一些新媒體的讀者數量都不能算大，但是在這賣書的效果非常好。有人覺得這是羅振宇個人的魅力，其實背後真正的原因是羅輯思維的個性化做得好。在中國，名氣比羅振宇大的人多的是，但是他們無論寫書還是賣書都達不到羅輯思維的效果，因為那些人並不知道一本書的讀者在哪裡。我看了很多出版社開出的必讀書書單，包含多達二三十本的圖書，對於每個具體的讀者而言，裡面有兩三本適合他們就不錯了。這倒不是說那些出版社開出的書單不好，而是因為閱讀這件事完全是個性化的，不能指望所有讀者都愛讀十本特定的書。這也不是出版社不想做個性化推薦，而是無法知道有誰買過它們出版的書。

羅輯思維的用戶數量可能只有中國網路用戶基數的10%，甚至更少，而對某本特定的書感興趣的讀者常常只是這一用戶基數的1%。但是，只要知道這1%的人在哪裡就可以了，因為他們的數量也有幾十萬。針對這幾十萬人推銷某一本書，效果就好得多，那些人會覺得羅輯思維推薦的書對自己有用，就願意出更多的錢比網店上的讀者更早拿到書。相反，羅輯思維這個平台的作者如果跑到其他平台賣書，即使廣告能觸及同樣多的受眾，效果也要大打折扣。因為不了解用戶喜好，個性化的紅利就消失了。

如果說羅輯思維的個性化是業者主動、用戶被動的行為，那麼特斯拉對用戶主動開放個性化配置汽車的權限，則讓它獲得巨大的溢價。特斯拉的每一輛車都是購買者自己配置的，這讓它可以在生產上完全做到每一輛車都是準確符合購買者的需求。由於沒有浪費，特斯拉的毛利率非常高。反之，傳統汽車廠商因為不了解每一個人的喜好，只能準備好各種型號和配備的車；而經銷商為了保險起見，通常會訂購最保險的顏色和最常見的配備。那些失去了個性化的汽車只能靠價格吸引購買者，年底時大量的庫存則要靠降價出售的方式才能清空，這使得它們的毛利率變得非常低。不僅汽車公司如此，就連蘋果這樣的 IT 企業也會因為不了解用戶的需求，做不到優化生產。二〇一七年底，蘋果幾乎同時推出 iPhone 8 和 iPhone X，前者的銷量遠低於預期，商店裡的存貨都賣不出去，而後者銷量遠高於預期，很多人排隊購買。同樣地，二〇一八年底華為在推出 Mate 20 的幾個不同型號時，顯然也不了解用戶的需求情況，從而導致有些型號在街上小店都能買到，而有些型號則在專賣店裡都沒貨。如果上述公司能夠像特斯拉那樣事先和顧客有個互動，生產安排就能優化許多。現在，很多汽車公司已經開始學習特斯拉的模式，在高端產品上只做用戶個性化定製的車輛。

在未來，不僅企業的產品需要透過個性化獲利，每一個人也需要往個性化方向發展。要求所有人都有一樣的表現是工業時代的特色，因為只有那樣才能保證行動一致，做出來的東西品質才能一致。在未來的智慧時代，凡是可以重複的事情都可以由人工智慧的機器去完成，對人的要求不再千篇一律，而是要求人有自己的個性。人因為有個性才可愛，才變得不可替代，那些沒有特點，從全世界七十億人中隨便就能挑出一個替代者的人，沒有人會覺得他們重要。

超越免費的第三個法則是提供具有可用性的產品和易理解性的服務。

什麼是可用性和易理解性呢？我們不妨看這四個例子。

第一個例子是羅振宇提的。他在大學時跑到圖書館借了很多西方經典名著（非文學類的，例如維根斯坦、黑格爾的書）回去讀，都沒有讀下去，因為真的讀不懂。

讀不懂可能有兩個原因：一個是西方人在幾百年前寫的東西，時代背景、社會背景和現在的中國完全不同，當然不好理解；另一個是很多學者型譯者，根本沒有打算讓大眾讀懂。那些書雖然都是免費的，但我想不會有什麼市場。根據我的經歷，在清華大學圖書館的書架上，康德、黑格爾或者休謨的書幾乎沒有人碰。人文氣息較濃的北大的情況並不比清華好，我曾經託一位北大圖書館的朋友幫我借書，上述作者的書隨時都能借出，因為沒有什麼人讀，而當時流行的小說卻要排隊借閱。

如果有人把你讀不懂卻很有用的書給你講懂，你可能就會為此掏錢。很多人願意花錢買解讀經典的產品，就是這個原因。

第二個例子來自我過去給一些雜誌審稿的經歷。

每次審稿時，我都會發現有些學者的論文真的讀不懂，雖然它們有價值。對於這樣的論文，就有其他學者將它們重寫一遍。在學術界，大家通常讀那些重寫的論文，而不是原文。這一類複述他人論文性質的論文照理說沒有原創性貢獻，但是經常能夠發表，因為它們滿足了大家需要讀懂論文內容的需求。

很多年前，我寫論文時要用到匈牙利數學家希斯沙的理論，可他的論文真的讀不下。為此，我的導師庫旦普教授專門開了一門課，其中一半的內容就是講解希斯沙那幾篇過於簡短、難以理解又非常重要的論文。我在寫博士論文時，花了大約五倍的篇幅將希斯沙的論文解釋了一遍，那些解釋又成了後來入行的年輕人了解這個領域的讀物。這便是解讀的意義。

最後兩個例子都是凱文．凱利說給我聽的。

凱利說雖然開源操作系統 Linux 是免費的，但是提供 Linux 操作系統服務的紅帽公司（Red Hat）出的操作手冊和教程卻要賣一萬美元。為什麼？除非你是操作系統專家，否則即使下載了免費的 Linux 操作系統源代碼，也安裝不上；就算裝上了，很多系統設置是不對的；就算設置對了，很多功能你也不會用。因此，教會你使用 Linux 的操作手冊就值錢了。

凱文．凱利還講了另外一件很有趣的事情。

在網際網路普及之前，電視是最重要的傳媒工具。在當時的美國，電視產業被三大電視公司，即美國全國廣播公司（NBC）、美國廣播公司（ABC）和哥倫比亞廣播公司（CBS）控制著。那時還沒有有線電視，電視節目大多是免費的，電視公司靠廣告賺錢。

你以為這些近乎壟斷的公司是電視行業裡最賺錢的嗎？錯了，最賺錢的是介紹電視節目的指南雜誌。雜誌每週出刊，三十二開的小冊子在全美各大超市販售。觀眾看電視之前如果沒有這本小冊子，根本不知道在上百個電視節目中如何選擇。

在任何時代，把事情解釋清楚這個本領都可以變成一個很賺錢的生意，例如律師的生意，從本質上講，就是幫助受託人解釋法律。到了資訊時代，這種需求變得更為重要，因為現在的很多東西太複雜了，訊息量太大了，即使免費，我們也用不好。當我們不得不使用那些東西時，只好向能夠幫助我們使用的人付錢了。在現在的中國圖書市場，你會發現一個有趣的現象，很多人會購買整本圖書，再花上4.99元購買解讀產品。很多經典著作因為進入公版領域，我們可以找到免費版本（在美國，亞馬遜甚至直接將這類電子書免費提供給讀者），但是它們的解讀產品依然可以賣錢。「解讀」就是一種易理解的服務。我們可以想像，雖然誰都可以不花錢下載幾百本國學經典，但是絕大部分人在沒有解讀的情況下真的理解不了書中的內容。

超越免費的第四個法則是提供可靠而易得的服務。

免費的東西固然好，但是不好用的話，必然有人願意支付一些費用獲得可靠的服務。

二十多年前我剛到美國時，一些即將畢業的學長會將自己開了多年的「N手車」免費送給學弟學妹，但是後者未必會接受免費得來的汽車，因為一輛三天兩頭出問題的車，給時間很寶貴的學生帶來的麻煩比它能夠解決的問題多得多。因此，大部分學生會選擇花三千~五千美元買一輛二手的日本車，因為日本車的可靠性比較高，不需要在修車上花時間和額外的金錢。

我們現在往往對那些可以免費獲得的二手商品興趣不大。如果有人免費送給你一台六十英寸的電視機，或者一台大冰箱，你可能首先要考慮它是否可靠。如果三天兩頭就壞，還佔據客廳不小的空間，你會毫不猶豫地拒絕這樣的贈予。對絕大多數人來說，寧可花錢買一台可靠的新電視或新冰箱，也不會買隨時可能壞的免費產品。這便是可靠性的價值，或者說可靠性比免費更重要。

服務也常常出現可靠性和品質比免費更吸引人的特點。世界各國政府都會提供一些免費服務，包括很多公共事務、義務教育和公費醫療，但是相關產業的私營服務依然有市場。事實上，在美國，最好的大學和醫院都是私營的，收費不菲。在中國，很多私營的服務比免費的服務更受歡迎。很多人選擇付費的私營服務，因為它們比那些免費的服務更可靠，甚至更容易取得。例如很多人選擇到私營牙科診所去看牙，因為不需要排隊，而且服務通常更好。

在商業上，雖然免費服務短期看來比付費服務更有優勢，因為不要錢，但是從長期看來，免費服務未必有競爭力，因為沒有收入便難以改進。人通常能忍受短期的痛苦，但難以接受輕微卻時間長的痛苦。因此，如果一種服務品質不高、不穩定，用戶雖然一開始能夠接受，但時間一長就難以忍耐了，就會願意付費獲得穩定的服務，避免惱人的麻煩。

在美國，幾乎所有的服務供應商（例如電話公司、寬頻公司、保險公司）為了吸引新顧客，都會提供一些特殊的優惠，甚至免掉頭幾個月的服務費。因此，只要你願意，可以在幾家不同的供應商中換來換去，省去不少錢。但是，絕大部分顧客並不會為了省錢而來回更換服務供應商。他們通常在更換一兩次之後，就長期使用某一家供應商的服務了。這不僅是因為換來換去的邊際成本很高，更重要的是長期忍受一個讓自己感覺不方便的服務十分痛苦。因此，給新顧客大量補貼的是一類公司，擁有大量穩定用戶的是另一類公司，兩者少有交集。後者只要服務可靠、收費合理，就會有很多人長期使用它們的服務。

超越免費的第五個法則是打造具有數據黏性的服務，這也是大數據時代的一個特點。

雖然在任何時代都存在切換的邊際成本，但是在網際網路和大數據時代，切換的成本遠比從前高得多。因為我們換一個服務或一個產品時，要攜帶一大堆數據，這件事常常讓人知難而退。

在使用固定電話的時代，你從中國電信換到中國聯通的成本是極低的，但是你現在想更換手機的電信商，就要考慮大量的數據怎麼轉移。同樣道理，過去家裡的電話機想怎麼換就怎麼換，即便是十年前，從摩托羅拉手機換到諾基亞手機，你都不用有任何數據方面的擔心。但是，你現在想從安卓手機換到蘋果手機，就要三思了。

這些都是由數據的黏性造成的。現在，技術的進步速度很快，以致靠技術打造的護城河常常不可靠，因為一個企業很難做到技術永遠領先。但是，數據的積累可以讓企業的護城河越來越深。即使有人將阿里巴巴全部的原始碼拿走，設立一個一模一樣的服務，也難以複製一個新的阿里巴巴，因為所有用戶的數據還在原來的企業裡。

我的基金從二〇一四年起投資上百家公司，覆蓋各行各業，如果說這些公司有什麼相似的地方，那就是大多能夠不斷積累數據、製造黏性，使得客戶不會一夜之間遷移走。不僅我投資的公司顯示出這個特點，宏觀來看，越善於使用數據黏性的公司，後來的發展越順利；而開始靠免費服務拉用戶，甚至花錢買用戶的公司，常常後勁不足。

那麼，個人未來的數據黏性在哪裡？我覺得是可疊加式的進步。很多人擔心學電腦專業將來只能趁年輕賺一筆，老了沒飯吃，其實，這只反映出那些沒設護城河的從業者現狀，因為那些從業者可以隨時被替代。但是，少數經驗不斷積累的從業者如今非常稀罕，無論他們開什麼價，都有人願意請他們做事。他們一旦離開某家企業或機構，企業或機構的損失就會很大，因為公司已經對他們產生了依賴，這就是個人的黏性。有黏性的人都有一個特點，就是自己的本事隨著工作時間的增長而增長，他們的經驗是不斷累進的，而不是簡單重複的。因此，與其預測將來哪個行業吃香，不如增加自己的黏性。

一些人在感嘆免費的時代賺不到錢的時候，在抱怨人才市場競爭太激烈，自己找不到好的工作發展，不妨換一個角度來看這些問題。世界上每年花出去的錢越來越多，都去了哪裡？就業職缺也在不斷增加，這些職缺在哪裡？我們過去的思維方式和對價值的認識需要與時俱進。

資訊時代的定律

提到資訊時代的常態規律，人們習慣用幾個定律來概括，例如摩爾定律、安迪比爾定律等。前者透過資訊時代的技術發展速度，來解釋資訊時代從技術更迭到商業模式變化的因素。後者指出IT產品中，透過軟體功能的增加，會吃掉硬體性能提升帶來的好處，解釋了人們為什麼總不斷購買新的硬體產品，以致原來的大件商品都變成了易消耗品，進而揭示了整個IT行業產業鏈中的發展傾向。這些定律簡單而準確，我們一看就懂。

上述定律更揭示了產業發展的常態，和我們每一個人皆有間接關係，說明產業間接在影響著我們。其實在資訊時代，還有一個古老的定律在發揮巨大的作用，而且和我們每一個人有直接相關，那就是李嘉圖定律。

李嘉圖是英國著名的經濟學家，古典經濟學的創始者，也是一位成功的商人和金融市場投機專家，並因此獲得了大量的財富。在這一點上，他比後來的凱恩斯能幹多了。李嘉圖很多理論和對商業的研究，和亞當．斯密的《國富論》有所對應。一八〇九年，李嘉圖根據亞當．斯密在《國富論》中關於壟斷價格的理論，提出了地租定律。其內容大致是這樣：土地租金是土地使用者支付的價格，是由其壟斷特性（稀罕性）而決定，而非由地主在上面做的投資和改良的成本決定；價格受限於租用者（農民）能夠承擔的價格。

上述理論被後人稱為「李嘉圖定律」。在李嘉圖看來，空氣、水以及各種老天賞賜無限量的使用物是不需代價的，這一點和需要付出勞動才能獲得的商品不同。因此，根據勞動價值論，土地是沒有地租可收的。但是，土地有好（產量高）和不好（產量低）之分。人們都想要好的土地，因此就會有人願意付出溢價以獲得那些好土地的使用權，即支付地租。越是好的土地（無論是產量高還是地理位置好）就越稀罕，租金就越貴。這樣，從租金最高的土地，到免費、貧瘠的荒地，就形成了一級級價格的落差。

那麼，最高的租金和落差是如何確定的呢？李嘉圖定律給出了兩種決定因素：不同土地上收入的差額，以及和其他投資（或回報）的對比。第一個因素很容易理解，如果付出同樣的勞動，首等的土地比第二等的土地收入多20%，那麼農民就願意多支付20%（或者稍微少一點，例如15%）的租金。如果第三等的土地比第二等的土地收入少20%，那麼農民只願意為第三等土地支付第二等土地租金的80%，以此類推。

第二個因素的影響不那麼直接，我們不妨看這樣一個例子。假設我們在北京的東二環地段投資一套房子，以出租房屋謀利。如果在未來十年裡，租金加上本金的回報率是每年8%，而資本市場的回報率只有5%，那麼你就願意投資房地產，這樣就抬高了房價。反過來，投資房地產的回報如果不如投資其他資產，你就不願意投資，房價就會下跌，一直跌到你認為投資房地產更有利可圖為止。地價和租價就這樣由資本市場決定了。

李嘉圖定律最初只用於土地這些稀罕的自然物上，但是這個定律很快被延用到其他具有稀罕特性的經濟品項中，而且有被無限延伸的趨勢。古典經濟學大師約翰．穆勒把李嘉圖定律延伸到專利等知識產權上，這些知識產權因為獨佔性也具有稀罕性，

只不過租金被知識產權產生的利潤代替。新古典經濟學的創始人馬歇爾則發想出「準地租」這樣一個概念，用於各種具有稀罕性的人造資產上，例如廠房、特殊的設備等。

到了資訊時代，李嘉圖定律被賦予了更新更廣的涵義，亦即為能夠比較出優勢的資產和經濟要素進行定價。例如同樣是高中老師，張三比李四輔導的學生高考成績更好，那麼張三就如同值錢的土地，他的勞動會獲得比同行更高的溢價。同理，在IT行業裡，工程師之間、不同產品和服務的三六九等就都被劃分出來了。一等的專業人士在收入上相比二等或三等的，有很大的差異。

此外，在資訊時代，訊息越透明、越對稱，流動性越好，李嘉圖定律導致的勢差就會越大。雖然一流人士平均收入水準向來就比二流人士高，但是在大眾商品和大眾傳媒出現之前，二流、三流還是有飯吃的。在電影和唱片出現之前，一流、二流和三流的藝術家及演藝工作者都有市場，他們的差別只在於賺得多賺得少，而不是有錢賺與沒錢賺。例如在中國，像楊小樓、梅蘭芳這樣的一流藝術家能在宮廷裡、大都市有名的戲樓裡唱戲賺大錢，二流的演員會有達官貴人請到家裡唱堂會，三流的戲班子則會走入街頭巷尾搭台子演出。但是，等電影和唱片出來之後，安徽小鎮的人家可以聽到梅先生的唱片，武漢的市民可以看到譚鑫培先生的《定軍山》。很快，一流藝術家的溢價暴漲，三流藝人就難以糊口了。造成這種趨勢的重要原因是資訊的透明性和流動性，例如，全國都公認梅蘭芳、譚鑫培是名角。

商品的流動也會呈現出這樣的特質。如果消費者不知道世界上哪一種洗髮精效果最好，其購買行為會有一定的隨意性，最好的洗髮精和差一點的洗髮精銷售額會有一定的差異。但是，如果資訊很透明，流動性很快，大家都知道有一種洗髮精好，它的銷售額會很快上升，其他洗髮精則會迅速失去市場。

隨著網際網路將一切變得透明，李嘉圖定律勢差增加的特點不僅表現在商品和傳媒上，還表現在地租等資源上。我們常有這樣的發現，中國二線城市的房價和一線城市相比呈斷崖式下跌，三、四線城市相比二線城市也是斷崖式下跌。在一些城市，普通地段的房價和學區房房價的差異也是如此。一些人覺得這可能是中國人重視教育，喜歡在大城市居住的結果，其實在美國，優質地段的價格也同樣比周邊地區價格高得多。很多人覺得北京學區房的房價比周邊一公里外高50%就是了不得的事情，其實在矽谷，隔著一條高速公路，房價差三倍都不稀奇（例如帕羅奧多和東帕羅奧多），這就是李嘉圖定律的放大效應。圖9-1是李嘉圖定律套用於過去和現今的對比表現，呈現的是從市中心到周邊再到荒地房價的變化趨勢。過去，這種

圖 9-1　李嘉圖定律所描繪的地租勢差在過去和現今之對比

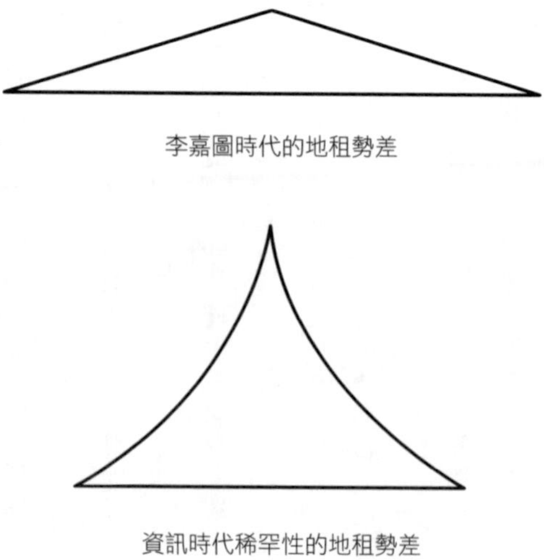

變化是比較緩慢的，而現在，價格變化趨勢要陡得多。

在資訊時代，李嘉圖定律帶來的勢差放大效應，會導致一個地區人員結構、產業結構發生巨變。最明顯的指標，就是現在很多人覺得自己在一線城市買不起房子，更別提好學區的房子了。

但是，那些抱怨買不起房子的人，是否換過角度思考，一線城市的房子都賣給誰了？現在中國一線城市的住房是限購的，一個煤老闆或炒房團一次能購買幾十套房子的情況已經不存在了，因此，一線城市的住房、好學區的住房，還是當地人購買的。為什麼有的人買得起，有的人買不起？因為，李嘉圖定律在人這種特殊資源上造成的勢差，要遠遠超過在土地、房屋等方面造成的勢差。

我以美國矽谷中心地區帕羅奧多的房價為例，來解釋這個現象。二〇〇〇年網路泡沫時期，帕羅奧多的房價達到一個高峰，當時（獨棟）住房的平均價格大約是五十萬美元，而家庭平均收入是十一萬美元，也就是說房價大約是一個家庭四年半的稅前收入。

到二〇一六年，雖然美國經歷了網路泡沫的破碎和二〇〇八年的金融危機，但是矽谷地區依然繁榮，而且有長足的發展。因此，地處矽谷中心、學區很好的帕羅奧多地區的房價猛漲了300%還要多，平均價格超過了兩百萬美元，而全美同時期的房價變化率只有100%左右。這個數據已經展現出李嘉圖定律的效應了。更值得關注的是，當地家庭的平均收入只增加到十六萬美元（增加了將近50%，這在美國已經相當高了），也就是說房價的增長率是收入的十多倍。如果讓當地居民重新在那裡購買房屋，他們是買不起的。那麼誰在那裡搶房子，把房價抬高了那麼多呢？答案是矽谷大公司的高級主管，以及谷歌、臉書這些公司的早期員工。谷歌的股價從上市到二〇一六年增長了十多倍。臉書於二〇〇四年誕生，在二〇一二年上市，到二〇一六年已經發展成一家市值三千六百多億美元的公司。此外，離帕羅奧多不遠的蘋果公司發展得更好。這樣的公司財富積累的速度超過了當地房價，其員工財富的積累幾乎是成比例增加的，這些人支撐起了帕羅奧多地區的房價。因此，如果我們用兩個梯度圖表示，實線表示矽谷房價的李嘉圖定律，虛線表示當地收入的李嘉圖定律，後者比前者陡得多（見圖 9-2 ）。

圖 9-2　李嘉圖定律在矽谷房價和收入上的表現

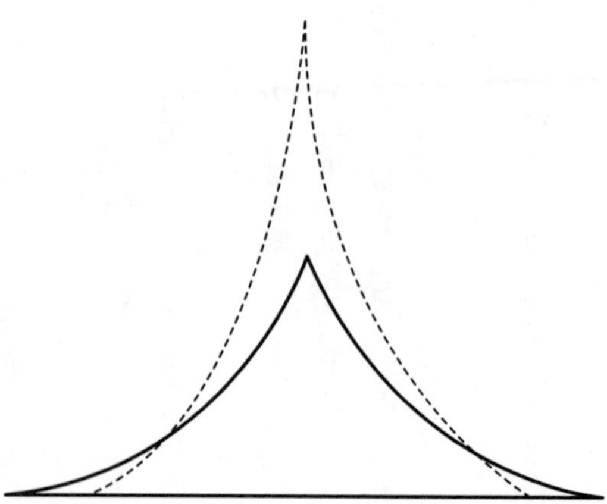

在《見識》一書中我提過，工程師（以及其他專業人士）可以按照朗道的標準分為五個等級，第一級工程師的貢獻是第二級的十倍，第二級是第三級的十倍，以此類推。當然，他們的收入常常存在指數級差別。谷歌開發無人駕駛汽車的工程師萊萬多夫斯基（Tony Levandowski）在短短的幾年裡收入上億美元，而末流的遊戲開發工程師月收入不過一千美元，低於美國的貧困標準，甚至比打掃廁所的都低得多。這種從結果上看不公平的社會現象之所以存在，是受李嘉圖定律決定的。隨著資訊流動性增強以及智慧科技的提升，個別能力超強的人可以在技術的幫助下發揮巨大作用，行業裡不再需要四流、五流的從業者了。中國的情況也類似，最好的遊戲設計師一年能賺一億元，而大量的遊戲設計從業人員收入極低。其他行業的專業人士（律師、會計師、投資經理等），受到李嘉圖定律影響的情況並不比工程師好多少，一等水準專業人士的收入是行業平均水準的幾倍到十幾倍。在矽谷，由於商業的需求有很多法律從業者，一流律師事務所合夥人的收入是普通律師的十幾倍，這還只是企業律師之間的差異，那些專門上法庭的頂級律師收入更高。在投資領域，這種差異甚至比 IT 行業更大。

造成這個現象的原因是，在企業和機構組織內，原本一個能幹的人無論多能幹，因為時間、精力有限，想做太多的事情是不可能的；現在隨著各種智慧工具的出現，他們已經能夠盡量放大自己的功用。加之企業之間資訊流動的成效，領頭羊很容易成為贏者通吃。於是，一流企業中的一流員工和三流企業中的三流員工之間的差距，達到了有史以來的最大勢差。現在，絕大部分 IT 服務，例如各種 App，不僅不能賺錢，甚至還需要倒貼錢請人使用。但是，一款好的 App 幾年就能賺上億美元。在半導體行業的任何一個細分市場內，第一名拿走幾乎全部利潤，第二名勉強做到不虧損，第三名之後都在虧損。這和農耕文明時代糧食總是有人要的狀況完全不同，和工業時代劣質工業品能透過降價銷售出去的狀況也不同。

總有很多人以為，技術的進步能夠縮小人與人之間的差距，讓每個人的機會趨同。遺憾的是，每一次重大的技術進步都讓李嘉圖定律的效應放大，即便各種資源總體的數量在增加。隨著經濟的發展，最好的資源不是變得更多，而是變得越來越緊缺，包括好的學校、好的醫院，以及好地段的房子。在中國，雖然在校大學生的人數比三十年前我讀大學的時候增加了很多倍，但是最好的大學還是那幾所，並沒有增加，甚至它們招生的人數也沒有增加，這導致學生想進入最好的大學變得更困難。美國的情況也類似，我從二〇〇六年開始參加約翰·霍普金斯大學的管理工作，親眼看著學校的錄取率從25%左右降低到二〇一八年的不到10%。而且，同期美國最好的大學錄取率走勢都和約翰·霍普金斯大學差不多。相反，三流、四流的大學則招生困難，不得不從中國大量招收連英語都聽不懂的小留學生，以維繫學校的運轉。

很多人在想，能否透過一些政府調節手段人為的方式消除李嘉圖定律的影響呢？作為一個凡人，我始終奉行「世界上真正的老大是上帝」這樣一個原則。像摩爾定律、安迪比爾定律和李嘉圖定律這些規則，是上帝設定的，任何人都贏不過它們。你信也好，不信也罷，它們永遠在左右著世界。中國一些城市強行限制黃金地段新房的房價（二手房無法限制），結果在杭州、深圳這樣的城市，好地段的新房和二手房價格倒掛，以致很多市民不去上班，天天排隊拿號碼牌搶買房子。只要他們能搶到一間房，轉手賣出後賺的錢比他們幾十年賺的工資都多。也就是說，即使我們人為的做了限制，李嘉圖定律還在發揮作用。

那麼，作為凡人，我們能怎麼辦？只能承認在這個時代發揮作用的各種規律，並且按照規律辦事。例如，買房子的時候，要選一個好地段，而不要貪便宜到差地段去買一個更大的房子。再漂亮的新房子都會逐漸貶值，只有好地段的土地才會升值。在選擇辦公地點時，千萬不要為了得到一點點地方上的政策優惠，跑到缺乏商業法規的城市去，因為那一點點優惠是有限的、短期的，今後的麻煩是沒有止境的。很多地區不發達，說明它們就處在李嘉圖定律所說的最無價值的邊際。同樣地，聘僱人員時，不要貪便宜僱一大堆三流人士來充數，因為一堆三流的人聚在一起，有時帶來的麻煩比他們能解決的問題還多。做產品、做服務，必須做到自己所在垂直領域的前三名，最好是第一名。在市場上，第二名永遠無法拿到第一名的估值，第三名之後的價值幾乎等於零。蘋果公司現在的市值超過萬億美元，產值超過世界上90%國家中每一個國家的GDP，而它的產品種類只有區區個位數。這就如同北京王府井地區一畝地的價格要遠遠超出荒灘上萬畝地的價格一樣。

作為一個個體，如果你能比同行的平均水準好一點，就會受到歡迎；如果好一個數量級，就會有人出數倍的溢價邀請你做事。相反地，如果你比周圍人差，你的勞動即使是免費的都沒有人要，這就如同沒有人願意付錢租用荒灘和鹽鹼地一樣。於是，現在形成了一方面很多公司找不到合適的人，另一方面很多人沒有事情做的現象。我經常講十個九十分都抵不上一個一百分，因為卓越和良好之間的落差是巨大的。

在我們生活的時代，無論摩爾定律還是李嘉圖定律，都像是上帝手中的剪刀，悄無聲息的給大自然修枝剪葉。因此，我們在了解之後，應該把它們寫入我們的行動指南。

致謝

從二〇一六年到二〇一八年，我在羅輯思維的「得到」App上寫了兩年的專欄，大約七百篇文章。其中的前兩百篇被精選整理成了《見識》和《具體生活》兩本書，二〇一七年和二〇一八年這兩本書已相繼出版。隨後，羅輯思維的編輯白麗麗女士、戰軼女士和我一同整理了後面五百篇文章中的精華內容。我們從讀者對專欄內容的反饋中發現，大家很關心自我提升和認知升級的內容，於是我們選出近五十個題目，由我以專欄的內容為藍本，重新創作成《格局》一書。在這個過程中，白麗麗女士、戰軼女士傾注了大量的心血，在此我要對她們表示衷心的感謝。

在本書的創作和出版過程中，我得到了很多朋友、同事和讀者的鼓勵與幫助。羅輯思維的創始人羅振宇先生和脫不花（李天田）女士長期以來一直對我的創作工作給予各方面的支持。該公司的李倩女士、寧志忠先生、朱瑪頂先生和焦鈺冰女士，「得到」App的很多專欄作家，包括劉潤先生和卓克先生，都不斷鼓勵和幫助我。在隨後的出版過程中，羅輯思維編輯團隊的白麗麗女士、戰軼女士，中信出版社經管社的副社長趙輝先生，主編張艷霞女士，編輯趙穎女士、范虹軼女士、王振棟先生，付出了辛勤的勞動，圓滿地完成了全書的策劃、設計、編輯、校對和美工等諸多工作。此外，中信出版社的副總編輯方希女士、經管社社長朱虹女士也一直關注本書的出版工作，並為此配備了各方面的資源。在此，我要向他們表示誠摯的感謝。

最後我要感謝我的家人。在專欄的寫作和本書的創作過程中，她們給予我很多鼓勵和幫助。沒有她們的支持，我很難有時間和精力完成寫作任務。

高寶書版集團
gobooks.com.tw

RI 343

格局：成功等待的是格局大的人！吳軍博士教你疊加式進步，獲得重複成功

作　　者　吳軍
特約編輯　梁曼嫻
助理編輯　陳柔含
封面設計　林政嘉
內頁排版　賴姵均
企　　劃　何嘉雯

發 行 人　朱凱蕾
出　　版　英屬維京群島商高寶國際有限公司台灣分公司
　　　　　Global Group Holdings, Ltd.
地　　址　台北市內湖區洲子街 88 號 3 樓
網　　址　gobooks.com.tw
電　　話　（02）27992788
電　　郵　readers@gobooks.com.tw（讀者服務部）
　　　　　pr@gobooks.com.tw（公關諮詢部）
傳　　真　出版部（02）27990909　行銷部（02）27993088
郵政劃撥　19394552
戶　　名　英屬維京群島商高寶國際有限公司台灣分公司
發　　行　希代多媒體書版股份有限公司 /Printed in Taiwan
初版日期　2020 年 7 月

國家圖書館出版品預行編目（CIP）資料

格局：成功等待的是格局大的人！吳軍博士教你疊加式進步，獲得重複成功 / 吳軍作 . -- 初版 . -- 臺北市：高寶國際出版：
希代多媒體發行，2020.07
面；　　公分 .--（致富館；RI 343）
ISBN 978-986-361-852-2（平裝）
1. 成功法　2. 生活指導
177.2　　109006731

GOBOOKS
& SITAK
GROUP ©